웹어셈블리

웹어셈블리

Wasm과 C/C++를 이용한
고성능 웹 애플리케이션 개발

마이크 루크 지음 윤우빈 옮김

Packt> i!i
에이콘

| 지은이 소개 |

마이크 루크 Mike Rourke

10년 넘게 코드를 작성해왔다. VBA로 마이크로소프트 액세스 애플리케이션 작성을 시작했고 모질라 파이어폭스 확장 프로그램Mozilla Firefox extension을 작성한 이후 자바스크립트 풀타임 개발자로 일하기로 결정했다. 기계공학을 전공했으며 2017년 소프트웨어 엔지니어가 되기 전에는 제품 설계/제조 엔지니어로 일했다. 현재 미국 시카고에 기반을 둔 컨설팅 회사에서 일하고 있으며 프론트엔드 자바스크립트 개발에 몰두하고 있다. 코드를 작성하지 않을 때는 소울메이트들과 함께 캠핑하기 위해 숲으로 간다.

사랑과 도움을 준 내 아내인 엘리자베스에게 감사한다. 열정, 지원 그리고 소중한 제안을 해준 판데라 랩스(Pandera Labs)의 동료들에게도 감사드린다.

댄 루타^{Dan Ruta}

대학을 갓 졸업했으며 컴퓨터 비전 석사를 시작할 예정이다. 작은 웹 기반의 딥러닝 라이브러리를 구현하고 웹어셈블리와 GPGPU를 사용하면서 웹어셈블리를 시작했다.

때때로 미디엄^{Medium}의 기술 블로그에 글을 쓰고 시각장애인을 돕기 위해 AI, AR, WebGL 쉐이더를 결합한 팀 연구 논문을 콘퍼런스에서 발표했다.

프로젝트는 깃허브^{Github}와 미디엄(DanRuta) 또는 웹사이트와 트위터(@Dan_Ruta)를 통해 확인할 수 있다.

맥심 슈이도^{Maxim Shaydo aka Moreas MaxGraey}

우크라이나 출신의 독립 개발자이자 컨설턴트, 시스템 아키텍트이며 LaSoft에서 CTO로 일했다. 오픈소스 커뮤니티의 열렬한 팬이다.

최근 큰 주목을 받고 있는 AssemblyScript 언어와 같은 웹어셈블리 전용 오픈소스 프로젝트에 지속적으로 기여하고 있다. WebGL과 WebVR 기술 개발에 많은 흥미를 가지고 있다. Flow Based Programming 또한 관심을 갖고 있다.

이 프로젝트는 Emscripten과 Binaryen에 대한 작업으로 알려진 알론 자카이(kripken)의 검토가 없었다면 완료될 수 없었을 것이다. AssemblyScript의 주요 기여자이자 믿을 수 없을 만큼 생산적인 친구인 다이엘 워츠(dcodeIO)에게 특별한 감사를 드린다. 끝으로 나의 부모님께 감사드린다. 그분들이 없었다면 아무것도 가능하지 않았을 것이다.

| 옮긴이 소개 |

윤우빈(ybwbok@gmail.com)

기존의 IT 기술과 새로 만들어지고 있는 최신 기술을 보안이라는 관점에서 이해하고 새로운 기술, 비즈니스 영역의 새로운 보안 위협과 그에 대한 대응 기술에 대해 고민하며, 에이콘출판사를 통해 다양한 보안 관련 지식을 공유하고자 노력하고 있다. 지금도 여전히 새로운 분야에 대한 보안 기술 연구와 다양한 보안 기술 개발을 위해 진땀 흘리고 있다.

| 옮긴이의 말 |

웹어셈블리는 기존의 웹 애플리케이션 개발 패러다임을 바꿀 수 있는 기술로, 앞으로 어떻게 성장하고 발전해 나갈 것인지 관심 갖고 지켜봐야 하는 분야다. 아직은 일반적으로 사용되기에는 진입 장벽이 있고 부족한 점도 있지만 기술 자체의 개념과 목적, 필요성이 명확하기 때문에 대부분의 웹 브라우저 벤더에서 이미 웹어셈블리를 지원하고 있다.

비록 지금은 다른 웹 기술에 비해서 상대적으로 많은 관심을 받거나 사용되는 것은 아니지만, 웹어셈블리를 사용해 기존보다 빠른 성능의 웹 애플리케이션을 만들 수 있다. 그리고 이를 통해서 사용자들에게 다양하고 풍부한 웹 경험을 제공할 수 있다. 비단 PC나 모바일의 웹 브라우저 기반의 웹 애플리케이션뿐만 아니라 잠재적으로 IoT나 자동차, 로봇 등 다양한 플랫폼에도 네이티브 애플리케이션처럼 적용이 가능하다고 생각한다.

이 책을 통해 웹어셈블리가 무엇이며 웹어셈블리 모듈을 어떻게 작성하고 빌드하는지, 작성한 웹어셈블리 모듈과 자바스크립트가 어떻게 상호작용하며 웹어셈블리를 이용해서 어떤 웹 애플리케이션을 만들 수 있는지 자세히 알게 될 것이다.

끝으로 언제나 좋은 IT 서적을 출판하기 위해 노력하고 항상 가족처럼 대해 주시는 에이콘출판사 여러분들께 감사의 말을 전한다.

| 차례 |

8장	Emscripten으로 게임 포팅	257

| 들어가며 |

이 책은 브라우저에서 자바스크립트가 아닌 다른 언어를 실행시켜주는 새롭고 흥미로운 기술인 웹어셈블리를 소개한다. 웹어셈블리를 이용하는 C/자바스크립트 애플리케이션을 처음부터 구현하는 방법과 기존의 C++로 작성된 코드를 Emscripten의 도움으로 브라우저에서 실행되는 코드로 포팅하는 과정을 설명한다.

웹어셈블리는 웹 플랫폼의 중요한 변화를 의미한다. C와 C++, Rust와 같은 언어를 대상으로 컴파일할 수 있게 해주기 때문에 새로운 종류의 애플리케이션을 만들 수 있다. 주요 브라우저는 웹어셈블리를 지원하며 이는 곧 브라우저 개발사들이 공동으로 노력한다는 것을 뜻한다.

이 책에서는 웹어셈블리의 기원뿐만 아니라 웹어셈블리를 구성하는 요소도 설명할 것이다. 필요한 도구를 설치하고 개발 환경을 셋업하며 웹어셈블리와 상호작용하는 과정 전체를 살펴볼 것이다. 간단한 예제로 시작해 점점 더 발전적인 사용 사례를 살펴볼 것이다. 이 책을 다 읽고 나면 C, C++ 또는 자바스크립트 프로젝트에 웹어셈블리를 사용할 준비가 될 것이다.

▌ 이 책의 대상 독자

웹을 위한 애플리케이션을 만들고자 하는 C/C++ 프로그래머이거나 자바스크립트 애플리케이션 성능을 향상시키고자 하는 웹 개발자라면 이 책은 바로 여러분을 위한 책이다. 이 책은 C와 C++를 배우는 것을 개의치 않는 자바스크립트 개발자나 또는 그 반대 경우의 개발자를 대상으로 한다. C/C++ 프로그래머와 자바스크립트 프로그래머를 위해 두 가지의 예제를 제공한다.

▌ 이 책에서 다루는 내용

1장, 웹어셈블리란 무엇인가 웹어셈블리의 기원과 기술에 관한 개요를 간략하게 설명한다. 웹어셈블리가 어떻게 사용되고 어떤 프로그래밍 언어가 지원되는지, 현재 어떤 제한이 있는지 설명한다.

2장, 웹어셈블리의 요소 – Wat, Wasm 그리고 자바스크립트 API 웹어셈블리를 구성하는 요소를 설명한다. 텍스트 포맷과 바이너리 포맷을 자세히 설명하며 이와 관련된 자바스크립트 API와 Web API에 대해서도 설명한다.

3장, 개발 환경 세팅 웹어셈블리로 개발하는 데 사용되는 도구를 알아본다. 각 플랫폼별 설치 방법과 개발 경험을 향상시키기 위한 권장 내용도 포함한다.

4장, 필수 종속성 설치 각 플랫폼별로 설치가 필요한 툴체인 설치 방법을 제공한다. 4장을 통해 C와 C++를 웹어셈블리 모듈로 컴파일할 수 있게 될 것이다.

5장, 웹어셈블리 모듈 생성과 로딩 Emscripten을 이용해 웹어셈블리 모듈을 만드는 방법과 컴파일러 출력물에 영향을 주는 플래그를 컴파일러에 전달하는 방법을 설명한다. 브라우저에서 웹어셈블리 모듈을 로딩하는 기술에 대해서도 설명한다.

6장, 자바스크립트와의 상호작용과 디버깅 Emscripten의 Module 객체와 브라우저의 전역 WebAssembly 객체와의 차이에 대해 자세히 설명한다. Emscripten이 제공하는 기능과 소스 맵을 만드는 절차에 대해서도 설명한다.

7장, 웹 어셈블리 애플리케이션 만들기 웹어셈블리 모듈과 상호작용하는 자바스크립트 회계 애플리케이션을 만들어 볼 것이다. 회계 거래를 계산하고 자바스크립트와 컴파일된 웹어셈블리 모듈 간에 데이터를 전달하기 위한 C 코드를 작성할 것이다.

8장, Emscripten으로 게임 포팅 기존의 C++ 게임을 Emscripten을 이용해서 웹어셈블리로 포팅하는 과정을 단계별로 설명한다. 기존의 C++ 코드를 검토한 후에는 게임이 브라우저에서 실행될 수 있도록 적절히 파일을 수정할 것이다.

9장, Node.js와 통합 서버와 클라이언트에서 Node.js와 npm이 웹어셈블리에서 어떻게 사용되는지 설명한다. Express 애플리케이션에서의 웹어셈블리 사용과 웹어셈블리와 webpack과의 통합 그리고 Jest를 이용해서 웹어셈블리를 테스트하는 방법을 설명한다.

10장, 고급 도구와 향후 기능 고급 도구와 사용 사례, 현재 표준화 절차에 있는 새로운 웹어셈블리의 기능을 설명한다. 또한 WABT와 Binaryen, 온라인에서 사용 가능한 도구에 관해서도 설명한다. LLVM을 이용해서 웹어셈블리 모듈로 컴파일하는 방법과 Web Workers와 웹어셈블리가 어떻게 함께 사용되는지에 대해서도 배우게 될 것이다. 표준화 절차와 스펙에 추가되기 위한 과정에 있는 몇 가지 흥미로운 기능을 살펴본다.

▌ 준비 사항

약간의 프로그래밍 경험과 변수, 함수 같은 개념에 대한 이해가 필요하다. 자바스크립트나 C/C++ 코드를 한 번도 본 적이 없다면 이 책에 있는 예제를 살펴보기 전에 몇 가지 준비가 필요할 것이다. 파괴자와 화살표 함수와 같은 자바스크립트 ES6/7 기능을 사용하기로 결정했기 때문에 최근 3~4년 동안 자바스크립트로 작업한 적이 없다면 구문이 다소 다르게 보일 수 있다.

예제 코드 다운로드

이 책에 사용된 예제 코드는 http://www.packtpub.com/support를 방문해 이메일을 등록하면 파일을 직접 받을 수 있으며, 원서의 Errata도 확인할 수 있다.

GitHub의 https://github.com/PacktPublishing/Learn-WebAssembly에서도 다운로드할 수 있다. 코드가 업데이트되는 경우에는 GitHub 저장소의 코드가 업데이트될 것이다.

또한 에이콘출판사의 도서정보 페이지인 http://www.acornpub.co.kr/book/learn-webassembly에서도 예제 코드를 다운로드할 수 있다.

컬러 이미지 다운로드

이 책에서 사용된 스크린샷/다이어그램의 컬러 이미지를 포함하고 있는 PDF 파일을 제공한다. 컬러 이미지를 보면 내용을 이해하는 데 좀 더 도움이 될 것이다. https://www.packtpub.com/sites/default/files/downloads/9781788997379_ColorImages.pdf에서 해당 파일을 다운로드할 수 있다.

또한 에이콘출판사의 도서정보 페이지인 http://www.acornpub.co.kr/book/learn-webassembly에서도 다운로드할 수 있다.

▌ 편집 규약

이 책에서는 여러 가지 편집 규약을 사용한다.

텍스트 코드, 데이터베이스 테이블 이름, 폴더 이름, 파일 이름, 파일 확장자, 경로명, 더미 URL, 사용자 입력을 나타낸다. 예를 들면 다음과 같다. "instantiate( )는 컴파일과 웹어셈블리 코드 인스턴스화를 위한 주요 API다."

소스코드 블록은 다음과 같이 표현될 것이다.

```
int addTwo(int num) {
    return num + 2;
}
```

코드 단락의 특정 부분에 주의를 환기하고자 할 때 관련 항목을 굵게 표시한다.

```
int calculate(int firstVal, int secondVal) {
    return firstVal - secondVal;
}
```

커맨드 라인 입력이나 출력은 다음과 같다.

```
npm install -g webassembly
```

새로운 용어와 **중요한 단어** 또는 **화면에 보이는 단어**는 굵게 처리된다. 예를 들어 화면에 나타난 단어 중 메뉴 또는 대화 창에서 다음과 같은 텍스트가 나타난다. "Start 메뉴를 선택하고 Command Prompt 애플리케이션에서 마우스 오른쪽을 클릭해서 Run as administrator를 선택하면 원하는 작업을 수행할 수 있다."

 경고나 중요한 노트는 이와 같이 나타낸다.

 팁과 요령은 이와 같이 나타낸다.

▌독자 의견

독자 의견은 언제나 환영이다.

오류: 책 내용의 정확성을 위해 모든 노력을 기울였음에도 오류는 발생할 수 있다. 이 책의 내용에서 잘못된 것을 발견하고 이를 전달해 준다면 매우 감사할 것이다. (http://www.packtpub.com/submit-errata)에서 해당 책을 선택하고 Errata Submission Form 링크를 클릭한 다음 발견한 오류 내용을 입력하면 된다.

저작권: 어떤 형태로든 불법 복제물을 인터넷에서 발견한다면 적절한 조치를 취할 수 있도록 해당 주소나 사이트명을 알려주기 바란다. 의심되는 불법 복제물의 링크는 copyright@packtpub.com으로 보내주길 바란다.

질문: 이 책과 관련해 질문이 있다면 questions@packtpub.com으로 문의하길 바란다. 한국어판에 관한 질문은 에이콘출판사 편집 팀(editor@acornpub.co.kr)이나 옮긴이의 이메일로 문의하길 바란다.

01

웹어셈블리란 무엇인가

웹어셈블리WebAssembly, Wasm는 웹 플랫폼을 위한 중요한 발판이라고 할 수 있다. 어느 브라우저에서나 개발자가 컴파일된 코드를 플러그인 없이 웹상에서 실행시킬 수 있다는 것은 새로운 많은 기회를 제시한다. 하지만 웹어셈블리가 무엇인지 혼동하는 경우뿐만 아니라 웹어셈블리에 대한 회의론도 존재한다.

1장에서는 웹어셈블리가 어떻게 만들어지게 됐는지와 웹어셈블리에 대한 공식적인 정의, 그것이 포함하고 있는 기술에 대해 다룰 것이다. 웹어셈블리가 잠재적으로 어떤 경우에 사용되고, 어떤 언어를 지원하며 그것의 한계는 무엇인지에 대해서도 추가적으로 살펴볼 것이다.

1장의 목표는 다음과 같다.

- 웹어셈블리를 위한 주요 기술
- 웹어셈블리가 무엇이고 잠재적으로 어떤 경우에 사용되는가
- 웹어셈블리와 함께 사용할 수 언어는 무엇인가
- 현재 웹어셈블리의 한계
- 웹어셈블리와 Emscripten 그리고 asm.js와의 관계

▌ 웹어셈블리로의 여정

웹어셈블리는 정말로 흥미로운 역사를 가지고 있다. 다른 언어를 지원하기 위해 플랫폼을 확장하려는 몇 가지 (실패한) 시도가 있었다. 플러그인과 같은 끔찍한 솔루션은 시간이 지나면서 사라졌고, 사용자를 단일 브라우저로 제한하려고 한 것은 재앙과 같았다.

웹어셈블리는 브라우저가 코드를 실행할 수 있게 되면서 발생하게 된 많은 문제를 우아하게 해결하기 위한 솔루션으로 개발됐다. 웹을 개발하고자 한다면 자바스크립트를 사용해야 한다. 다행히 현재는 자바스크립트를 사용하는 것이 2000년대 초반처럼 부정적으로 여겨지지는 않는다. 하지만 프로그래밍 언어로서는 한계를 갖고 있다. 1장에서는 웹어셈블리라는 새로운 기술이 필요한 이유를 좀 더 잘 이해하기 위해 웹어셈블리를 이끈 기술에 대해 살펴볼 것이다.

자바스크립트의 진화

브렌단 아이크Brendan Eich는 1995년에 자바스크립트를 열흘 만에 만들었다. 원래는 프로그래머가 보기에 장난감처럼 보일 정도로 단순했고, 웹 페이지상에서 버튼을 반짝거리게 만들거나 배너를 표시하는 데 사용됐다. 하지만 지난 10년 동안 자바스크립트는 장난감 언어에서 엄청난 기능과 사용자를 확보한 플랫폼으로 진화해왔다.

2008년에는 브라우저 시장의 치열한 경쟁의 결과로 JIT^Just-In-Time 컴파일러가 만들어졌고, 그 결과 자바스크립트의 실행 속도가 10배나 빨라졌다. 2009년 등장한 Node.js는 웹 개발의 새로운 패러다임을 제시했다. 라이언 달^Ryan Dahl은 구글의 V8 자바스크립트 엔진과 이벤트 루프 그리고 로우 레벨의 I/O API를 결합해 서버와 클라이언트 측에서 자바스크립트를 사용할 수 있는 플랫폼을 만들었다. 그리고 Node.js 생태계 안에서 사용될 수 있는 라이브러리 개발을 가능하게 해주는 패키지 관리자인 npm이 나왔다. 이 책을 쓰는 시점을 기준으로, 사용 가능한 패키지가 600,000개 이상이고 매일 수 백 개의 패키지가 추가되고 있다.

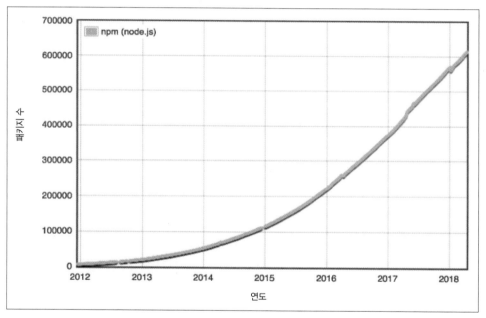

2012년 이후의 npm 패키지 수의 증가(Modulecounts 집계)

Node.js 생태계만 성장하고 있는 것은 아니다. 자바스크립트 자체도 활발히 진화하고 있다. 자바스크립트의 표준을 규정하고 새로운 기능 추가를 감독하는 ECMA 기술위원회 39^TC39는 커뮤니티 기반의 제안 절차를 통해 매년 자바스크립트 업데이트를 릴리즈하고 있다. 풍부한 라이브러리와 도구가 있고 언어에 대한 지속적인 개선이 이뤄지고 있으며, 가장 큰 프로그래머 커뮤니티 중 하나를 가지고 있는 자바스크립트는 하나의 충분한 세력이 됐다.

하지만 자바스크립트는 몇 가지 단점을 가지고 있다.

- 최근까지 자바스크립트는 64비트 부동 소수점 수만을 지원한다. 이로 인해 매우 크거나 작은 수를 처리할 때 문제가 발생할 수 있다. 일부 문제를 해결할 수 있는 새로운 숫자 타입인 BigInt가 ECMAScript 스펙에 추가되고 있는 과정에 있지만 브라우저가 그것을 완전하게 지원하려면 시간이 걸릴 수 있다.
- 자바스크립트는 타입을 엄격하게 처리하지 않아 유연성이 좋지만 타입이 혼동되거나 버그가 발생할 수 있다.
- 자바스크립트는 브라우저 업체가 최선의 노력을 기울임에도 컴파일된 언어만큼 성능이 좋지는 않다.
- 개발자가 웹 애플리케이션을 만들고자 한다면 좋든 싫든 자바스크립트를 배워야 한다.

조금이라도 자바스크립트를 작성하지 않으려고 몇몇 개발자는 다른 언어를 자바스크립트로 바꿔주는 변환기를 만들었다. 그런 변환기(또는 source-to-source 컴파일러)는 어느 한 프로그래밍 언어의 소스코드를 동일한 작업을 수행하는 다른 프로그래밍 언어의 소스코드로 변환해주는 일종의 컴파일러라고 할 수 있다. 프론트엔드 자바스크립트 개발에 많이 사용되는 도구인 TypeScript는 TypeScript를 브라우저나 Node.js를 위한 자바스크립트로 변환한다. 어떤 프로그래밍 언어든 누군가 그것을 자바스크립트로 변환하는 변환기를 만들어 놓았을 가능성이 크다. 예를 들어 파이썬을 좋아한다면 자바스크립트로 변환해주는 도구가 15개 정도 있고 그중 하나를 사용하면 된다. 하지만 결국 자바스크립트로 변환되는 것이기 때문에 해당 언어의 특징에 종속되지 않을 수 없다.

웹이 애플리케이션을 빌드하고 배포하기 위한 유효한 플랫폼으로 진화함에 따라 좀 더 복잡하고 자원 집약적인 애플리케이션이 만들어졌다. 브라우저 업체들은 그런 애플리케이션의 요구 사항을 만족시키기 위해 웹 개발의 일반적인 과정을 방해하지 않는 새로운 기술을 개발하기 시작했다. 이를 위해 크롬과 파이어폭스를 개발한 구글과 모질라는 각기 다른 방법으로 웹어셈블리를 만들었다.

구글과 네이티브 클라이언트

구글은 웹 브라우저 내에서 네이티브 코드를 안전하게 실행시키기 위해 네이티브 클라이언트NaCL, Native Client를 개발했다. 실행 코드가 샌드박스에서 실행돼 더 나은 네이티브 코드 실행 성능을 제공한다.

 소프트웨어 개발 관점에서 샌드박스는 실행 코드가 시스템의 다른 부분과 상호작용하는 것을 방지하는 환경이다. 악의적인 코드의 확산을 막고 소프트웨어가 수행할 수 있는 것에 대한 제한을 두기 위한 것이다.

NaCl은 특정 아키텍처에 의존적이지만 PNaCLPortable Native Client은 어느 플랫폼에서나 동작하도록 개발된 NaCl의 아키텍처−독립 버전이다. NaCl은 두 개의 요소로 구성된다.

- C/C++ 코드를 NaCl 모듈로 변환할 수 있는 툴체인
- 브라우저 내에서 NaCl 모듈을 실행하는 런타임 컴포넌트

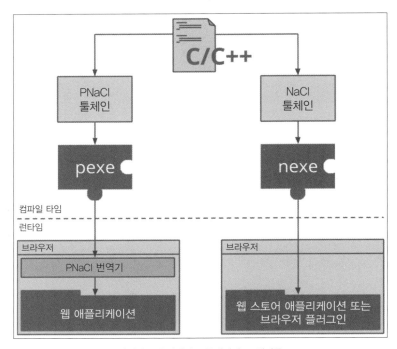

네이티브 클라이언트 툴체인과 그 결과물

NaCl의 아키텍처별 실행 바이너리(nexe)는 구글의 크롬 웹 스토어Chrome Web Store를 통해 설치된 애플리케이션과 익스텐션으로 제한됐다. 하지만 PNaCl 실행 바이너리(pexe)는 웹에 자유롭게 배포하거나 웹 애플리케이션에 삽입할 수 있다. 그런 이식성은 NaCl 모듈을 만들기 위한 오픈소스 API인 Pepper와 그것의 플러그인 API(PPAPI)로 구현됐다. Pepper는 NaCl 모듈과 호스트 브라우저 사이의 통신을 가능하게 만들고 안전하고 이식 가능한 방법으로 시스템 레벨의 함수에 접근할 수 있게 해준다. 그리고 매니페스트 파일과 컴파일된 모듈(pexe)을 해당 HTML, CSS 그리고 자바스크립트와 함께 애플리케이션으로서 쉽게 배포할 수 있다.

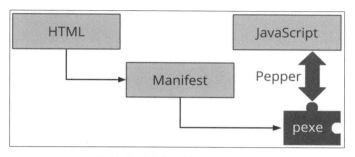

NaCl 애플리케이션에서 Pepper의 역할

NaCl은 웹의 성능 한계를 극복할 수 있는 기회를 줬지만 몇 가지 단점이 있다. 크롬에는 Pepper와 PNaCl 실행 바이너리에 대한 지원이 내장돼 있었지만 다른 주요 브라우저의 경우에는 그렇지 않았다. 이 기술을 비난하는 사람들은 블랙박스로 실행되는 애플리케이션의 속성뿐만 아니라 잠재적인 보안 위험과 복잡성을 문제로 삼았다.

모질라는 asm.js로 자바스크립트의 성능을 향상시키려고 노력했다. 그들은 API 스펙 자체가 불완전하고 문서가 제한적이어서 파이어폭스에 Pepper에 대한 지원을 추가하지 않았다. 결국 NaCl을 웹어셈블리로 대체하기로 하고 2017년 5월 사용이 중단됐다.

모질라와 asm.js

2013년에 모질라가 발표한 asm.js는 C/C++ 소스코드를 자바스크립트로 변환하는 방법을 제공했다. asm.js의 공식 스펙에서는 asm.js를 컴파일러를 위한 효과적인 저수준의 타깃 언어로서 사용될 수 있는 자바스크립트의 하위 집합으로 정의하고 있다. asm.js는 유효한 자바스크립트지만 그것의 언어적인 기능은 AOT^Ahead-of-Time 최적화가 가능한 것으로 제한된다. AOT는 자바스크립트 코드를 네이티브 기계 코드로 컴파일해 좀 더 효율적으로 실행시키기 위해 브라우저의 자바스크립트 엔진이 사용하는 기술이다. asm.js는 100% 일관적인 타입 사용과 직접적인 메모리 관리를 통해 성능을 향상시킨다.

Emscripten과 같은 툴을 사용하면 C/C++ 코드를 asm.js로 변환해 일반적인 자바스크립트와 동일한 방법으로 쉽게 배포할 수 있다. asm.js 모듈의 함수에 접근하려면 링크 작업이 필요하다. 링크 시에는 모듈의 익스포트 객체를 얻기 위한 함수의 호출 작업이 포함된다.

asm.js는 매우 유연하지만 모듈과의 특정 상호작용으로 인해 성능이 저하될 수도 있다. 예를 들면 asm.js 모듈이 동적 또는 정적 유효성 검사에 실패한 자바스크립트 함수에 접근하게 되면 AOT의 장점을 이용할 수 없게 되고 다시 인터프리터로 실행 권한이 넘어가게 된다.

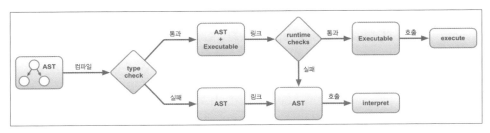

asm.js AOT 컴파일 작업 흐름

asm.js는 웹어셈블리를 위한 단순한 기반이라기보다는 최소한의 기준(MVP)을 만족시키기 위한 기반이다. 웹어셈블리의 공식 사이트에서는 'WebAssembly High-Level Goals' 섹션에서 asm.js를 명시적으로 언급하고 있다.

그렇다면 asm.js를 사용할 수 있는데 웹어셈블리를 왜 만들었을까? 잠재적인 성능상의 손실을 차치하고, asm.js 모듈은 컴파일이 수행되기 전에 네트워크를 통해 전송돼야 하는 텍스트 파일이다. 반면 웹어셈블리 모듈은 바이너리 형식이어서 크기가 더 작기 때문에 효율적으로 전송될 수 있다.

웹어셈블리 모듈은 인스턴스화를 위해 최신의 자바스크립트 기술인 Promise(자바스크립트 비동기 처리에 사용되는 객체) 기반의 접근 방식을 사용해서 코드의 로드를 비동기적으로 처리한다.

웹어셈블리의 탄생

웹표준을 만드는 국제적인 커뮤니티인 월드 와이드 웹 컨소시엄(W3C)은 2015년 4월 웹어셈블리를 표준화하고 그것의 스펙과 제안 절차를 감독하기 위해 웹어셈블리 워킹 그룹을 만들었다. 그 이후 Core Specification과 그에 대응되는 자바스크립트 API, Web API를 릴리즈했다. 브라우저에서 지원하는 웹어셈블리의 초기 구현은 asm.js의 기능 셋을 기반으로 이뤄졌다. 웹어셈블리의 바이너리 포맷과 그것에 대응되는 .wasm 파일은 asm.js와 PNaCl의 분산 실행 파일 개념이 결합됐다.

그렇다면 NaCl은 실패했는데 웹어셈블리는 어떻게 성공할 수 있을까? 알렉스 라우쉬마이어Axel Rauschmayer 박사는 http://2ality.com/2015/06/web-assembly.html#what-is-different-this-time에서 세 가지의 성공 요인을 말하고 있다.

> "첫째, 어느 한 회사가 단독으로 진행하는 것이 아니고 공동으로 진행한다. 현재 파이어폭스, 크로미엄Chromium, 엣지Edge 그리고 웹킷WebKit이 이 프로젝트에 참여하고 있다.
>
> 둘째, 웹 플랫폼과 자바스크립트의 상호 운용성이 뛰어나다. 자바스크립트에서 웹어셈블리 코드를 사용하는 것은 모듈을 임포트하는 것처럼 간단할 것이다.
>
> 셋째, 자바스크립트 엔진을 대체하려는 것이 아니고 오히려 새로운 기능을 추가하는 것이다. 그렇게 하면 웹어셈블리 구현의 상당한 부분이 줄어들게 되고 웹 개발 커뮤니티의 지원을 받는 데 도움이 될 것이다."

▌ 웹어셈블리가 정확히 무엇이고 어디에 사용할 수 있는가?

웹어셈블리에 대한 정의는 공식 사이트에 간단히 설명돼 있지만 그것은 단지 일부분일 뿐이다. 웹어셈블리라는 우산 아래에는 몇 가지 다른 구성 요소가 있다. 각 구성 요소의 역할을 이해하게 되면 웹어셈블리 기술을 전체적으로 좀 더 잘 이해하게 될 것이다. 이번 절에서는 웹어셈블리에 대한 정의를 자세히 설명하고 그것이 잠재적으로 어떤 경우에 사용되는지 알아볼 것이다.

공식적인 정의

웹어셈블리의 공식 웹사이트(https://webassembly.org)에서는 다음과 같이 정의하고 있다.

> "Wasm은 스택 기반의 가상머신을 위한 바이너리 명령 포맷이다. Wasm은 C/C++/Rust와 같은 하이레벨 언어의 컴파일을 지원하고 웹상에 클라이언트와 서버 애플리케이션을 배포할 수 있도록 설계됐다."

좀 더 명확히 이해하기 위해 웹어셈블리의 정의를 자세히 살펴보자.

바이너리 명령 포맷

웹어셈블리는 사실 바이너리 포맷과 텍스트 포맷과 같은 여러 요소를 포함하고 있으며 Core Specification에 해당 API(자바스크립트와 웹)와 컴파일 타깃이 문서화돼 있다. 바이너리와 텍스트 포맷은 모두 추상 구문abstract syntax이라는 공통 구조로 매핑된다. 추상 구문을 좀 더 잘 이해시키기 위해 AST abstract syntax tree 맥락으로 설명을 하면 추상 구문을 더욱 잘 이해할 수 있을 것이다. AST는 프로그래밍 언어를 위한 소스코드 구조를 표현한 트리다. ESLint와 같은 툴은 린트 에러를 발견하기 위해 자바스크립트와 AST를 이용한다. 다음은 함수와 그에 대한 자바스크립트 AST를 보여주고 있다(출처: https://astexplorer.net).

간단한 자바스크립트 함수는 다음과 같다.

```
function doStuff(thingToDo) {
    console.log(thingToDo);
}
```

자바스크립트 함수에 대한 AST는 다음과 같다.

```json
{
  "type": "Program",
  "start": 0,
  "end": 57,
  "body": [
    {
      "type": "FunctionDeclaration",
      "start": 9,
      "end": 16,
      "id": {
        "type": "Identifier",
        "start": 17,
        "end": 26,
        "name": "doStuff"
      },
      "generator": false,
      "expression": false,
      "params": [
        {
          "type": "Identifier",
          "start": 28,
          "end": 57,
          "name": "thingToDo"
        }
      ],
      "body": {
        "type": "BlockStatement",
        "start": 32,
        "end": 55,
        "body": [
          {
            "type": "ExpressionStatement",
            "start": 32,
            "end": 55,
            "expression": {
```

```json
            "type": "CallExpression",
            "start": 32,
            "end": 54,
            "callee": {
              "type": "MemberExpression",
              "start": 32,
              "end": 43,
              "object": {
                "type": "Identifier",
                "start": 32,
                "end": 39,
                "name": "console"
              },
              "property": {
                "type": "Identifier",
                "start": 40,
                "end": 43,
                "name": "log"
              },
              "computed": false
            },
            "arguments": [
              {
                "type": "Identifier",
                "start": 44,
                "end": 53,
                "name": "thingToDo"
              }
            ]
          }
        }
      ]
    }
  }
],
"sourceType": "module"
}
```

AST가 장황한 정보일 수 있지만 프로그램의 구성 요소를 매우 잘 설명해준다. AST로 소스 코드를 표현하면 단순하고 효과적으로 소스코드를 검증하고 컴파일할 수 있다. 텍스트 포맷의 웹어셈블리 코드는 AST로 직렬화돼 바이너리 포맷(.wasm 파일)으로 컴파일되며, 웹 페이지는 해당 바이너리를 가져와 로드하고 이용한다. 웹어셈블리 모듈이 로그될 때 브라우저의 자바스크립트 엔진은 디코딩 스택decoding stack을 이용해 .wasm 파일을 AST로 디코딩해 형식을 검사한 다음 함수를 실행하기 위한 해석을 수행한다. 웹어셈블리는 AST를 위한 바이너리 명령 포맷으로서 시작됐다. void를 리턴하는 Wasm 표현식의 성능 영향으로 인해 스택 머신stack machine을 위한 바이너리 명령 포맷으로 업데이트됐다.

스택 머신은 스택과 명령이라는 두 개의 요소로 구성된다. 스택은 push와 pop이라는 두 가지 연산을 수행하는 데이터 구조다. 아이템은 스택에 push되고, 이후 LIFOLast In First Out 형태로 스택에 push된 것이 pop된다. 스택은 또한 스택의 가장 꼭대기 아이템이 무엇인지를 가리키는 포인터pointer를 가지고 있다. 스택 명령은 스택의 아이템에 대해 수행할 작업을 나타낸다. 예를 들어서, 아래의 ADD 명령은 스택의 꼭대기에 있는 두 개의 아이템(100과 10)을 pop해서 둘을 더한 다음 그 결과(110)를 다시 스택에 push하는 명령이다.

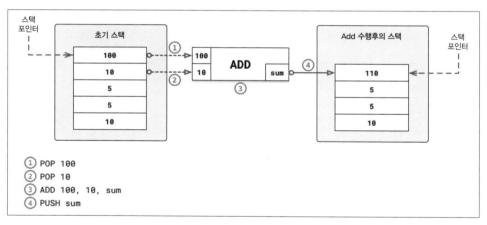

간단한 스택 머신

웹어셈블리의 스택 머신 연산도 동일한 방법으로 수행된다. 프로그램 카운터(포인터)는 현재 어떤 코드가 실행되고 있는지를 관리하고 가상 컨트롤 스택virtual control stack 코드가 blocks와 if 구문에 진입(push)했는지 혹은 탈출(pop)했는지를 추적한다. 명령은 AST를 참조하지 않고 실행된다. 따라서 바이너리 명령 포맷은 브라우저의 디코딩 스택이 해석할 수 있는 바이너리 형태의 명령이라고 할 수 있다.

컴파일을 위한 이식성 타깃

웹어셈블리는 처음부터 이식성을 염두에 두고 설계됐다. 여기서 말하는 이식성은 웹어셈블리의 바이너리 포맷은 웹 내부에서든 외부에서든 다양한 운영체제와 아키텍처에서 효과적으로 실행될 수 있음을 의미한다. 웹어셈블리의 스펙은 실행 환경 맥락에서 이식성을 정의하고 있다. 웹어셈블리는 어떤 특성을 만족시키는 환경에서 효과적으로 동작하도록 설계됐으며 그 특성은 대부분 메모리와 관련된 것이다. 웹어셈블리의 이식성은 실행 환경의 핵심 기술과 관련된 특정 API가 없어서 가능하다고 할 수 있다. 대신 호스트 환경이 임포트할 세트를 정의하는 임포트import 메커니즘을 정의하고 있다.

간단히 말해서 웹어셈블리는 웹이나 데스크톱과 같은 특정 실행 환경과 밀접하게 연결돼 있지 않음을 의미한다. 웹어셈블리 워킹 그룹은 Web API를 정의했지만 그것은 Core Specification과는 별개라고 봐야 한다. 즉, 웹어셈블리를 위해 Web API가 있는 것이지 Web API를 위해 웹어셈블리가 있는 것은 아니다.

웹어셈블리 정의에서 컴파일 부분을 보면, 웹어셈블리는 하이 레벨의 언어로 작성된 소스 코드를 바이너리 포맷으로 쉽게 컴파일할 수 있다고 돼 있다. MVP 스펙에서는 C와 C++에 초점을 맞추고 있지만, C++와의 유사점을 고려한다며 Rust 또한 사용할 수 있다. 컴파일은 Clang/LLVM 백엔드를 통해 수행될 것이다. 하지만 이 책에서는 Emscripten을 이용해 Wasm 모듈을 만들 것이다. MVP는 LLVM에 초점을 맞추고 있지만 최종적으로는 다른 언어와 GCC와 같은 다른 컴파일러에 대한 지원을 추가하는 것이 계획이다.

Core Specification

웹어셈블리에 대한 공식적인 정의를 통해 하이 레벨 수준으로 이해할 수는 있지만 완벽한 이해를 위해서는 좀 더 자세히 살펴볼 필요가 있다. 웹어셈블리를 매우 세부적인 수준으로 이해하고자 한다면 웹어셈블리의 공식 문서인 Core Specification을 참조하면 된다. 실행 환경과 관련된 런타임 구조의 특징에 대해 알고 싶다면 Core Specification의 '4: Execution' 항목을 체크하기 바란다. 여기서는 다루지 않겠지만 Core Specification에 어떤 내용이 있는지 이해한다면 웹어셈블리의 정의를 제대로 이해하는 데 도움이 될 것이다.

언어 개념

Core Specification에서는 웹어셈블리가 어셈블리와 같은 로우 레벨의 프로그래밍 언어라고 말하고 있다. 해당 스펙에서는 언어의 구조, 실행, 유효성 검사뿐만 아니라 바이너리 포맷과 텍스트 포맷에 대한 세부적인 내용까지 정의하고 있다. 웹어셈블리 언어 자체는 다음과 같은 개념으로 구조화돼 있다.

- 값Values: 웹어셈블리가 제공하는 값의 유형
- 명령Instructions: 스택 머신 내에서 실행된다.
- 트랩Traps: 에러 조건이나 실행 중단이 발생할 때 이뤄진다.
- 함수Functions: 코드가 조직화되는 단위. 각 함수는 일련의 값을 파라미터로 사용하고 일련의 값을 반환한다.
- 테이블Tables: 실행 프로그램에 의해서 선택될 수 있는 (함수 레퍼런스와 같은) 특정한 타입의 값으로 이뤄진 배열
- 선형 메모리Linear Memory: 값을 저장하고 로드하는 데 사용할 수 있는 원시 바이트 배열
- 모듈Modules: 함수와 테이블 그리고 선형 메모리를 포함하는 웹어셈블리 바이너리 (.wasm 파일)

- **임베더**^{Embedder} : 웹어셈블리를 웹브라우저와 같은 호스트 실행 환경에서 실행할 수 있는 메커니즘

함수, 테이블, 메모리 그리고 모듈은 자바스크립트 API와 직접적인 상관관계를 갖고 있다는 점을 유념해야 한다. 이와 같은 개념은 언어 자체의 기본 구조와 웹어셈블리를 어떻게 작성하고 인코딩하는지에 대해 설명한다. 언어의 각 요소가 어떤 단계에서 어떤 의미로 사용되는지 이해하게 되면 웹어셈블리 기술을 완전히 이해할 수 있을 것이다.

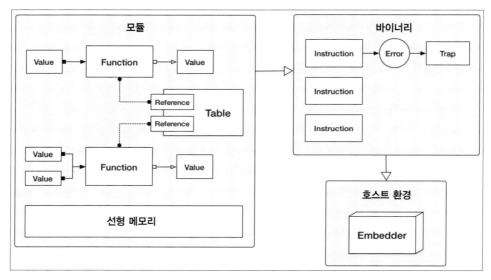

언어 개념과 각 요소 간의 관계

의미론적인 단계

Core Specification은 인코딩된 모듈(.wasm 파일)이 (웹 브라우저와 같은) 호스트 환경에서 사용될 때 거치는 여러 단계를 설명한다. 즉, 각 단계의 결과를 처리하고 실행하는 방법을 설명한다.

- **디코딩**Decoding : 바이너리 포맷을 해석해서 변환한다.
- **유효성 검사**Validation : 모듈이 제대로 구성되고 안전한 것인지 확인하기 위해 디코딩된 모듈의 (타입 체크와 같은) 유효성 검사를 수행한다.
- **실행**Execution, **파트 1: 인스턴스화**: 전역 변수, 메모리, 테이블을 초기화함으로 모듈의 동적 표현인 모듈 인스턴스를 만들고 그것의 start( ) 함수를 호출한다.
- **실행**Execution, **파트 2: 호출**: 모듈 인스턴스로부터 익스포트된 함수가 호출된다.

다음은 의미론적인 단계를 시각적으로 표현한 것이다.

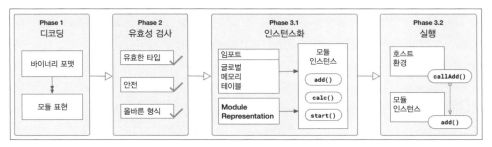

모듈 사용의 의미론적인 단계

자바스크립트와 Web API

웹어셈블리 워킹 그룹은 또한 자바스크립트, 웹과 상호작용할 수 있는 API 사양을 발표해 그것을 웹어셈블리 기술 영역으로 포함시켰다. 자바스크립트 API의 범위는 자바스크립트 언어 자체이지 웹 브라우저나 Node.js와 같은 환경과는 특별히 관련이 없다. 해당 스펙에서는 웹어셈블리와 상호작용하고 컴파일과 인스턴스화 과정을 관리하기 위한 클래스, 메소드, 객체를 정의한다. Web API는 웹 브라우저의 특정 기능을 정의하는 자바스크립트 API를 확장한 것이다. Web API 스펙은 현재 브라우저에서 Wasm 모듈의 사용을 단순화하는 간편한 메소드 두 개만을 정의하고 있다. compileStreaming과 instantiateStreaming으로, 이에 대해서는 2장에서 자세히 다룰 것이다.

그렇다면 웹어셈블리가 자바스크립트를 대체할까?

웹어셈블리의 궁극적인 목표는 자바스크립트를 대체하는 것이 아니라 그것을 보완하는 것이다. 자바스크립트의 풍부한 생태계와 우연성은 여전히 웹에 있어서 이상적인 언어다. 웹어셈블리의 자바스크립트 API는 두 기술 간의 상호 운용성을 비교적 간단하게 만든다. 그렇다면 단지 웹어셈블리만을 이용해 웹 애플리케이션을 만들 수 있을까? 웹어셈블리의 명시적인 목표 중 하나는 이식성이며, 자바스크립트의 모든 기능을 그대로 복제한다면 그 목표를 저해하게 된다. 하지만 공식 사이트에는 기존 웹 플랫폼의 실행과 통합이 목표로 포함돼 있기 때문에 시간이 지나면 어떻게 될지 알게 될 것이다. 전체 코드를 웹어셈블리로 컴파일되는 언어로 작성하는 것은 현실적이지 않지만 애플리케이션 로직의 일부분을 Wasm 모듈로 옮기는 것은 성능과 로드 시간 면에서 이점을 기대할 수 있다.

어디에서 사용할 수 있을까?

웹어셈블리의 공식 사이트에는 웹어셈블리를 어떤 경우에 사용할 수 있는지 그 내용이 포함돼 있다. 여기서는 모두 다루지는 않겠지만 웹 플랫폼의 기능을 크게 향상시키는 몇 가지 경우가 있다.

- 이미지/비디오 편집
- 게임
- 음악 애플리케이션(스트리밍, 캐싱)
- 이미지 인식
- 라이브 비디오 기능 보강
- VR과 증강 현실

위 사용 예시 중에 일부는 자바스크립트와 HTML, CSS를 이용해서 기술적으로 실현 가능하지만 웹어셈블리를 사용하면 상당한 성능 향상을 기대할 수 있다. (자바스크립트 파일 대신) 바이너리 파일을 제공하면 전달되는 내용을 크게 줄일 수 있고 페이지 로드 시 Wasm 모듈을 인스턴스화하면 코드 실행 속도가 빨라진다.

웹어셈블리는 브라우저에만 국한되지 않는다. 브라우저 밖이라면 모바일 기기의 하이브리드 네이티브 앱을 만들거나 신뢰할 수 없는 코드의 서버 측 계산을 수행하는 데 사용할 수 있다. 스마트폰 앱을 위한 Wasm 모듈을 사용하면 전력 사용과 성능 면에서 엄청난 효과를 얻을 수 있다.

웹어셈블리는 또한 사용법에 대한 유연성을 제공한다. 웹어셈블리로 모든 코드를 작성할 수는 있지만 현재의 웹 애플리케이션 형태나 컨텍스트에서는 실용적이지 않을 수 있다. 웹어셈블리의 강력한 자바스크립트 API를 사용하면 자바스크립트/HTML로 UI를 작성할 수 있고 DOM에 직접적으로 접근하지 않는 기능은 Wasm 모듈을 이용할 수 있다. 일단 추가적인 언어들이 지원되면 Wasm 모듈과 자바스크립트 코드 간에 객체를 쉽게 전달할 수 있고 그래서 통합이 매우 단순해지며 개발자들이 채택할 가능성이 커지게 될 것이다.

▌ 어떤 언어가 지원되는가?

MVP를 위한 웹어셈블리의 하이 레벨 측면의 목표는 asm.js와 거의 동일한 기능을 제공하는 것이었다. 두 기술은 매우 밀접하게 관련돼 있다. C, C++ 그리고 Rust는 매우 보편적인 언어이고 수동으로 메모리를 할당할 수 있어 웹어셈블리의 초기 구현 단계에서 이상적인 후보였다. 이번 절에서는 각 프로그래밍 언어에 대해 간단히 살펴볼 것이다.

C와 C++

C와 C++는 대략 30년 이상 된 로우 레벨의 프로그래밍 언어다. C는 절차적이고 클래스와 상속과 같은 객체 지향 프로그래밍 개념을 지원하지 않지만 빠르고 이식성이 높고 매우 널리 사용된다.

C++는 연산자 오버로딩과 향상된 타입 검사 기능을 추가해 C의 빈틈을 채우기 위해 개발
됐다. 두 언어는 가장 많이 사용돼 인기 있는 상위 10개의 프로그래밍 언어에 항상 포함돼
있다. MVP를 위한 이상적인 언어라고 할 수 있다.

프로그래밍 언어	2018	2013	2008	2003	1998	1993	1988
Java	1	2	1	1	16	-	-
C	2	1	2	2	1	1	1
C++	3	4	3	3	2	2	5
Python	4	7	6	12	24	19	-
C#	5	5	7	9	-	-	-
Visual Basic .NET	6	13	-	-	-	-	-
JavaScript	7	10	8	7	21	-	-
PHP	8	6	4	5	-	-	-
Ruby	9	9	9	19	-	-	-
Perl	10	8	5	4	3	11	-
Objective-C	18	3	44	50	-	-	-
Ada	30	16	17	14	6	6	2
Lisp	31	11	15	13	5	4	3
Pascal	143	14	18	97	11	3	13

TIOBE 장기간의 프로그래밍 언어 탑 10

C와 C++ 지원이 Emscripten에 반영돼서 컴파일 과정이 단순화될 뿐만 아니라 웹어셈블
리의 전체 기능을 활용할 수 있게 해준다. 또한 C/C++ 코드를 LLVM으로 .wasm 파일로
컴파일하는 것도 가능하다. LLVM은 모듈화되고 재사용 가능한 컴파일러 및 툴체인 기술
의 모음이다. 간단히 말하면, 소스코드를 기계어 코드로 컴파일하는 과정의 구성을 단순화
하는 프레임워크라고 할 수 있다. 만약 자체적인 프로그래밍 언어를 만들었고 그것의 컴파
일러를 만들고자 한다면 LLVM은 그 과정을 단순화하는 툴을 가지고 있다. LLVM으로 C/
C++을 .wasm 파일로 컴파일하는 방법에 대해서는 10장에서 다룰 것이다.

다음 코드는 C++로 콘솔에 Hello World!를 출력하는 방법을 보여주고 있다.

```cpp
#include <iostream>
int main() {
    std::cout << "Hello, World!\n";
    return 0;
}
```

Rust

C와 C++가 웹어셈블리를 위한 기본 언어로 의도됐지만 Rust 또한 완벽한 웹어셈블리 언어가 될 수 있다. Rust는 구문적으로 C++와 유사한 시스템 프로그래밍 언어다. 메모리를 안전하게 관리하도록 설계됐지만 C와 C++처럼 성능적인 이점도 얻을 수 있다. 현재 Rust 컴파일러는 Rust 소스코드로 .wasm 파일을 만들 수 있어서 Rust를 선호하고 C++에 익숙하다면 이 책 대부분의 예제를 Rust로 작성할 수 있을 것이다.

다음 코드는 Rust로 콘솔에 Hello World!를 출력하는 방법을 보여주고 있다.

```rust
fn main() {
    println!("Hello World!");
}
```

다른 언어들

대부분 실험적이긴 하지만 웹어셈블리를 다른 유명한 프로그래밍 언어와 함께 사용할 수 있도록 해주는 다양한 툴이 있다.

- C#을 위한 Blazor
- Haxe를 위한 WebIDL

- Java를 위한 TeaVM 또는 Bytecoder
- Kotlin을 위한 TeaVM
- TypeScript를 위한 AssemblyScript

어떤 한 언어를 C로 변환하고 그것을 Wasm 모듈로 컴파일하는 것 또한 기술적으로 가능하지만 컴파일의 성공 여부는 사용될 툴에 달려 있다. 아마도 제대로 동작하게 만들려면 코드를 상당히 많이 수정해야 할 것이다.

▌ 웹어셈블리의 한계는 무엇인가?

웹어셈블리에 제한이 없는 것은 아니다. 새로운 기능이 활발히 개발되고 있으며 기술이 지속적으로 진화하고 있지만 MVP 기능은 웹어셈블리가 할 수 있는 것 중 일부분만을 나타내고 있다. 이번 절에서는 웹어셈블리의 몇 가지 한계점이 개발 과정에 미치는 영향을 알아볼 것이다.

가비지 컬렉션이 없음

웹어셈블리는 평평한 선형 메모리를 지원한다. 선형 메모리 자체에는 제한이 없지만 코드를 실행시키기 위해 메모리를 어떻게 명시적으로 할당하는지에 대해서는 이해할 필요가 있다. C와 C++는 메모리 관리를 언어 자체에 포함하고 있어서 MVP를 위한 선택으로 타당하다고 할 수 있다. 자바와 같은 좀 더 인기 있는 하이 레벨의 언어들이 초기에 포함되지 않은 것은 가비지 컬렉션GC, Garbage Collection 때문이다.

가비지 컬렉션 즉, GC는 자동으로 메모리를 관리해주는데, 프로그램이 더 이상 사용하지 않는 객체가 포함하고 있는 메모리를 자동으로 회수해준다. GC는 자동차의 자동 변속기와 유사하다. 전문 엔지니어가 최대한 효율적으로 동작하도록 최적화를 해왔지만 제어할 수 있는 부분은 제한적이다. 메모리를 직접 할당하는 것은 마치 수동 변속기로 자동차를 운전하는 것과 같다. 수동 변속기는 속도와 토크에 대한 제어력은 뛰어나지만 경험이 없거나 제대로 사용하지 못하면 차가 심각한 손상을 입을 수 있다. C와 C++의 훌륭한 성능과 속도는 수동으로 메모리를 관리할 수 있기 때문에 가능하다.

GC 언어는 메모리 할당이나 메모리 가용성에 대한 걱정 없이 프로그래밍을 할 수 있게 만들어준다. 자바스크립트가 GC 언어의 한 예다. 브라우저 엔진은 마크 앤 스윕mark-and-sweep이라는 알고리즘을 이용해서 사용되지 않는 객체를 모으고 해당 객체의 메모리를 해제한다. 현재 웹어셈블리가 GC 언어를 지원하도록 작업이 진행 중이지만 언제 완료될지 정확히 말하기는 힘들다.

DOM에 대한 직접적인 접근이 없음

웹어셈블리는 DOM에 접근할 수 없어서 DOM을 수정해야 할 때는 자바스크립트를 통하거나 Emscripten과 같은 툴을 이용해 간접적으로 수정한다. 직접적으로 DOM이나 Web API 객체를 참조할 수 있도록 만드는 것이 계획돼 있지만 아직은 제안 단계다. DOM을 수정할 수 있으면 웹어셈블리와 자바스크립트 코드 사이에 객체를 매끄럽게 전달할 수 있기 때문에 GC 언어와 함께 웹어셈블리에 적용될 가능성이 높다.

오래된 브라우저에 대한 지원이 없음

오래된 브라우저는 Wasm 모듈을 로드하고 인스턴스화할 수 있는 전역 웹어셈블리 객체를 가지고 있지 않다. 객체가 없다면 asm.js를 이용하는 실험적인 폴리필polyfill이 있지만 웹어셈블리 워킹 그룹은 현재 그것을 만들 계획을 갖고 있지 않다. asm.js와 웹어셈블리는 밀접하게 관련돼 있기 때문에 웹어셈블리 객체를 사용할 수 없을 때 단순히 asm.js 파일을 제공하면 하위 버전과의 호환성을 유지하면서 성능을 향상시킬 수 있다. https://caniuse.com/#feat=wasm을 통해 현재 웹어셈블리를 지원하는 브라우저를 볼 수 있다.

▌ Emscripten과의 관계

Emscripten은 C/C++ 소스코드에서 asm.js를 만들어주는 컴파일러다. 이 책에서는 Wasm 모듈을 만드는 빌드 툴로 Emscripten을 사용할 것이다. 이번 절에서는 Emscripten이 웹어셈블리와 어떻게 관련되는지 빠르게 살펴볼 것이다.

Emscripten의 역할

Emscripten은 (C와 C++를 위한) Clang과 같은 컴파일러의 LLVM 비트 코드 출력을 자바스크립트로 변환하는 LLVM-to-JavaScript 컴파일러다. 하나의 특정 기술만을 사용하지 않고 asm.js를 빌드, 컴파일 실행시키기 위해 여러 기술을 조합해서 사용한다. 이 책에서는 Wasm 모듈을 만들기 위해 Emscripten SDK(EMSDK) 매니저를 사용할 것이다.

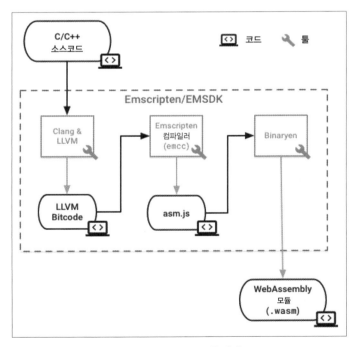

EMSDK로 Wasm 모듈 생성

52

EMSDK와 Binaryen

4장에서는 EMSDK를 설치하고 이를 사용해 C와 C++를 Wasm 모듈로 컴파일하는 데 필요한 종속성을 관리할 것이다. Emscripten은 Binaryen의 asm2wasm 툴을 사용해서 Emscripten의 asm.js 출력을 .wasm 파일로 컴파일한다. Binaryen은 다양한 포맷을 웹어셈블리 컴파일하거나 그 반대의 경우를 수행하기 위한 툴을 포함하는 컴파일러이자 툴체인 라이브러리다. Binaryen의 내부 동작을 이해하는 것은 웹어셈블리를 사용하기 위해 필요한 것은 아니지만, 내부 기술을 알고 그것이 어떻게 동작하는지 아는 것은 중요하다. 특정 플러그를 Emscripten(emcc)의 컴파일 명령에 전달하면 그 결과로 생긴 asm.js 코드를 Binaryen으로 보내 .wasm 파일을 만들 수 있다.

▍ 요약

1장에서는 웹어셈블리가 만들어지게 된 기술과 관련된 웹어셈블리의 역사에 대해 논의했다. 웹어셈블리의 정의를 자세히 살펴보면서 웹어셈블리의 기반 기술을 더 잘 이해할 수 있었다.

웹어셈블리의 중요 요소로서 Core Specification, 자바스크립트 API, Web API가 제시됐고 웹어셈블리 기술이 어떻게 진화할지를 보여주고 있다. 또한 잠재적으로 어떤 경우에 사용될 수 있고 현재 어떤 언어를 지원하고 있고 지원하지 않는 언어를 위해서는 어떤 툴이 있는지 알아봤다.

웹어셈블리의 한계는 가비지 컬렉션이 없는 것, DOM과 직접적으로 통신할 수 없는 것 그리고 오래된 브라우저를 지원하지 않는다는 것이다. 이처럼 웹어셈블리의 단점을 알아봤고 웹어셈블리라는 새로운 기술에 대해 논의했다. 마지막으로 개발 과정에 있어서 Emscripten의 역할과 Emscripten이 개발 워크플로에서 어디에 적합한지 살펴봤다.

2장에서는 웹어셈블리의 구성 요소인 Wat(WebAssembly 텍스트 포맷), 바이너리 포맷 (Wasm), 자바스크립트, Web API 대해 깊이 살펴볼 것이다.

▌ 질문

1. 웹어셈블리가 만들어지는 데 영향을 준 두 기술은 무엇인가?
2. 스택 머신은 무엇이고 웹어셈블리와 어떤 관계인가?
3. 웹어셈블리는 어떤 방법으로 자바스크립트를 보완하는가?
4. Wasm 모듈로 컴파일할 수 있는 세 개의 프로그래밍 언어는 무엇인가?
5. 웹어셈블리와 관련해서 LLVM은 어떤 역할을 하는가?
6. 웹어셈블리는 잠재적으로 어떤 경우에 사용되는가?
7. DOM에 대한 접근과 GC는 어떤 관계인가?
8. Wasm 모듈을 만들기 위해 Emscripten은 어느 툴을 사용하는가?

▌ 추가 자료

- **공식 웹어셈블리 사이트**: https://webassembly.org
- **네이티브 클라이언트 기술**: https://developer.chrome.com/nativeclient/overview
- **LLVM 컴파일러 인프라스트럭처 프로젝트**: https://llvm.org
- **Emscripten**: http://kripken.github.io/emscripten-site/docs/introducing_emscripten/about_emscripten.html
- **asm.js 스펙**: http://asmjs.org/spec/latest

02

웹어셈블리의 요소 - Wat, Wasm 그리고 JavaScript API

1장에서는 웹어셈블리의 역사에 대해 설명했다. 웹어셈블리의 기술을 하이 레벨에서 살펴봤을 뿐만 아니라 그것이 언제 사용될 수 있으며 한계점은 무엇인지 알아봤다. 웹어셈블리는 공식적인 정의에 명시된 바이너리 명령 포맷뿐만 아니라 여러 요소로 구성된다.

2장에서는 웹어셈블리 워킹 그룹이 공식적으로 작성한 스펙에 부합하는 요소들에 대해 자세히 알아볼 것이다. 모듈과의 연관성을 잘 이해하기 위해 Wat과 바이너리 포맷을 자세히 살펴볼 것이다. 또한 브라우저에서 웹어셈블리를 효과적으로 활용할 수 있는지 확인하기 위해 자바스크립트 API와 Web API를 검토할 것이다.

2장의 목표는 다음과 같다.

- 텍스트와 바이너리 포맷의 관계
- Wat이 무엇이고 개발 과정 중 어느 단계에 해당하는가
- 바이너리 포맷과 모듈(Wasm) 파일
- 자바스크립트 API와 Web API의 구성 요소와 Wasm 모듈과의 관계
- 웹어셈블리의 각 단계(C/C++ ➤ Wat ➤ Wasm)를 평가하기 위한 WasmFiddle을 이용하는 방법

▌ 공통 구조와 추상 구문

1장에서는 웹어셈블리의 바이너리 포맷과 텍스트 포맷이 추상 구문 형태의 공통 구조에 어떻게 매핑되는지 알아봤다. 그런 포맷들의 핵심적인 부분을 보기에 앞서 Core Specification 내에서 그것들이 어떤 관계인지 언급할 가치가 있다. 다음 그림은 Core Specification의 내용을 시각적으로 표현한 것이다(명확하게 표현하기 위해 일부 항목 제외).

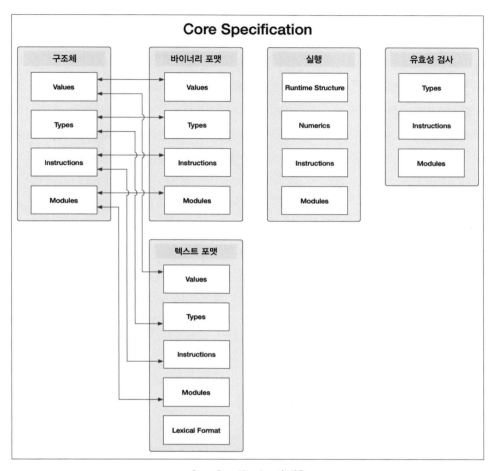

Core Specification의 내용

텍스트 포맷과 바이너리 포맷은 구조체Structure와 연관된 값Values, 타입Types, 명령Instructions 그리고 모듈Modules을 포함한다. 따라서 다음 절에서 다루는 텍스트 포맷에 대한 대부분은 바이너리 포맷에 직접적으로 연관된다. 이를 염두에 두고 텍스트 포맷을 살펴보자.

▌ Wat

Core Specification의 Text Format 절에서는 값과 타입, 명령과 같은 일반적인 언어 개념에 대한 기술적인 설명을 제공한다. 웹어셈블리를 위한 툴을 만들 계획이라면 이는 중요한 개념이다. 하지만 단지 애플리케이션에서 웹어셈블리를 이용할 계획이라면 필요하지 않다. 텍스트 포맷은 웹어셈블리의 중요한 부분이므로 알아야 할 개념들이 있다. 이번 절에서는 텍스트 포맷의 일부 세부 사항을 다루고 Core Specification의 중요한 부분을 강조할 것이다.

정의와 S-표현

Wat을 이해하기 위해 Wat에 대한 웹어셈블리 Core Specification의 설명 중 첫 번째 문장을 먼저 살펴보자.

> "웹어셈블리 모듈을 위한 텍스트 포맷은 추상 구문을 S-표현(S-expressions)으로 렌더링하는 것이다."

그렇다면 심볼 표현S-expressions 즉, S-표현이란 무엇일까? S-표현은 중첩 리스트(트리 구조) 데이터에 대한 표기법이다. 기본적으로 리스트 기반의 데이터를 텍스트 형태로 간단하고 우아하게 표현하는 방법을 제공한다. 중첩 리스트의 텍스트 표현이 어떻게 트리 구조에 매핑되는지 이해하기 위해 HTML 페이지를 트리 구조로 추론해보자. 다음은 간단한 HTML 페이지와 그것에 대한 트리 구조 다이어그램을 보여주고 있다.

간단한 HTML 페이지:

```
<html>
<head>
  <link rel="icon" href="favicon.ico">
  <title>Page Title</title>
</head>
```

```
<body>
  <div>
    <h1>Header</h1>
    <p>This is a paragraph.</p>
  </div>
  <div>Some content</div>
  <nav>
    <ul>
      <li>Item 1</li>
      <li>Item 2</li>
      <li>Item 3</li>
    </ul>
  </nav>
</body>
</html>
```

HTML 페이지의 트리 구조:

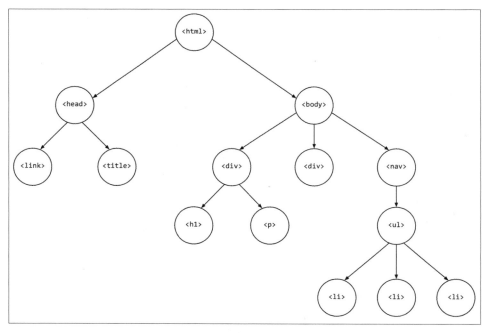

HTML 페이지의 트리 구조 다이어그램

이전에 트리 구조를 본 적이 없다고 하더라도 구조와 계층이라는 관점에서 HTML이 트리 구조에 어떻게 매핑되는지 명확히 볼 수 있을 것이다. HTML은 잘 정의된 태그와 실제 로직이 없는 마크업 언어이기 때문에 HTML의 요소를 트리에 매핑시키는 것은 상대적으로 간단하다.

Wat은 여러 개의 함수를 갖고 있는 모듈을 다양한 파라미터로 표현한다. 소스코드와 Wat 그리고 그에 대한 트리 구조 간의 관계를 살펴보기 위해 파라미터로 전달된 값에 2를 더하는 간단한 C 함수의 경우를 생각해보자.

다음은 전달된 값에 2를 더해서 반환하는 C 함수다.

```
int addTwo(int num) {
    return num + 2;
}
```

addTwo 함수를 Wat으로 변환하면 다음과 같다.

```
(module
  (table 0 anyfunc)
  (memory $0 1)
  (export "memory" (memory $0))
  (export "addTwo" (func $addTwo))
  (func $addTwo (; 0 ;) (param $0 i32) (result i32)
    (i32.add
      (get_local $0)
      (i32.const 2)
    )
  )
)
```

1장에서는 Core Specification과 관련된 언어 개념(함수, 선형 메모리, 테이블 등)에 대해 알아봤다. Core Specification의 Structure 절에서는 추상 구문의 맥락에서 각각의 언어 개념들을 정의하고 있다. Core Specification의 Text Format 절은 이러한 개념과 잘 부합되며 위의 텍스트 포맷 예에서 해당 키워드(func, memory, table)들을 볼 수 있다.

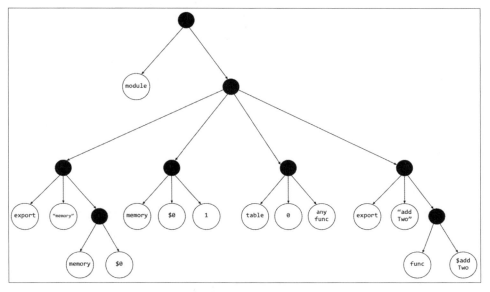

Wat을 위한 트리 구조 다이어그램

트리가 크다 보니 지면에 하나의 페이지에 표현하는 것이 어려워서 Wat 소스 텍스트의 처음 다섯 줄에 대한 것만 다이어그램으로 나타냈다. 각각의 검은 점은 리스트 노드(또는 괄호 셋의 내용)를 나타낸다. 보는 바와 같이 S−표현으로 작성된 코드는 트리 구조로 명확하고 간결하게 표현할 수 있다. 이 때문에 웹어셈블리의 텍스트 포맷을 위한 형식으로 S−표현이 선택됐다.

값, 타입 그리고 명령

Core Specification의 Text Format 절에 대한 자세한 설명은 이 책의 목적에 맞지 않지만, 언어 개념 중 일부가 Wat에 어떻게 매핑되는지 보여주는 것은 가치가 있다. 다음 다이어그램은 간단한 샘플 Wat에 대한 매핑을 보여주고 있다. 파라미터로 단어를 전달받고 해당 단어의 문자 수를 제곱근한 값을 반환하는 C 함수에 대한 표현이다.

Block Comments are surrounded with a (; and ;).	```(;```
	 ```This is a block comment.```
	 ```It allows you to create a multi-line comment without having to```
	 ```use a double-semicolon in front of each line.```
	 ```;)```

	```(module``` ```(type $FUNCSIG$dd (func (param f64) (result f64)))```
table is a **Table Type**.	```(table 0 anyfunc)```
	```(memory $0 1)```
16 is an **Integer Value**.	```(data (i32.const 16)``` `"Test\n\00")` "Test\n\00" is a **String Value**.
	```(data (i32.const 24) "\10\00\00\00")```
"memory" is an **Name Value**.	```(export "memory"``` `(memory` `$0))` $0 is an **Identifier Value**.
	```(export "getCharCountSqrt" (func $getCharCountSqrt))```
func, param, and result are **Function Types**.	```(func $getCharCountSqrt (; 0 ;) (param $0 i32) (result f32)``` ```(local $1 i32)```
	```(local $2`  `i32)``` i32 is a **Value Type**.
	```(local $3 f64)```
Line Comments start with a ; ;.	```;; This is a line comment.```
	```(block $label$0```
block is a **Block Control Instruction**.	```(block`  `$label$1``` $label$1 is a **Label Identifier**.
br_if is a **Plain Control Instruction**.	```(br_if`  `$label$1```
	```(i32.eqz```
	```(i32.`load8_u` load8_u is a **Memory Instruction**.
get_local is a **Variable Instruction**.	```(get_local`  `$0)```
	```)```
	```)```
	```)```
	```(set_local $0```
	```(i32.add```
	```(get_local $0)```
i32.const is a **Numeric Instruction**.	```(i32.const`  `1)```
	```)```
	```)```

세부적인 언어 개념이 포함된 샘플 Wat

Wat을 작성하거나 편집하려고 한다면, 블록 주석과 라인 주석을 지원한다는 것을 알아야 한다. 명령은 블록으로 나뉘고 유효한 타입을 가진 변수와 연관된 메모리를 조회하고 설정하는 것으로 구성된다. if문을 이용하면 로직의 흐름을 제어할 수 있고 loop 키워드를 이용하면 루프를 만들 수 있다.

개발 과정에서의 역할

텍스트 포맷으로 바이너리 Wasm 모듈을 텍스트 형식으로 표현할 수 있다. 이는 개발과 디버깅 용이성과 관련해 어느 정도 중요한 의미를 가진다. 웹어셈블리 모듈의 텍스트 표현을 사용하면 개발자가 브라우저에 로드된 모듈의 소스를 볼 수 있기 때문에 NaCl 채택을 방해하는 블랙 박스 문제가 없어지게 된다. 또한 문제 해결 모듈을 만들 수 있게 해준다. 공식 웹사이트에서는 텍스트 포맷을 설계하게 된 이유를 설명하고 있다.

- 웹어셈블리 모듈에서 소스 보기. 모든 소스코드를 볼 수 있는 웹에 적합
- 소스 맵이 없는 경우 브라우저 개발 툴에서 표현(MVP에서는 필수)
- 교육적, 실험적, 디버깅, 최적화 그리고 스펙 자체의 테스트 등을 위해 웹어셈블리 코드를 직접 작성

위 리스트 중 마지막 항목은 일반적인 개발 과정에서 텍스트 포맷이 직접 작성되지 않고 Emscripten과 같은 툴에서 만들어진다는 사실을 반영한 것이다. 모듈을 만들 때는 아마도 .wat 파일들을 보거나 수정하지는 않을 것이다. 하지만 디버깅 시에는 코드를 보게 될 것이다.

텍스트 포맷은 디버깅과 관련해 가치 있을 뿐만 아니라 중간 포맷으로서 컴파일을 위한 단일 툴에 대한 의존도를 상당히 줄여준다. 현재 이 S-표현을 사용하고 만들어내는 툴이 여러 개 있으며, 그중 일부는 Emscripten이 코드를 .wasm 파일로 컴파일하는 데 사용한다.

▌ 바이너리 포맷과 모듈 파일

Core Specification의 Binary Format 절은 언어 개념과 관련해 Text format 절과 동일한 수준의 세부 내용을 제공한다. 이번 절에서는 바이너리 포맷에 대한 하이 레벨의 내용을 간단히 살펴보고 Wasm 모듈을 구성하는 모듈의 다양한 섹션에 대해 알아볼 것이다.

정의와 모듈 개요

바이너리 포맷은 추상 구문의 고밀도 선형 인코딩으로 정의된다. 기술에 치우치지 않게 설명한다면, 본질적으로 빠른 디코딩과 작은 파일 사이즈 그리고 적은 메모리 사용을 가능하게 해주는 효과적인 바이너리 형식이다. 바이너리 포맷을 파일로 표현한 것이 .wasm 파일이고, 이 책의 예제에서 사용할 Emscripten의 컴파일 결과로 .wasm 파일이 만들어지게 된다.

Core Specification의 Binary Format 절에 있는 Values와 Types 그리고 Instructions 하위 절은 Text Format 절과 직접적으로 연관된다. 예를 들면 Integer 타입은 부호가 있거나 부호가 없는 형태의 LEB128 가변 길이 정수 인코딩으로 인코딩된다. 웹어셈블리를 위한 도구를 개발하고자 한다면 이는 매우 중요한 세부 정보라고 할 수 있다. 하지만 단순히 웹사이트에서 웹어셈블리를 사용할 계획이라면 필요하지 않은 정보다.

Core Specification의 Structure, Binary Format 그리고 Text Format(wat) 절은 모두 Module이라는 하위 절을 가지고 있다. 앞선 절에서는 모듈에 대해서는 다루지 않았다.

그 이유는 바이너리 포맷에서 그것을 설명하는 것이 좀 더 적합하기 때문이다. 공식 웹어셈블리 사이트는 모듈에 대해 다음과 같이 설명하고 있다.

> "웹어셈블리에서는 분산 가능하며 로드 가능하고 실행 가능한 코드 유닛을 모듈이라고 부른다. 실행 시 모듈은 인스턴스를 만들기 위한 중요한 값들이 설정돼 인스턴스화되며, 모듈이 실행 중일 때 해당 값들을 참고해서 모듈의 상태를 확인할 수 있고 변경 불가능한 값이다."

3장에서는 자바스크립트 API와 Web API를 이용해 모듈과 상호작용하는 방법을 논의할 것이다. 그러니 모듈의 요소가 API 메소드에 어떻게 매핑되는지 이해하는 데 필요한 개념을 알아보자.

모듈 섹션

모듈은 몇 개의 섹션으로 구성된다. 그중 일부는 자바스크립트 API를 통해 상호작용하게 될 것이다.

- 임포트(import)는 모듈 내에서 접근 가능한 요소이며 다음 중 하나가 될 수 있다.
  - 함수Function는 call 연산자로 모듈 내에서 호출 가능하다.
  - 글로벌Global은 global 연산자로 모듈 내에서 접근 가능하다.
  - 선형 메모리Linear Memory는 memory 연산자로 모듈 내에서 접근 가능하다.
  - 테이블Table은 call_indirect로 모듈 내에서 접근 가능하다.
- 익스포트(export)는 자바스크립트 함수에 의해서 호출되는 API에 의해 접근 가능하다.
- 모듈 인스턴스가 초기화된 다음에는 모듈 start 함수가 호출된다.
- 글로벌(global)은 전역 변수의 내부적인 정의를 포함한다.
- 선형 메모리(memory)는 초기 메모리 크기와 최대 크기와 같은 내부적인 선형 메모리의 정의를 포함한다.
- 데이터(data)는 주어진 메모리의 고정된 영역의 초기 내용을 지정하는 데이터 세그먼트 배열을 포함한다.
- 테이블(table)은 특정 테이블 요소의 타입이 불명확한 선형 메모리다.
  - MVP의 주요 목적은 C/C++에서 간접 함수 호출을 구현하는 것이다.
- 엘리먼트(elements) 섹션은 모듈이 모듈 내에 정의된 내용으로 임포트 섹션이나 내부적으로 정의된 테이블을 초기화할 수 있도록 해준다.

- 함수function와 코드code
  - 함수 섹션은 모듈 내에 정의된 각 내부 함수의 시그니처를 선언한다.
  - 코드 섹션은 함수 섹션에서 선언된 각 함수의 코드를 포함한다.

몇몇 키워드(import, export 등)는 앞서 Wat 파일의 내용을 설명할 때 나왔기 때문에 익숙할 것이다. 웹어셈블리의 구성 요소는 대응되는 API에 직접적이고 논리적으로 매핑된다(예를 들면 memory와 table 인스턴스를 자바스크립트의 WebAssembly.instantiate() 함수에 전달한다). 그리고 해당 API를 통해 바이너리 포맷의 모듈과 상호작용하게 된다.

▌ 자바스크립트 API와 Web API

웹어셈블리 Core Specification뿐만 아니라 웹어셈블리 모듈과 상호작용하기 위한 API 스펙이 두 개 더 있다. 그것은 웹어셈블리 자바스크립트 인터페이스JavaScript API와 웹어셈블리 Web API다. 앞 절에서는 Core Specification에서 웹어셈블리의 기술과 친숙해지는데 도움이 되는 부분을 주로 설명했다. 아직 Core Specification을 읽지 않았거나 또는 2장 앞부분의 몇 절을 읽지 않고 건너뛰었다고 해서 여러분의 애플리케이션에 웹어셈블리를 사용하는 데 지장을 주지는 않을 것이다. 하지만 API의 경우, 컴파일된 Wasm 모듈을 인스턴스화하고 상호작용하는 데 필요한 메소드와 인터페이스에 대해 설명하기 때문에 읽지 않고 넘어가면 안 된다. 이번 절에서는 Web과 자바스크립트 API에 대해 살펴보고 자바스크립트 API로 Wasm 모듈을 로드하고 통신하는 방법을 설명할 것이다.

웹어셈블리 저장소와 객체 캐시

어떻게 상호작용하는지 자세히 살펴보기에 앞서, 실행 관점에서 자바스크립트와 웹어셈블리의 관계에 대해 논의해보자. 실행Execution 섹션에 대해 Core Specification은 다음과 같이 설명하고 있다.

"웹어셈블리 코드는 모듈을 인스턴스화하거나 초기화된 모듈 인스턴스의 익스포트 함수를 호출할 때 실행된다.

실행 동작은 프로그램 상태를 모델링하는 추상 머신 관점에서 정의된다. 연산자의 값과 제어 구조를 기록하는 스택과 전역 상태를 저장하는 추상 저장소가 포함된다."

좀 더 자세히 말하면, 자바스크립트는 에이전트[agent]라는 것을 이용해 실행을 관리한다. 위 정의에서 언급된 저장소[store]는 에이전트에 포함된다. 다음은 자바스크립트 에이전트에 대한 다이어그램이다.

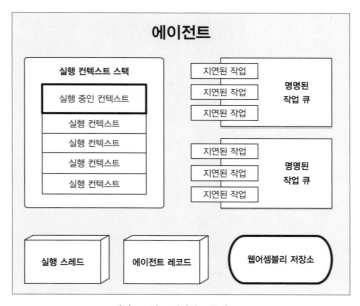

자바스크립트 에이전트 구성 요소

저장소는 추상 머신의 상태를 나타낸다. 웹어셈블리는 저장소를 가져와 업데이트된 저장소를 반환하는 작업을 수행한다. 각 에이전트는 자바스크립트 객체를 웹어셈블리 주소로 매핑하는 캐시에 연결된다. 그렇다면 이것이 왜 중요할까? 웹어셈블리 모듈과 자바스크립트 간의 상호작용 방법을 나타내기 때문이다. 자바스크립트 객체는 자바스크립트 API

안의 웹어셈블리 네임스페이스에 대응된다. 이 점을 염두에 두고 인터페이스에 대해 알아보자.

모듈 로딩과 웹어셈블리 네임스페이스 메소드

자바스크립트 API는 브라우저 내의 전역 웹어셈블리 객체에서 사용할 수 있는 다양한 객체를 다룬다. 웹어셈블리 객체를 살펴보기에 앞서, 웹어셈블리 객체에서 사용할 수 있는 메소드와 그것의 목적에 대해 간단히 살펴볼 것이다.

- instantiate( )는 웹어셈블리 코드를 컴파일하고 인스턴스화하기 위한 기본 API다.
- instantiateStreaming( )은 instantiate( )와 동일한 기능을 수행하지만, 스트리밍을 이용해서 모듈을 컴파일하고 인스턴스화하기 때문에 중간 단계가 생략된다.
- compile( )은 웹어셈블리 모듈을 단지 컴파일만 하며 인스턴스화를 수행하지는 않는다.
- compileStreaming( ) 또한 웹어셈블리 모듈을 컴파일만 하지만 instantiateStreaming( )처럼 스트리밍을 이용한다.
- validate( )는 웹어셈블리 바이너리 코드를 검사해서 유효하면 true를 반환하고 그렇지 않으면 false를 반환한다.

instantiateStreaming( )과 compileStreaming( )은 현재 Web API에만 있다. 사실 두 메소드만으로도 충분하다. 웹어셈블리에서 사용 가능한 메소드들은 기본적으로 컴파일과 모듈의 인스턴스화에 초점이 맞춰져 있다. 이를 염두에 두고 이제는 Wasm 모듈을 가져와서 인스턴스화하는 방법에 대해 알아보자.

모듈을 가져오면 모듈을 구성하는 바이트들을 ArrayBuffer에 로드해서 인스턴스화할 수 있는 Promise가 반환된다. 앞으로는 이 과정을 모듈 로딩 과정이라고 할 것이다.

다음은 모듈 로딩 과정을 보여주고 있다.

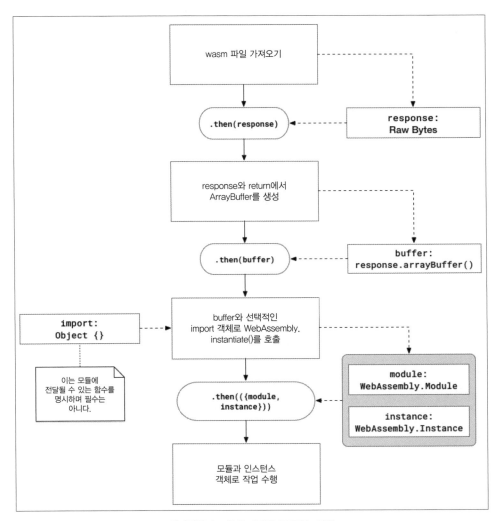

웹어셈블리 모듈을 가져와 로딩하는 과정

모듈 로딩은 Promise를 이용하는 매우 단순한 과정이다. 다음의 코드는 모듈이 어떻게 로드되는지 보여준다. importObj로 어떤 데이터나 함수를 Wasm 모듈에 전달한다. 5장에서 아주 자세히 다룰 것이기 때문에 지금은 무시해도 된다.

```
fetch('example.wasm')
  .then(response => response.arrayBuffer())
  .then(buffer => WebAssembly.instantiate(buffer, importObj))
  .then(({ module, instance }) => {
      // 모듈이나 인스턴스로 어떤 작업을 수행
  });
```

위 예는 instantiate() 메소드를 이용해서 모듈을 로딩하는 방법을 나타내고 있다. instantiateStreaming() 메소드는 instantiate() 메소드와 약간 다르다. 모듈을 가져오고 컴파일하고 인스턴스화하는 과정을 한 번에 간단히 처리해준다. 다음은 instantiate Streaming() 메소드를 사용해 위 코드와 동일한 작업을 수행하는 코드다.

```
WebAssembly.instantiateStreaming(fetch('example.wasm'), importObj)
  .then(({ module, instance }) => {
      // 모듈이나 인스턴스로 어떤 작업을 수행
  });
```

인스턴스화 메소드는 컴파일된 WebAssembly.Module(module)과 WebAssembly.Instance (instance)를 포함하는 객체를 반환하며 둘에 대해서는 잠시 후에 설명할 것이다. 대부분의 경우 Wasm 모듈을 로드하기 위해 두 메소드 중 하나를 사용하게 될 것이다. 모듈 인스턴스는 자바스크립트 코드에서 호출할 수 있는 익스포트된 모든 웹어셈블리 함수를 포함한다.

compile()과 compileStreaming() 메소드는 컴파일된 WebAssembly.Module을 반환한다. 이 메소드는 이후에 모듈을 컴파일해 인스턴스화하려고 할 때 유용하게 사용할 수 있다.

모질라가 관리하는 웹 문서인 모질라 개발자 네트워크^{MDN, Mozilla Developer Network}에서는 컴파일된 모듈이 Web Worker에 전달되는 예를 제공한다.

validate() 메소드의 유일한 목적은 파라미터로 전달되는 배열 타입이나 ArrayBuffer가 유효한지 검사하는 것이다. ArrayBuffer에 모듈의 바이트가 로드된 이후에 이 메소드를 호출해서 사용하면 된다. 유효하지 않은 Wasm 모듈을 인스턴스화하거나 컴파일하려고 하면 이 메소드는 TypeError나 웹어셈블리 객체에 있는 Error 객체 중 하나를 반환하기 때문에 위 코드 예에서는 이 메소드를 포함시키지 않았다. Error 객체에 대해서는 이후에 살펴볼 것이다.

WebAssembly 객체

앞 절에서 설명한 메소드들뿐만 아니라, 웹어셈블리와 상호작용하고 문제를 해결하는 데 전역 WebAssembly 객체의 자식 객체들도 사용된다. 이 객체들은 웹어셈블리 바이너리 포맷과 텍스트 포맷을 설명한 절에서 논의한 개념과 직접적으로 관련이 있다. 다음은 MDN에서 설명하는 WebAssembly 객체들과 각 객체의 정의를 나열한 것이다.

- WebAssembly.Module 객체는 브라우저에 의해서 이미 컴파일된 웹어셈블리 코드를 포함하며, Web Worker와 효과적으로 공유될 수 있고 IndexedDB에 캐시된다. 그리고 여러 번 인스턴스화될 수 있다.

- WebAssembly.Instance 객체는 자바스크립트에서 웹어셈블리 코드를 호출할 수 있게 해주는 모든 익스포트된 웹어셈블리 함수를 포함하고 있는 WebAssembly.Module의 실행 인스턴스다.

- 생성자와 함께 WebAssembly.Memory를 호출하면 새로운 Memory 객체가 만들어진다. 그것은 원시 바이트를 가지고 있는 가변 길이의 ArrayBuffer이며 WebAssembly.Instance가 액세스한다.

- 생성자와 함께 `WebAssembly.Table`을 호출하면 지정된 크기와 지정된 타입의 요소를 저장할 수 있는 새로운 **Table** 객체가 만들어진다(함수 참조를 저장한다).
- 생성자와 함께 `WebAssembly.CompileError`를 호출하면 웹어셈블리를 디코딩하거나 유효성 검사를 하는 동안 문제가 발생했다는 의미의 에러를 만들어낸다.
- 생성자와 함께 `WebAssembly.LinkError`를 호출하면 모듈을 인스턴스화하는 동안 문제가 발생했다는 의미의 에러를 만들어낸다.
- 생성자와 함께 `WebAssembly.RuntimeError`를 호출하면 웹어셈블리의 특정 트랩(예를 들면 스택 오버플로 발생)이 발생했다는 의미의 에러를 만들어낸다.

`WebAssembly.Module` 객체를 시작으로 각 객체들을 좀 더 자세히 살펴보자.

WebAssembly.Module

`WebAssembly.Module` 객체는 **ArrayBuffer**와 초기화된 모듈 사이의 중간 단계라고 할 수 있다. `compile( )`과 `instantiate( )` 메소드(그리고 `compileStreaming`, `instantiateStreaming`)는 컴파일된 모듈을 위한 Promise를 반환한다. 배열 타입이나 **ArrayBuffer**를 생성자에 직접 전달하면 모듈을 동기적으로 생성할 수 있지만 모듈이 큰 경우에 대해서는 권장하는 방법이 아니다.

Module 객체는 또한 세 개의 정적 메소드인 `exports( )`, `imports( )`, `customSections( )`를 가지고 있다. 세 메소드에는 모두 컴파일된 모듈이 파라미터로 전달되며 `customSections( )`는 추가적으로 섹션 이름을 나타내는 문자열이 두 번째 파라미터로 전달된다. Core Specification의 Binary Format 섹션에서는 커스텀 섹션에 대해 설명하고 있으며 디버깅 정보나 서드파티 확장 목적으로 사용된다. 대부분의 경우 그것을 사용하지는 않을 것이다. 여러분이 만든 것이 아닌 Wasm 모듈을 이용한다면 `exports( )` 함수가 유용할 것이다. 하지만 각 익스포트(예를 들면, 함수)의 이름과 종류만 볼 수 있다.

단순한 사용 예에서는 Module 객체나 컴파일된 모듈을 직접적으로 다루지는 않을 것이다. 대부분의 상호작용은 Instance로 이뤄진다.

WebAssembly.Instance

WebAssembly.Instance 객체는 익스포트된 웹어셈블리 함수를 호출할 수 있는 인스턴스화된 웹어셈블리 모듈이다. instantiate() 또는 instantiateStreaming()을 호출하면 인스턴스를 포함하는 객체를 전달받기 위한 Promise가 반환된다. 그러면 인스턴스가 익스포트하는 함수의 이름을 이용해 웹어셈블리 함수를 호출하게 된다. 예를 들어 모듈이 sayHello()라는 이름의 함수를 익스포트한다면 instance.exports.sayHello()로 해당 함수를 호출할 수 있다.

WebAssembly.Memory

WebAssembly.Memory 객체는 웹어셈블리 Instance에 의해서 접근되는 메모리를 담고 있다. 그리고 자바스크립트와 웹어셈블리 모두에서 해당 메모리에 접근하거나 내용을 변경할 수 있다. 새로운 Memory 인스턴스를 만들기 위해서는 initial값과 maximum값(옵션)을 가지고 있는 객체를 WebAssembly.Memory() 생성자에 전달해야 한다. 그 값들의 단위는 웹어셈블리의 메모리 페이지 크기이며, 하나의 페이지는 64KB다. 메모리 인스턴스의 크기를 증가시키고 싶으면 증가시키고자 하는 웹어셈블리 페이지의 개수를 파라미터로 전달하는 grow() 함수를 이용하면 된다. 또한 메모리 인스턴스의 buffer 속성을 이용하면 메모리 인스턴스 내에 있는 버퍼에 접근할 수도 있다.

MDN에서는 WebAssembly.Memory 객체를 얻을 수 있는 두 가지 방법을 설명하고 있다. 첫 번째는 자바스크립트로 생성(var memory = new WebAssembly.Memory(...))하는 것이고, 두 번째는 웹어셈블리 모듈이 그것을 익스포트하게 만드는 것이다. 중요한 점은 자바스크립트와 웹어셈블리 간에 메모리를 쉽게 전달할 수 있다는 것이다.

WebAssembly.Table

WebAssembly.Table 객체는 배열과 같은 구조를 가지며 함수의 레퍼런스를 저장하는 데 사용된다. WebAssembly.Memory의 경우처럼 WebAssembly.Table도 자바스크립트와 웹어셈블리에서 접근하거나 내용을 변경할 수 있다. 이 책을 쓰는 시점에 테이블은 함수의 레퍼런스만을 저장할 수 있지만 기술이 발전함에 따라 추가적으로 다른 것도 저장할 수 있도록 바뀔 수도 있을 것이다.

새로운 Table 인스턴스를 만들기 위해서는 element와 initial 그리고 maximum(선택)을 포함하는 객체를 전달해야 한다. element는 테이블에 저장될 값의 유형을 나타내는 문자열이다. 현재는 함수를 나타내는 "anyfunc"라는 문자열만 유효하다. initial과 maximum값은 WebAssembly.Table에 저장되는 요소의 개수를 나타낸다.

Table 인스턴스에 몇 개가 저장됐는지는 length 속성으로 알 수 있다. 테이블 인스턴스는 또한 테이블의 내용을 조회하고 변경할 수 있는 메소드를 가지고 있다. get() 메소드를 이용하면 파라미터로 전달되는 특정 인덱스의 요소에 접근할 수 있다. set() 메소드를 이용하면 첫 번째 파라미터로 전달되는 특정 인덱스의 요소를 두 번째 파라미터로 전달되는 값(현재는 함수만 가능)으로 설정할 수 있다. 마지막으로 grow() 메소드를 이용하면 파라미터로 전달되는 값만큼 Table 인스턴스의 크기(저장할 수 있는 요소의 수)를 증가시킬 수 있다.

웹어셈블리 에러(CompileError, LinkError, RuntimeError)

자바스크립트 API는 웹어셈블리의 Error 객체를 생성할 수 있는 생성자를 제공한다. 하지만 이에 대해서는 자세히 살펴보진 않을 것이다. 앞에서 각 에러 객체들의 정의를 설명했고 해당 객체들은 특정 조건이 충족되면 발생하게 된다. 세 에러 객체 모두 에러 메시지와 파일 이름 그리고 라인 번호를 나타내는 파라미터(각 파라미터들은 모두 선택 사항이다)를 이용해서 생성될 수 있다. 또한 표준 자바스크립트 Error 객체와 마찬가지로 동일한 속성과 메소드를 가진다.

▌ WasmFiddle을 이용한 개념 연결

2장에서는 웹어셈블리의 다양한 구성 요소와 그에 상응하는 자바스크립트 API와 Web API에 대해 알아보고 있다. 하지만 아직까지는 그 조각들이 어떻게 잘 맞아 돌아가는지 혼란스러울 것이다. 예시들을 통해 C/C++, 웹어셈블리 그리고 자바스크립트가 상호작용하는 방식을 보게 되면 개념이 더욱 명확해질 것이다.

즉, 상호작용하는 예를 보게 되면 혼란스러움을 해결하는 데 도움이 될 것이다. 이 절에서는 웹어셈블리의 구성 요소 간의 관계를 알아보기 위해 WasmFiddle이라고 하는 온라인 툴을 이용할 것이다. 그럼으로 웹어셈블리가 실제로 어떻게 작동하는지 볼 수 있고 하이레벨의 개발 워크플로를 알 수 있다.

WasmFiddle이란?

WasmFiddle(https://wasdk.github.io/WasmFiddle/)은 C/C++ 코드를 작성해서 Wat으로 변환해 Wasm으로 컴파일하거나 자바스크립트를 이용해 직접적으로 상호작용할 수 있는 온라인 코드 편집 툴이다. C/C++와 자바스크립트 편집기는 필수적인 개발 환경으로 사용하도록 만들어진 것은 아니지만 Wasm 컴파일러로서 중요한 서비스를 제공한다. 3장에서는 하나의 사각형 인터페이스에서 Wasm 파일을 만들기 위해서는 몇 가지 작업이 필요하다는 것을 알게 될 것이다. 즉, C 코드를 브라우저에 붙여 넣거나 작업을 좀 더 편하게 만들기 위해 몇 개의 버튼을 눌러야 한다. 다음은 WasmFiddle의 인터페이스를 간단히 보여주고 있다.

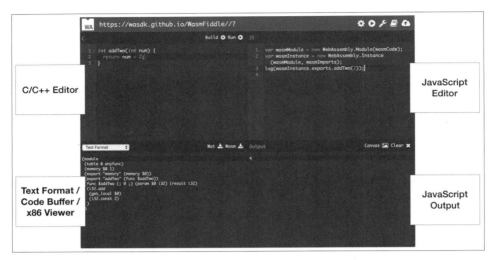

WasmFiddle 사용자 인터페이스의 구성 요소

보는 바와 같이 인터페이스는 상대적으로 간단하다. 그럼 간단한 코드로 확인해보자.

C 코드에서 Wat으로

다음 스크린샷의 좌측 상단에서는 파라미터로 전달된 값에 2를 더하는 간단한 C 함수를 볼 수 있다. 그리고 좌측 하단에서는 C 코드에 대한 Wat을 볼 수 있다.

```
C                                                    Build ⚙ Run ▶

1   int addTwo(int num) {
2       return num + 2;
3   }




Text Format        ◆                              Wat 🔽  Wasm 🔽

(module
 (table 0 anyfunc)
 (memory $0 1)
 (export "memory" (memory $0))
 (export "addTwo" (func $addTwo))
 (func $addTwo (; 0 ;) (param $0 i32) (result i32)
  (i32.add
   (get_local $0)
   (i32.const 2)
  )
 )
)
```

C 함수와 그에 대한 Wat

Wat이 친숙해 보인다면, 2장의 앞부분에서 Wat의 S-표현을 설명할 때 사용된 코드와 동일하기 때문일 것이다. 좀 더 자세히 살펴보면, C 코드가 Wat으로 어떻게 변환되는지 볼 수 있다. addTwo( ) 함수는 5번째 줄에서 문자열로서 익스포트된다. 또한 5번째 줄에는 6번째 줄에서 참조하는 func $addTwo가 포함돼 있다. 6번째 줄에서는 i32(정수) 타입의 파라미터 하나가 입력돼서 i32 타입의 값이 반환된다는 것을 정의하고 있다. 우측 상단(또는 C/C++ 편집기 위)의 Build 버튼을 누르면 C 코드를 컴파일해 Wasm 파일을 만들 것이다. 일단 빌드가 완료되면 Wasm 파일은 다운로드되거나 자바스크립트와 상호작용할 수 있게 된다.

Wasm에서 자바스크립트로

다음 화면의 우측 상단 패널에는 이전 단계에서 만들어진 자바스크립트 코드를 볼 수 있다. wasmCode는 빌드가 완료되면 자동으로 만들어진다. WasmFiddle은 instantiate() 메소드를 사용하기보다는 컴파일된 WebAssembly.Module 인스턴스를 만들어 새로운 WebAssembly.Instance의 생성자에게 전달한다. 아직 wasmImports는 비어 있지만 원한다면 WebAssembly.Memory와 WebAssembly.Table 인스턴스에 전달할 수 있다.

컴파일된 Wasm 모듈로부터 C 함수를 호출하는 자바스크립트 코드

자바스크립트의 마지막 줄은 addTwo()의 결과를 우측 하단 패널에 출력하는 코드다. log() 메소드는 우측 하단 패널에 결과(4)를 출력하기 위한 커스텀 함수다. 자바스크립트 코드가 어떻게 wasmInstance와 상호작용하는지 주목하기 바란다. addTwo() 함수는 인스턴스의 exports 객체로부터 호출된다. 예제가 인위적이긴 하지만 C/C++ 코드가 Wasm 모듈로서 자바스크립트가 사용하기 전에 어떤 단계를 거치는지 보여주고 있다.

▍ 요약

2장에서는 웹어셈블리의 구성 요소와 구성 요소 간의 관계를 알아봤다. 텍스트와 바이너리 포맷을 일반적인 추상 구문에 매핑해 설명하기 위해 Core Specification의 구조를 사용했다. 디버깅과 개발에 유용하게 사용할 수 있는 텍스트 포맷(Wat)을 강조했고 추상 구문을 텍스트로 표현하는 데 있어서 S-표현이 왜 적합한지도 설명했다. 또한 바이너리 포맷과 관련된 세부 사항과 모듈을 구성하는 다양한 구성 요소에 대해 알아봤다. 자바스크립트 API와 Web API 안의 메소드와 객체는 웹어셈블리와의 상호작용에 대한 설명으로 정의된다. 마지막으로 소스코드와 Wat, 자바스크립트 간의 관계를 설명하는 간단한 예를 WasmFiddle이라는 툴을 이용해 살펴봤다.

3장에서는 웹어셈블리를 효과적으로 사용하기 위한 개발 툴을 설치할 것이다.

▍ 질문

1. 어떤 종류의 데이터가 S-표현으로 표현하기 적절한가?
2. 바이너리 포맷과 텍스트 포맷 간에 공유되는 네 가지 언어 개념은 무엇인가?
3. 텍스트 포맷은 어떤 경우에 사용되는가?
4. 웹어셈블리 테이블에 저장될 수 있는 유일한 타입은 무엇인가?
5. 실행을 관리하기 위해 자바스크립트 엔진은 무엇을 사용하는가?
6. instantiate( )나 instantiateStreaming( ) 중에서 더 적은 코드로 모듈을 인스턴스화하는 메소드는 무엇인가?
7. 웹어셈블리 자바스크립트 객체에서 사용할 수 있는 에러 객체는 무엇이고 각각 어떤 이벤트가 원인이 돼서 발생하는가?

▌ 추가 자료

- MDN에서 설명하는 웹어셈블리: https://developer.mozilla.org/en-US/docs/WebAssembly
- WasmFiddle: https://wasdk.github.io/WasmFiddle
- 위키피디아의 S-표현 설명: https://en.wikipedia.org/wiki/S-expression
- 트리 구조 예: http://interactivepython.org/runestone/static/pythonds/Trees/ExamplesofTrees.html

03

개발 환경 세팅

이제는 웹어셈블리의 구성 요소와 친숙할 것이다. 따라서 이번에는 적당한 개발 환경을 세팅해볼 차례다. 웹어셈블리로 개발하는 것은 C나 C++를 개발하는 것과 마찬가지다. 차이점이라면 빌드 과정과 그 결과물이라고 할 수 있다. 3장에서는 개발 툴과 그것의 설치 방법, 설정 방법을 알아볼 것이다.

3장의 목표는 다음과 같다.

- 필요한 개발 툴의 설치 방법(Git, Node.js, 비주얼 스튜디오 코드)
- C/C++ 그리고 웹어셈블리를 위한 비주얼 스튜디오 코드 설정 방법
- HTML과 자바스크립트, .wasm 파일을 서비스하기 위한 로컬 HTTP 서버 셋업 방법

- 브라우저가 웹어셈블리를 지원하는지 체크하는 방법
- 개발 과정을 단순화하고 향상시키기 위해 사용할 수 있는 툴들

▌ 개발 툴 설치

웹어셈블리 개발을 시작하려면 몇 가지 애플리케이션과 툴을 설치해야 한다. C/C++와 자바스크립트, HTML 그리고 Wat을 작성하기 위한 텍스트 에디터로서 비주얼 스튜디오 코드Visual Studio Code를 사용할 것이다. 또한 파일 서비스를 위해 Node.js를 사용할 것이고 코드 관리를 위해 Git을 사용할 것이다. 그런 툴을 설치하기 위해 패키지 매니저를 사용할 것이다. 그럼으로 수동으로 설치 파일을 다운로드해서 설치하는 것보다 간단히 툴을 설치할 수 있다. 이번 절에서는 각 운영체제별 패키지 매니저에 대해 알아볼 것이다. 또한 개발 프로세스의 역할에 대한 간략한 개요와 각 애플리케이션을 살펴볼 것이다.

운영체제와 하드웨어

원활한 설치와 설정 과정이 진행되도록 하려면 이 책의 예제를 위해 사용할 운영체제에 대해 아는 것이 중요하다. 문제가 발생한다면 여러분이 사용 중인 플랫폼과 이 책에서 사용할 플랫폼 사이의 호환성이 원인일 수 있다. 대부분은 문제가 발생하지 않을 것이다. 잠재적인 문제의 원인이 될 수 있는 OS 버전을 제거하기 위해 사용 가능한 운영체제의 세부 정보를 제공한다.

맥OS

- High Sierra, 버전 10.13.x
- 2.2GHz 인텔 i7 프로세서
- 16GB RAM

우분투

- VMware Fusion에서 실행되는 Ubuntu 16.04 LTS
- 2.2GHz 인텔 i7 프로세서
- 4GB RAM

윈도우

- VMware Fusion에서 실행되는 Windows 10 Pro
- 2.2GHz 인텔 i7 프로세서
- 8GB RAM

패키지 매니저

패키지 매니저는 소프트웨어를 위한 설치 과정을 단순하게 해주는 툴이다. 인스톨러를 다운로드하고 실행시키기 위해 웹사이트를 방문할 필요 없이 커맨드 라인으로 설치 가능한 소프트웨어를 검색하거나 설치된 소프트웨어의 업그레이드, 설정, 설치 해제를 할 수 있다. 또한 많은 종속성이 필요하거나 사용하기 전에 설정 과정이 필요한 소프트웨어 설치 과정을 단순화시켜준다. 이번 절에서는 각 플랫폼별 패키지 매니저에 대해 설명한다.

맥OS를 위한 Homebrew

Homebrew는 우리가 사용할 대부분의 툴을 설치할 수 있는 맥OS를 위한 훌륭한 패키지 매니저다. 터미널에 다음과 같은 명령을 입력해 Homebrew를 설치한다.

```
/usr/bin/ruby -e "$(curl ?fsSL https://raw.githubusercontent.com/Homebrew/
install/master/install)"
```

그러면 터미널에 설치 과정을 안내하는 메시지가 표시될 것이다. 일단 설치가 완료되면 맥OS 애플리케이션의 설치 파일을 다운로드해서 마운트하고 그것을 Applications 폴더에 드래그할 필요 없이 설치할 수 있게 해주는 Homebrew-Cask라고 하는 Homebrew 확장을 설치해야 한다. 다음 명령으로 Homebrew-Cask를 설치한다.

```
brew tap caskroom/cask
```

다 됐다. 이제는 다음 명령 중 하나로 애플리케이션을 설치할 수 있다.

```
# 커맨드 라인 툴을 설치할 때:
brew install <툴 이름>

# 데스크톱 애플리케이션을 설치할 때:
brew cask install <애플리케이션 이름>
```

우분투를 위한 Apt

Apt는 우분투가 제공하는 패키지 매너저이기 때문에 따로 설치할 필요가 없다. Apt로 커맨드 라인 툴과 애플리케이션을 모두 설치할 수 있다. 만약 어떤 애플리케이션이 Apt 저장소에 없다고 출력되면 다음과 같은 명령으로 저장소를 추가할 수 있다.

```
add-apt-repository
```

윈도우를 위한 Chocolatey

Chocolatey는 윈도우를 위한 패키지 매니저다. Apt처럼 커맨드 라인 툴과 애플리케이션을 모두 설치할 수 있게 해준다. Chocolatey를 설치하려면 관리자 권한으로 커맨드 프롬프트(cmd.exe)를 실행해야 한다. 이를 위해 시작 메뉴를 클릭해 cmd를 입력하고 **커맨드 프롬**

프트 애플리케이션을 마우스 우클릭해서 **관리자 권한으로 실행**을 선택한다.

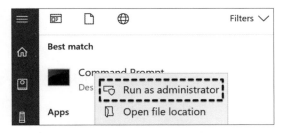

커맨드 프롬프트를 관리자 권한으로 실행하기

그리고 다음과 같은 명령을 입력한다.

```
@"%SystemRoot%\System32\WindowsPowerShell\v1.0\powershell.exe" -NoProfile
-InputFormat None -ExecutionPolicy Bypass -Command "iex ((New-ObjectSystem.Net.
WebClient).DownloadString('https://chocolatey.org/install.ps1'))" &amp;&amp; SET
"PATH=%PATH%;%ALLUSERSPROFILE%\chocolatey\bin"
```

TIP Chocolatey 설치를 위한 명령 텍스트를 얻기 위한 가장 쉬운 방법은 Chocolatey의 설치 페이지(https://chocolatey.org/install)를 방문하는 것이다. 해당 페이지의 Install with cmd. exe 섹션에는 설치 명령을 클립보드로 복사할 수 있는 버튼이 있다. 또한 해당 설치 페이지의 내용을 참고하면 파워셸(PowerShell)을 이용해 설치할 수도 있다.

Git

Git은 파일의 변화를 추적하고 동일한 코드 베이스에 대한 여러 개발자들의 작업을 관리할 수 있게 해주는 버전 컨트롤 시스템VCS, Version Control System이다. Git은 GitHub와 GitLab의 기반이 되는 VCS이며 Bitbucket에서도 사용한다(Mercurial이라는 또 다른 VCS에서도 사용한다). Git을 이용해서 GitHub의 저장소를 복제할 수 있으며 EMSDK를 위해서는 필수적으로 필요하다. EMSDK에 대해서는 4장에서 다룰 것이다. 이번 절에서는 Git의 설치 과정에 대해 알아볼 것이다.

맥OS에 Git 설치

맥OS를 사용하고 있다면 Git이 이미 설치돼 있을 수 있다. 맥OS에는 애플 Git이 함께 제공되는데 아마도 최신 버전과 다른 버전일 것이다. 이 책을 위해서는 이미 설치돼 있는 Git만으로 충분할 것이다. 터미널에서 다음과 같은 Homebrew 명령을 이용하면 최신 버전의 Git으로 업그레이드할 수 있다.

```
# Homebrew 설치 폴더에 Git 설치 (/usr/local/bin/git):
brew install git

# 디폴트 Git이 Homebrew 설치 위치를 가리키게 한다.
sudo mv /usr/bin/git /usr/bin/git-apple
```

다음 명령을 실행하면 /usr/local/bin/git이 출력돼야 한다.

```
which git
```

다음 명령으로 Git 설치가 제대로 됐는지 확인할 수 있다.

```
git --version
```

우분투에 Git 설치

apt를 이용해서 Git을 설치할 수 있다. 단지 터미널에서 다음과 같은 명령을 실행하면 된다.

```
sudo apt install git
```

다음 명령으로 Git이 제대로 설치됐는지 확인할 수 있다.

```
git --version
```

윈도우에 Git 설치

Chocolatey를 이용해서 Git을 설치할 수 있다. 커맨드 프롬프트를 열거나 파워셸을 열어 다음과 같은 명령을 실행하면 된다.

```
choco install git
```

다음 명령으로 Git이 제대로 설치됐는지 확인할 수 있다.

```
git --version
```

 설치 명령 끝에 -y 옵션을 추가하면 확인 메시지를 건너뛸 수 있다(예를 들면 choco install git -y). 또한 choco feature enable -n allowGlobalConfirmation 명령으로 확인 과정을 항상 건너뛰게 설정할 수도 있다.

Node.js

Node.js 공식 웹사이트에서는 Node.js가 비동기 이벤트 기반 자바스크립트 런타임이라고 설명하고 있다. Node는 확장 가능한 네트워크 애플리케이션을 만들 수 있도록 설계됐다. 이 책에서는 파일을 제공하고 브라우저와의 작업을 위해 Node를 사용할 것이다.

Node.js는 자바스크립트용 패키지 매니저인 npm 패키지로 제공되며, npm을 통해 패키지를 전역으로 설치하고 커맨드 라인 명령으로 설치된 패키지에 접근할 수 있다. 이 절에서는 각 플랫폼별로 nvm^Node Version Manager 설치 절차에 대해 설명할 것이다.

nvm

여기서는 가장 안정적인 버전을 사용하기 위해 Node.js(버전 8)의 LTS^long-term stable 릴리즈를 이용할 것이다. Node.js 버전 관리는 nvm을 이용할 것이다. 그러면 컴퓨터에 Node.js가 설치돼 있어도 충돌을 방지할 수 있다. nvm을 이용하면 여러 가지 버전의 Node.js를 설치할 수 있고 터미널 윈도우별로 각각을 격리하거나 다른 버전으로 빠르게 전환할 수 있다.

맥OS에 nvm 설치

터미널에서 다음 명령을 실행한다.

```
brew install nvm
```

Homebrew 설치 후에 바로 사용할 수 있는지 확인해야 한다(아마도 터미널 세션을 다시 시작해야 할 수도 있다). 설치 전에 터미널의 내용을 지웠다면 다음 명령으로 설치 과정을 볼 수 있다.

```
brew info nvm
```

다음 명령으로 설치가 성공적으로 이뤄졌는지 확인할 수 있다.

```
nvm --version
```

우분투에 nvm 설치

우분투에 내장된 wget을 이용해서 HTTP/S와 FTP/S 프로토콜로 파일을 다운로드할 수 있다. nvm을 위한 GitHub 페이지(https://github.com/creationix/nvm)에서는 wget을 이용한 설치 명령을 다음과 같이 제공하고 있다.

```
wget -qOhttps://
raw.githubusercontent.com/creationix/nvm/v0.33.11/install.sh > bash
```

일단 설치한 후에는 터미널을 재시작시킨다. 다음 명령으로 설치가 성공적으로 이뤄졌는지 확인할 수 있다.

```
nvm --version
```

윈도우에 nvm 설치

현재 nvm은 윈도우를 지원하지 않기 때문에 nvm-windows라는 이름의 다른 애플리케이션을 설치해야 한다. nvm-windows의 GitHub 페이지는 https://github.com/coreybutler/nvm-windows다. 기본적인 명령은 약간 다르지만 설치 명령은 nvm과 동일하다. nvm-windows를 설치하려면 커맨드 프롬프트나 파워셸상에서 다음 명령을 실행한다.

```
choco install nvm
```

다음 명령으로 설치가 성공적으로 이뤄졌는지 확인할 수 있다.

```
nvm --version
```

nvm을 이용한 Node.js 설치

nvm 설치 후에는 이 책에서 사용할 Node.js 버전인 8.11.1을 다음 명령으로 설치해야
한다.

```
nvm install 8.11.1
```

Node.js 또는 nvm을 이전에 설치하지 않은 경우에는 자동으로 기본 Node.js로 설정되므
로 v8.11.1이 출력돼야 한다.

```
node --version
```

이미 설치한 Node.js가 있다면 이 책의 예제를 위해 사용할 버전인 v8.11.1을 디폴트 버
전으로 설정한다.

```
nvm use 8.11.1
```

 코드가 위치한 폴더에 .nvmrc라는 파일을 만들어서 그 내용을 v8.11.1로 채운다. 그러면 해
당 폴더에서 nvm use 명령을 실행할 때 따로 버전을 지정하지 않아도 8.11.1 버전을 사용
하게 된다.

GNU make와 rimraf

이 책에서 제공하는 예제 코드를 위한 Git 저장소인 learn-webassembly에 있는 코드들
은 GNU Make와 VS Code의 Tasks 기능(5장에서 다룰 것이다)을 이용해 빌드한다. GNU
Make는 자동으로 빌드하기 위한 훌륭한 크로스플랫폼 빌드 툴이다. GNU Make에 대한

자세한 사항은 https://www.gnu.org/software/make를 참고하기 바란다. 그러면 각 플랫폼에 대한 설치 방법을 알아보자.

맥OS와 우분투에서의 GNU Make

맥OS나 우분투를 사용하고 있다면 GNU make가 이미 설치돼 있을 것이다. 이를 확인하려면 터미널에서 다음 명령을 실행한다.

```
make -v
```

명령 실행 결과로 버전 정보를 볼 수 있다면 이미 설치가 돼 있는 것이기 때문에 'rimraf 설치' 절로 넘어가도 된다. 설치가 돼 있지 않다면 다음의 GNU Make 설치 과정을 따른다.

맥OS에 GNU Make 설치

맥OS에 GNU Make를 설치하려면 터미널에서 다음 명령을 실행하면 된다.

```
brew install make
```

다음 명령으로 설치가 성공적으로 이뤄졌는지 확인할 수 있다.

```
make -v
```

버전 정보가 보인다면 'rimraf 설치' 절로 넘어간다.

우분투에 GNU Make 설치

우분투에 GNU Make를 설치하려면 터미널에서 다음 명령을 실행하면 된다.

```
sudo apt-get install make
```

다음 명령으로 설치가 성공적으로 이뤄졌는지 확인할 수 있다.

```
make -v
```

버전 정보가 보인다면 'rimraf 설치' 절로 넘어간다.

윈도우에 GNU make 설치

윈도우에서는 Chocolatey를 이용해서 GNU make를 설치할 수 있다. 커맨드 프롬프트나 파워셸상에서 다음 명령을 실행한다.

```
choco install make
```

make 명령을 사용하려면 CLI를 재시작해야 한다. 일단 재시작했다면 다음 명령으로 설치를 확인한다.

```
make -v
```

버전 정보가 보인다면 다음 절로 넘어간다. 설치 중 문제가 발생한다면 http://gnuwin32. sourceforge.net/packages/make.htm에서 설치 패키지를 다운로드해서 설치한다.

rimraf 설치

Makefile이나 VS Code Tasks에서 정의된 빌드 단계 중 일부에서는 파일이나 디렉터리를 삭제한다. 파일이나 폴더를 삭제하는 데 필요한 명령은 플랫폼과 셸에 따라 다르다. 이와 같은 문제를 해결하기 위해 `rimraf npm` 패키지(https://www.npmjs.com/package/rimraf)를 사용할 것이다. 전역으로 설치하면 운영체제와 셸에서 `rimraf` 명령으로 올바른 삭제 작업을 수행할 수 있다.

`rimraf`를 설치하려면 Node.js가 설치됐는지 확인해야 하고 다음 명령을 CLI에서 실행한다.

```
npm install -g rimraf
```

다음 명령으로 설치가 성공적으로 이뤄졌는지 확인할 수 있다.

```
rimraf --help
```

사용법과 사용 가능한 명령 플래그 값들을 볼 수 있을 것이다. 이제는 VS Code를 설치할 차례다.

VS Code

비주얼 스튜디오 코드^{VS Code}는 다양한 언어를 지원하고 풍부한 확장 프로그램 생태계를 가지고 있는 크로스플랫폼 텍스트 에디터다. 통합된 디버깅과 Git을 지원하며 지속적으로 새로운 기능이 추가되고 있다. 이 책의 웹어셈블리 개발 과정에서 이 툴을 이용할 것이다. 이번 절에서는 각 플랫폼별로 VS Code의 설치 방법에 대해 알아볼 것이다.

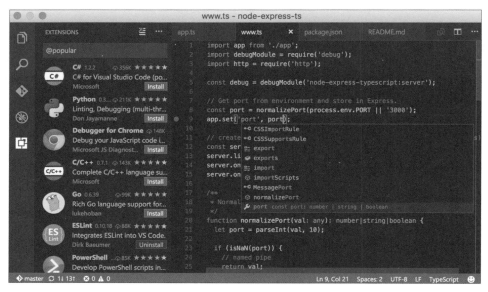

비주얼 스튜디오 코드

맥OS에 비주얼 스튜디오 코드 설치

Homebrew–Cask를 이용해서 비주얼 스튜디오 코드를 설치한다. 터미널에서 다음과 같은 명령을 실행한다.

```
brew cask install visual-studio-code
```

설치가 완료되면 Applications 폴더나 Launchpad에서 VS Code를 실행시킬 수 있을 것이다.

우분투에 비주얼 스튜디오 코드 설치

우분투에 VS Code를 설치하는 것은 몇 단계를 거쳐야 하지만 그리 어렵지 않다. 먼저 VS Code의 다운로드 페이지(https://code.visualstudio.com/Download)에서 .deb 파일을 다운로드한다. 다운로드가 완료되면 다음과 같은 명령으로 설치를 진행한다.

```
# Downloads 폴더로 이동
cd ~/Downloads

# <file> 부분을 다운로드한 파일 이름으로 교체한다
sudo dpkg -i <file>.deb

# 설치 완료
sudo apt-get install -f
```

의존성 관련 에러가 발생한다면 sudo dpkg 명령 전에 다음과 같은 명령을 먼저 실행한다.

```
sudo apt-get install libgconf-2-4
sudo apt --fix-broken install
```

이제는 Launcher에서 VS Code를 실행시킬 수 있을 것이다.

윈도우에 VS Code 설치

Chocolatey를 이용해서 VS Code를 설치한다. 커맨드 프롬프트나 파워셸상에서 다음 명령을 실행한다.

```
choco install visualstudiocode
```

일단 설치가 완료되면 시작 메뉴에서 VS Code를 실행시킬 수 있다.

 CLI에서 code .을 실행하면 현재 디렉터리를 프로젝트 디렉터리로 VS Code를 실행시킬 수 있다.

▌ VS Code 설정

VS Code는 많은 훌륭한 기능을 가지고 있는 강력한 텍스트 에디터다. 다양한 설정과 사용자 정의가 가능할 뿐 아니라 믿기 힘들 만큼 풍부한 확장 프로그램 환경 생태계를 가지고 있다. 다른 프로그래밍 언어를 위해 다른 에디터를 사용할 필요가 없어지도록 그런 확장 프로그램을 설치할 필요가 있다. 이번 절에서는 VS Code를 설정하는 방법과 웹어셈블리 개발 과정을 간단히 하기 위해 어떤 확장 프로그램을 설치해야 하는지 알아볼 것이다.

설정과 사용자 정의 관리

VS Code를 설정하고 사용자 정의하는 것은 간단하고 직관적이다. 맥OS에서 Code ➤ Preferences ➤ Settings 메뉴를 선택하거나 윈도우에서 File ➤ Preferences ➤ Settings 메뉴를 선택하면 에디터의 폰트와 탭 사이즈와 같은 설정을 할 수 있다. 사용자와 작업 환경에 대한 설정은 JSON 파일로 개별적으로 관리하며 설정할 이름을 정확히 기억하지 못할 경우를 위해 자동완성을 제공한다. Preferences 메뉴에서 적절한 옵션을 선택하면 테마나 키보드 단축키를 변경할 수도 있다. 또한 설정 파일을 통해 사용자가 설치한 확장 프로그램에 대한 사용자 설정도 가능하게 해준다. 확장 프로그램을 설치할 때 몇 가지 설정이 기본적으로 추가되며, 그런 설정을 변경하는 것은 파일을 업데이트하고 저장하는 것만큼 간단하다.

확장 프로그램 개요

VS Code 설정 과정의 일부로서 몇 가지 확장 프로그램을 설치할 필요가 있다. VS Code에서 확장 프로그램을 검색하고 설치하는 방법은 다양하다. Extensions 버튼(에디터의 좌측에 있는 Activity 바에 있는 버튼 중 위에서 네 번째 버튼)을 클릭하고 Search 메뉴에 찾고자 하는 내용을 입력한 다음 설치하고자 하는 확장 프로그램의 녹색 Install 버튼을 클릭한다. 또한 VS Code 마켓플레이스(https://marketplace.visualstudio.com/vscode)를 방문해 설치하고 싶은 확장 프로그램을 선택한 다음 해당 페이지의 녹색 Install 버튼을 클릭해 설치할 수도 있다. 커맨드 라인에서 확장 프로그램을 관리할 수 있다. 좀 더 자세한 정보는 https://code. visualstudio.com/docs/editor/extension-gallery를 참고하기 바란다.

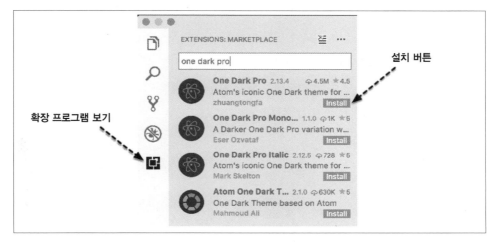

VS Code에서 확장 프로그램 설치

C/C++와 웹어셈블리를 위한 설정

VS Code는 기본적으로 C와 C++를 지원하지 않지만 해당 언어를 지원하게 해주는 훌륭한 확장 프로그램이 있다. 또한 웹어셈블리 텍스트 포맷을 위한 구문 강조를 지원하지 않지만 그것을 위한 확장 프로그램도 있다. 이번 절에서는 C/C++ for VS Code와 WebAssembly Toolkit for VSCode 확장 프로그램의 설치와 설정에 대해 살펴볼 것이다.

VS Code를 위한 C/C++ 확장 프로그램 설치

VS Code를 위한 C/C++ 확장 프로그램은 자동완성과 심볼 검색, 클래스/메소드 탐색, 한줄씩 코드 실행하기 등과 같이 C/C++ 코드를 작성하고 디버깅하는 데 필요한 기능들을 포함하고 있다. 해당 확장 프로그램을 설치하려면, Extensions에서 C/C++를 검색해서 타이틀이 C/C++(이는 마이크로소프트가 만든 것이다)인 것을 설치하거나 확장 프로그램을 위한 웹 페이지인 https://marketplace.visualstudio.com/items?itemName=ms−vscode.cpptools에서 검색한 다음 녹색 Install 버튼을 클릭해서 설치한다.

일단 설치했다면, VS Code의 좌측에 있는 Extensions 리스트에서 설치한 확장 프로그램을 선택한 다음 Contributions 탭을 선택하면 자세한 설정 사항을 볼 수 있다. 해당 탭에는 다양한 설정과 명령 그리고 디버거에 대한 세부 사항을 포함한다.

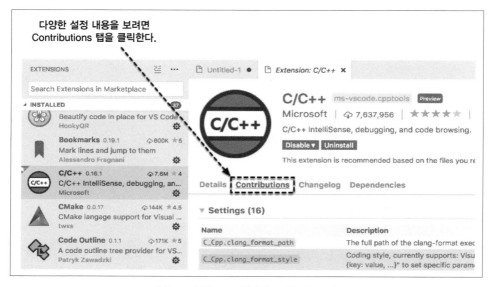

C/C++ 확장 프로그램의 Contributions 탭

VS Code를 위한 C/C++ 확장 프로그램 설정

마이크로소프트가 제공하는 VS Code를 위한 C/C++ 확장 프로그램의 공식 페이지는 https://code.visualstudio.com/docs/languages/cpp이다. 이 페이지에서는 JSON 파일을 이용한 설정 방법에 대해 설명한다. C/C++ 개발 환경을 관리하기 위한 새로운 설정

파일을 만들어보자. F1 키를 누르고 C/C를 입력한 다음 C/Cpp: Edit Configurations...를 선택하면 새로운 설정 파일을 만들 수 있다.

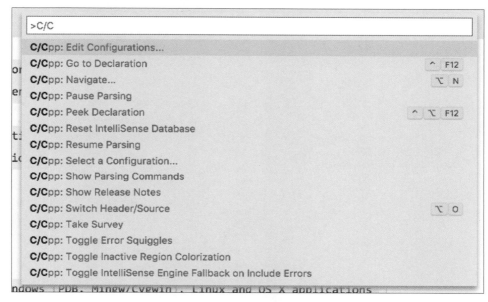

C/C++ 확장 프로그램 명령 팔레트

설정 파일은 현재 프로젝트의 .vscode 폴더에 c_cpp_properties.json이라는 이름의 파일로 만들어질 것이다. 해당 파일에는 현재 사용 중인 플랫폼의 C/C++ 컴파일러를 위한 설정 옵션과 사용하는 C/C++ 표준, 헤더 파일을 위한 include 경로가 포함된다. 생성된 설정 파일은 일단 닫고, 이후에 EMSDK를 설정할 때 설정 파일을 다시 살펴볼 것이다.

VS Code를 위한 WebAssembly Toolkit

현재 사용 가능한 VS Code를 위한 웹어셈블리 확장 프로그램은 몇 가지 있다. 여기서는 VS Code의 웹어셈블리 확장 프로그램으로 WebAssembly Toolkit을 사용할 것이다. .wasm 파일에 대한 마우스 우클릭을 하면 Show WebAssembly 메뉴로 해당 파일의 Wat 표현을 볼 수 있기 때문이다. Extensions 패널에서 WebAssembly를 검색하거나 VS Code

마켓플레이스의 공식 페이지(https://marketplace.visualstudio.com/items?itemName=dtsvet.vscode-wasm)를 통해 설치할 수 있다.

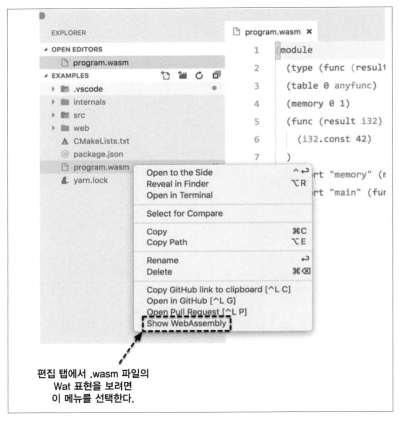

WebAssembly Toolkit을 이용한 .wasm 파일의 Wat 표현 보기

설치했다면 이제 시작할 준비가 됐다. 필요한 모든 확장 프로그램을 설치한 것이다. 이제는 작업을 좀 더 편하게 만들어주는 몇 가지 확장 프로그램을 살펴보자.

다른 유용한 확장 프로그램들

VS Code의 인터페이스를 사용자 정의하고 효과적으로 개선할 수 있는 훌륭한 확장 프로그램이 몇 개 있다. 이번 절에서는 작업 단순화시켜주고 사용자 인터페이스/아이콘 테마를 개선해주는 확장 프로그램 몇 개를 살펴볼 것이다. 여기서 소개하는 확장 프로그램을 설치할 필요는 없지만 설치한다면 유용하다는 것을 알게 될 것이다.

Auto rename tag

이 확장 프로그램은 HTML을 작업할 때 매우 유용하다. HTML 태그를 변경하면 자동으로 쌍이 되는 태그도 함께 변경해준다. 예를 들면 기존의 \<div\> 태그를 \<span\>으로 바꾸고 싶을 때 \<div\>를 \<span\>으로 변경하면 나머지 \</div\>가 자동으로 \</span\>으로 변경된다.

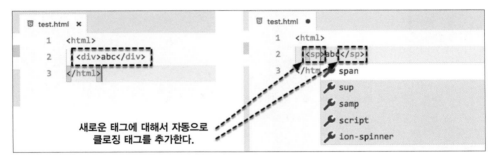

Auto renaming tag에 의한 HTML 태그 변경

Bracket pair colorizer

이 확장 프로그램은 대괄호, 중괄호, 괄호를 색깔로 구분해주기 때문에 각 괄호의 영역을 빠르게 식별할 수 있다. 웹어셈블리의 텍스트 포맷은 괄호를 광범위하게 사용하기 때문에 각 괄호를 영역을 구분해주면 디버깅과 평가를 좀 더 쉽게 할 수 있다.

```
(module
 (table 0 anyfunc)
 (memory $0 1)
 (export "memory" (memory $0))
 (export "addTwo" (func $addTwo))
 (func $addTwo (; 0 ;) (param $0 i32) (result i32)
  (i32.add
   (get_local $0)
   (i32.const 2)
  )
 )
)
```

Bracket pair colorizer에 의한 Wat 파일 내 괄호의 컬러링

Material Icon 테마와 Atom One Light 테마

VS Code 마켓플레이스에는 1,000개 이상의 아이콘과 인터페이스 테마가 있다. 이 책의 스크린샷에서는 Material Icon 테마와 Atom One Light 테마를 사용하고 있다. Material Icon 테마는 매우 유명하며 다운로드 수가 2백만 번 이상이고 Atom One Light 테마도 7만 번 이상 다운로드돼 사용되고 있다.

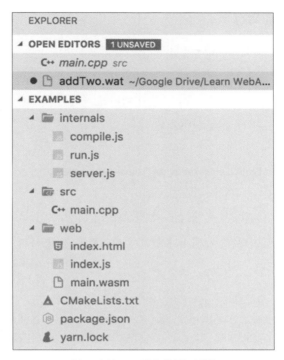

Material Icons 테마에서의 아이콘

▌ 웹을 위한 설정

Wasm 모듈과 상호작용하고 디버깅하는 것은 브라우저에서 이뤄지기 때문에 관련 파일
들을 웹으로 서비스해야 한다. 2장에서도 언급했듯이 웹어셈블리는 브라우저의 자바스크
립트 엔진에 통합되기 때문에 사용하는 브라우저가 웹어셈블리를 지원하는지 확인할 필
요가 있다. 이번 절에서는 이 책에서 사용할 예제 코드의 저장소를 복제하는 방법을 설명
할 것이다. 또한 로컬에서 개발할 수 있도록 브라우저 옵션을 테스트하고 평가하기 위해
빠르게 로컬 웹 서버를 설정하는 방법을 설명할 것이다.

책 예제 코드 저장소 복제

이 책에 포함된 모든 예제 코드를 GitHub 저장소에 복제하고 싶을 것이다. 7장에서 설명하는 코드의 원래 코드는 하나의 장에서 다 설명하기에는 너무 크기 때문에 반드시 코드 복제본을 갖고 있어야 한다. 하드 드라이브의 어디에 복제된 코드를 저장할지 결정한 뒤 다음과 같은 명령으로 저장소를 복제한다.

```
git clone https://github.com/mikerourke/learn-webassembly
```

일단 예제 코드를 복제했다면 예제 코드가 각 장별로 나눠져 있다는 것을 알게 될 것이다. 만일 하나의 장에 여러 개의 예제가 있다면 그것들은 각각 하위 폴더로 구분돼 있을 것이다.

 윈도우를 이용하고 있다면 코드 저장소 복제 위치를 \Windows 폴더나 그 밖에 권한이 제한된 폴더로 지정하면 안 된다. 그렇지 않으면 컴파일하려고 할 때 문제가 발생할 수 있다.

로컬 서버 설치

파일 제공을 위해 npm 패키지인 serve를 이용할 것이다. 설치 방법은 다음과 같다.

```
npm install -g serve
```

설치가 완료되면 어느 폴더의 파일이든 제공할 수 있게 된다. 그것이 제대로 동작하는지 확인하기 위해 로컬 폴더를 가지고 시도해보자. 이번 절을 위한 코드는 learn-webassembly 저장소의 /chapter-03-dev-env 폴더에 있다. 서버가 제대로 동작하는지 확인하기 위해 아래의 절차를 수행한다.

1. 먼저 샘플 코드를 저장할 폴더(예를 들면 book-examples과 같은 이름의 폴더)를 만든다. 이후부터는 그 폴더에서 작업할 것이다.

2. VS Code를 시행시키고 맥OS/리눅스에서는 **File ❯ Open...** 메뉴를, 윈도우에서는 **File ❯ Open Folder...** 메뉴를 선택한다.

3. 그 다음에는 폴더(book-examples)를 선택하고 **Open** 버튼(또는 Select Folder 버튼)을 클릭한다.

4. VS Code가 폴더를 로딩한 다음에는 VS Code의 파일 탐색기 안을 마우스 오른쪽 버튼을 클릭해서 **New Folder** 메뉴를 클릭하고 새로운 폴더의 이름을 chapter-03-dev-env로 지정한다.

5. chapter-03-dev-env 폴더를 선택해서 **New File** 버튼(또는 Cmd/Ctrl+N)으로 새로운 파일을 만들고 그 파일의 이름을 index.html로 정하고 다음과 같은 내용으로 파일의 내용을 채운다.

```html
<!doctype html>
<html lang="en-us">
  <title>Test Server</title>
</head>
<body>
  <h1>Test</h1>
  <div>
    This is some text on the main page. Click <a
href="stuff.html">here</a> to check out the stuff page.
  </div>
</body>
</html>
```

6. chapter-03-dev-env 폴더에 stuff.html이라는 이름의 파일을 만들어 다음과 같은 내용으로 채운다.

```html
<!doctype html>
<html lang="en-us">
<head>
```

```
<title>Test Server</title>
</head>
<body>
  <h1>Stuff</h1>
  <div>
    This is some text on the stuff page. Click <a
href="index.html">here</a> to go back to the index page.
  </div>
</body>
</html>
```

7. VS Code의 통합에 터미널을 이용해서 파일을 제공할 것이다. View ➤ Integrated Terminal 메뉴를 선택하거나 Ctrl+`(`는 Esc 키 바로 밑에 있다) 키를 이용해 터미널에 접근할 수 있다. 해당 터미널에서 다음 명령으로 작업 폴더가 제공되게 만든다.

```
serve -l 8080 chapter-03-dev-env
```

다음과 같은 결과를 보게 될 것이다.

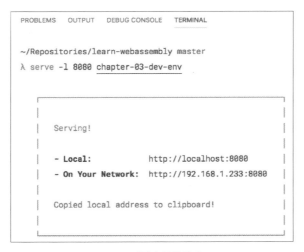

serve 명령의 실행 결과

-l 8080 플래그는 8080포트를 이용해 폴더를 제공한다는 의미다. http://127.0.0.1:8080은 여러분의 컴퓨터에서만 접근할 수 있다. 여러분 컴퓨터의 IP 주소로 접근하면 같은 로컬 네트워크상의 다른 컴퓨터에서도 접근이 가능하다. 브라우저로 http://127.0.0.1:8080/index.html에 접근하면 다음과 같이 보일 것이다.

구글 크롬으로 연 테스트 페이지

here 링크를 클릭하면 Stuff 페이지를 불러오게 된다(브라우저의 주소창이 127.0.0.1:8080/stuff.html로 바뀔 것이다).

모든 것이 정상적으로 동작하면 이제는 사용하는 브라우저를 체크해볼 차례다.

브라우저 확인

브라우저에서 예제 코드를 테스트할 수 있는지 확인하기 위해서는 전역 WebAssembly 객체를 사용할 수 있는지 확인할 필요가 있다. 브라우저와의 호환성 관련 문제를 방지하기 위해 구글 크롬이나 모질라 파이어폭스 사용을 권장한다. 이미 설치해서 사용하고 있다면 이미 웹어셈블리를 지원하는 브라우저를 사용하고 있는 것이다. 하지만 철저한 확인을 위해 브라우저의 유효성을 확인하는 절차를 다룰 것이다. 따라서 이번 절에서는 현재 사용하고 있는 브라우저가 웹어셈블리를 지원하는지 확인하는 과정에 대해 살펴볼 것이다.

구글 크롬 확인

구글 크롬 브라우저를 확인하는 방법은 매우 직관적이다. (주소 표시줄 옆에 있는) 세 개의 수직 점처럼 보이는 버튼을 클릭해서 More Tools > Developer Tools 메뉴를 선택하거나 키보드로 Cmd/Ctrl+Shift+I 키를 누른다.

구글 크롬의 개발자 도구 실행

Developer Tools 윈도우가 뜨면 Console 탭을 선택하고 WebAssembly를 입력한다. 그리고 Enter 키를 눌렀을 때 다음과 같이 보이면 사용 중인 크롬 브라우저가 유효한 것이다.

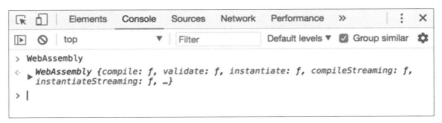

구글 크롬의 개발자 도구 콘솔에서 WebAssembly를 입력한 결과

모질라 파이어폭스 확인

파이어폭스를 확인하는 과정의 구글 크롬의 경우와 거의 같다. 메뉴 바에서 Tools > Web Developer > Toggle Tools를 선택하거나 키보드로 Cmd/Ctrl+Shift+I를 누른다.

모질라 파이어폭스의 개발자 도구 실행

Console 탭을 선택하고 명령 입력 박스에 WebAssembly를 입력한다. 그리고 Enter 키를 눌렀을 때 다음과 같이 보이면 사용 중인 파이어폭스가 유효한 것이다.

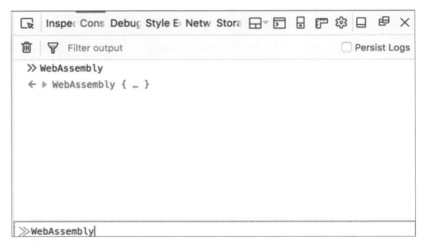

모질라 파이어폭스의 개발자 도구 콘솔에서 WebAssembly를 입력한 결과

다른 브라우저 확인

다른 브라우저 확인 과정도 기본적으로 동일하다. 유일하게 다른 점이라고 한다면 개발자 도구에 접근하는 방법이다. 사용하고 있는 브라우저의 콘솔에서 WebAssembly 객체가 유효하다면 웹어셈블리 개발에 그 브라우저를 이용할 수 있다.

▌ 다른 툴들

앞에서 살펴본 애플리케이션과 툴뿐만 아니라 자유롭게 사용할 수 있으며 개발 과정을 상당히 향상시켜줄 수 있는 풍부한 기능을 제공하는 훌륭한 툴이 몇 개 있다. 여기서 그 툴들을 모두 설명하지는 않을 것이다. 하지만 저자가 주기적으로 사용하는 툴들을 몇 개 설명할 것이다. 이번 절에서는 각 플랫폼에서 사용할 수 있는 유명한 툴과 애플리케이션 중 몇 개를 간단히 살펴볼 것이다.

맥OS를 위한 iTerm2

기본적으로 맥OS에는 Terminal 애플리케이션이 설치돼 있고 이 책에서 사용하기에 충분하다. 만약 더 많은 기능을 가진 터미널을 원한다면 iTerm2가 훌륭한 선택이 될 수 있다. iTerm2는 화면을 분할해주고 다양한 사용자 정의와 여러 개의 프로파일 지원을 지원하며 메모나 실행 중인 작업, 명령 히스토리를 보여주는 Toolbelt와 같은 기능을 제공한다. 공식 사이트(https://www.iterm2.com/)를 통해 다운로드해서 설치하거나 다음과 같이 Homebrew-Cask를 이용해서 설치할 수도 있다.

```
brew cask install iterm2
```

다음은 Toolbelt 기능을 실행시키고 여러 개의 편집 창을 열고 있는 iTerm2를 보여주고 있다.

여러 개의 창과 Toolbelt를 실행시킨 ITerm 인스턴스

우분투를 위한 Terminator

Terminator는 우분투를 위한 iTerm과 cmder라고 할 수 있으며 하나의 윈도우에 다중 탭과 창을 지원하는 터미널 에뮬레이터다. Terminator는 또한 드래그 앤 드롭과 기능 찾기, 다양한 플러그인과 테마를 제공한다. apt로 Terminator를 설치할 수 있으며 다음은 최신 버전으로 Terminator를 설치하는 명령이다.

```
sudo add-apt-repository ppa:gnome-terminator
sudo apt-get update
sudo apt-get install terminator
```

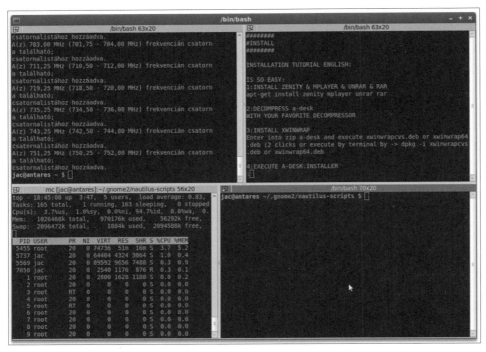

http://technicalworldforyou.blogspot.com에서 발췌한 Terminator 화면

윈도우를 위한 cmder

Cmder는 윈도우의 기본적인 커맨드 프롬프트나 파워셸에 많은 기능을 추가한 콘솔 에뮬레이터다. 다중 탭과 사용자 정의 기능 등을 제공한다. 또한 동일한 프로그램 내에서 다른 셸의 인스턴스를 열 수도 있다. 공식 웹사이트(cmder.net)에서 다운로드해 설치하거나 다음과 같이 Chocolatey로 설치할 수 있다.

```
choco install cmder
```

cmder의 화면은 다음과 같다.

```
Microsoft Windows [Version 6.2.9200]
(c) 2012 Microsoft Corporation. All rights reserved.

C:\Users\Samuel
λ cd Desktop\web_projects\cmder\
.git\    bin\    config\ test\    vendor\
C:\Users\Samuel
λ cd Desktop\web_projects\cmder\

C:\Users\Samuel\Desktop\web_projects\cmder
λ gl
* c2c0e1c (HEAD, origin/master, master) wrong slash
* ec5f8f9 Git initiation
* aefb0f2 Ignoring the .history file
* 2cceaae Icon
* 2c0a6d0 Changes for startup
* e38aded meh
* 5bb4808 (tag: v1.0.0-beta) Alias fix
* 02978ce Shortcut for PowerShell
* adad76e Better running, moved XML file
* 7cdc039 Batch file instead of link
* 8c34d36 Newline
* a41e50f Better explained
* 7a6cc21 Alias explanation
* 9d86358 License
* 7f63672 Typos
* 36cd80e Release link
```

공식 웹사이트에서 발췌한 cmder 화면

Zsh와 Oh-My-Zsh

Zsh는 Bash를 개선한 대화형 셸이다. Oh-My-Zsh는 Zsh를 위한 설정 관리자로서 다양
하고 유용한 플러그인을 제공한다. 웹사이트(https://github.com/robbyrussell/oh-my-zsh)
에서 플러그인 리스트를 확인할 수 있다. 예를 들어 CLI에서 강력한 자동완성과 구문 강조
기능이 필요하다면 zsh-autosuggestion과 zsh-syntax-highlighting 플러그인을 사용
하면 된다. 맥OS와 리눅스, 윈도우에 Zsh와 Oh-My-Zsh를 설치하고 설정할 수 있다.
Oh-My-Zsh 웹 페이지는 설치 방법뿐만 아니라 테마와 플러그인 리스트를 제공한다.

요약

3장에서는 웹어셈블리 작업을 시작할 때 사용할 개발 툴의 설치와 설정 과정을 설명했다. Git과 Node.js, VS Code 설치 방법을 빠르게 살펴봤고 여러분의 운영체제를 위한 패키지 매니저(예를 들면 맥OS를 위한 Homebrew) 이용 방법에 대해 알아봤다. VS Code를 설정하는 과정과 개발 경험을 향상시키기 위해 추가할 수 있는 필수 확장 프로그램과 선택적으로 설치할 수 있는 확장 프로그램을 설명했다. 테스트를 위한 로컬 웹 서버 설치 방법과 여러분의 브라우저가 웹어셈블리를 지원하는지 확인하는 방법에 대해 논의했다. 마지막으로 개발이 도움이 되도록 플랫폼에 설치할 수 있는 몇 가지 추가적인 툴을 간단히 살펴봤다. 4장에서는 필수 의존성을 설치하고 툴체인을 테스트할 것이다.

질문

1. 여러분의 운영체제에서 사용해야 하는 패키지 매니저의 이름은 무엇인가?
2. BitBucket이 Git을 지원하는가?
3. 왜 최신 버전의 Node.js 대신 버전 8을 이용하는가?
4. 어떻게 비주얼 스튜디오 코드의 테마를 바꾸는가?
5. 어떻게 비주얼 스튜디오 코드의 Command Palette에 접근하는가?
6. 어떻게 여러분의 브라우저가 웹어셈블리를 지원하는지 확인할 수 있는가?
7. '다른 툴들' 절에서 설명한 툴 중 세 운영체제 모두를 지원하는 툴은 무엇인가?

▌ 추가 자료

- Homebrew: https://brew.sh
- apt 문서: https://help.ubuntu.com/lts/serverguide/apt.html.en
- Chocolatey: https://chocolatey.org
- Git: https://git-scm.com
- Node.js: https://nodejs.org/en
- GNU Make: https://www.gnu.org/software/make
- VS Code: https://code.visualstudio.com

04

필수 종속성 설치

지금까지 개발 환경을 셋업했으니 C와 C++, 자바스크립트 작성을 시작할 준비가 됐다. 이제는 퍼즐의 마지막 조각을 맞출 차례다. C/C++ 코드로 .wasm 파일을 만들려면 EMSDK^{Emscripten SDK}를 설치하고 설정해야 한다.

4장에서는 개발 워크플로에 대해 설명하고 EMSDK가 개발 과정에 어떻게 적용되는지 설명할 것이다. 각각의 플랫폼에 EMSDK를 설치하고 설정하는 방법과 모든 필수 구성 요소에 대한 자세한 지침을 제공할 것이다. 설치와 설정 작업을 완료한 다음에는 C 코드를 작성하고 컴파일해 그것을 테스트할 것이다.

4장의 목표는 다음과 같다.

- 웹어셈블리 관련 작업의 전체 개발 워크플로
- EMSDK와 Emscripten, 웹어셈블리는 어떤 관계이고 EMSDK가 필요한 이유
- EMSDK를 위한 필수 구성 요소 설치 방법
- EMSDK 설치와 설정 방법
- EMSDK가 올바로 동작하는지 확인하는 방법

▌ 개발 워크플로

웹어셈블리를 위한 개발 워크플로는 컴파일과 빌드 과정이 필요한 다른 대부분의 언어와 유사하다. 필수 구성 요소 설치에 앞서 먼저 개발 사이클에 대해 알아볼 것이다. 이번 절에서는 4장의 나머지 부분에서 설치하고 설정할 툴을 위한 맥락을 확립할 것이다.

워크플로 단계

이 책에서는 C와 C++ 코드를 작성해 그것을 Wasm 모듈로 컴파일 할 것이다. 하지만 C/C++뿐만 아니라 .wasm 파일로 컴파일되는 다른 모든 프로그래밍 언어를 사용해도 된다. 다음 다이어그램은 작업 과정의 개요를 보여주고 있다.

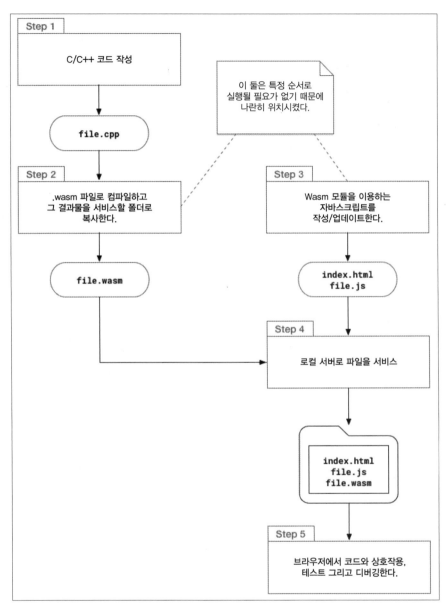

개발 워크플로 단계

이 책의 예제 코드 전반에 걸쳐서 위의 과정이 사용될 것이다. 따라서 프로젝트의 구조가 워크플로에 어떻게 대응되는지 알 수 있을 것이다. 전체 과정을 빠르고 단순화할 수 있는 몇 가지 툴을 사용하더라도 수행하는 과정은 여전히 동일하다.

워크플로에 툴 통합

개발 과정을 단순화시켜주는 에디터와 툴은 많다. 다행히 C/C++와 자바스크립트는 오래 사용돼 왔으므로 최상의 툴을 선택해 활용할 수 있다. 웹어셈블리는 기술이 만들어진 기간이 짧아 웹어셈블리를 위한 툴은 그리 많지 않다.

이 책에서 기본적으로 사용할 기본 툴인 VS Code는 개발과 빌드 과정을 간소화하는 데 유용한 기능들을 제공한다. 코드를 작성하는 용도뿐만 아니라 C/C++ 코드에서 .wasm 파일 빌드하는 용도로 VS Code의 Task 기능을 이용할 것이다. 프로젝트 루트 폴더에 .vscode/tasks.json 파일을 만들어 빌드 단계와 관련된 모든 파라미터를 지정할 수 있으면 키보드 단축키로 빠르게 실행할 수 있다. 즉, 빌드를 수행할 수 있을 뿐만 아니라 Node. js 프로세스(워크플로 다이어그램의 로컬 서버)도 실행시키고 중지할 수도 있다. 5장에서는 그런 기능을 추가하고 설정하는 방법에 대해 설명할 것이다.

▌ Emscripten과 EMSDK

C/C++ 코드를 .wasm 파일로 컴파일하는 데 Emscripten을 사용할 것이다. 지금까지는 일반적인 맥락에서 Emscripten을 간단히 언급해왔다. 하지만 빌드 과정에서 Emscripten 과 EMSDK^{Emscripten SDK}를 사용할 것이기 때문에 각각의 기술적인 이해와 그것들이 개발 워크플로상에서 어떤 역할을 하는지 이해하는 것이 중요하다. 이번 절에서는 Emscripten 의 목적과 EMSDK와의 관계를 설명할 것이다.

Emscripten 개요

그렇다면 Emscripten이 무엇일까? 위키피디아는 다음과 같이 설명하고 있다.

> "Emscripten은 LLVM 컴파일러의 백엔드로 동작하며 소스코드를 컴파일해서 소스코드 즉,
> asm.js라고 하는 자바스크립트 소스코드를 산출하는 컴파일러다. 또한 웹어셈블리도 산출
> 한다."

소스코드를 컴파일해서 소스코드를 만드는 컴파일러(변환기)에 대해서는 1장에서 알아봤
고 TypeScript를 예로 들었다. 변환기는 한 프로그래밍 언어의 소스코드를 다른 프로그래
밍 언어의 소스코드로 변환해준다. LLVM 컴파일러의 백엔드로 실행되는 Emscripten에
대해 자세히 알기 위해서는 LLVM에 대해 추가적으로 좀 더 알아봐야 한다.

LLVM의 공식 웹사이트(https://llvm.org)에서는 LLVM을 툴체인 기술과 재사용 가능한 컴
파일러와 모듈을 모아 놓은 것이라고 정의하고 있다. LLVM을 구성하는 서브 프로젝트는
몇 가지 있지만 여기서는 Emscripten이 이용하는 Clang과 LLVM Core 라이브러리 두 개
에 초점을 맞출 것이다. 그와 같은 것들이 어떻게 맞물려 동작하는지 알아보기 위해 컴파
일러의 세 단계를 살펴보자.

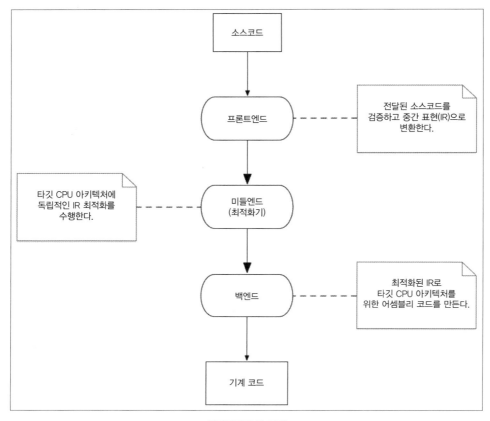

소스코드

프론트엔드

전달된 소스코드를
검증하고 중간 표현(IR)으로
변환한다.

타깃 CPU 아키텍처에
독립적인 IR 최적화를
수행한다.

미들엔드
(최적화기)

백엔드

최적화된 IR로
타깃 CPU 아키텍처를
위한 어셈블리 코드를 만든다.

기계 코드

컴파일러의 세 단계

컴파일 과정은 비교적 단순하다. 각각의 세 개의 단계가 개별적으로 컴파일 과정을 구성한다. 이와 같은 설계는 다양한 프로그래밍 언어와 아키텍처를 위한 서로 다른 프론트엔드와 백엔드 사용을 가능하게 해주고 중간 코드를 사용함으로써 소스코드와 기계 코드를 완전히 분리한다. 그러면 각각의 컴파일 단계를 웹어셈블리를 생성하는 데 사용할 툴체인의 구성 요소와 연결해보자.

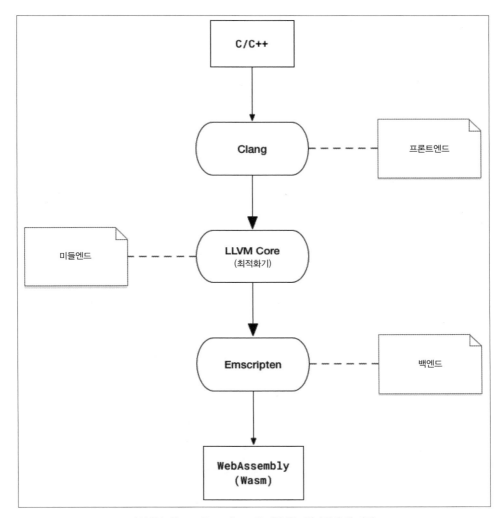

LLVM, Clang, Emscripten을 이용하는 컴파일의 세 단계

Clang은 C/C++을 LLVM의 IR[Intermediate Representation]로 컴파일하는 데 사용되며 Emscripten은 IR을 Wasm 모듈(바이너리 포맷)로 컴파일한다. 위 두 다이어그램은 또한 Wasm 모듈과 기계 코드 간의 관계를 보여준다. 웹어셈블리를 브라우저의 CPU라고 생각하고 Wasm은 그 위에서 동작하는 기계 코드라고 생각할 수 있다.

EMSDK는 어디에 적합한가?

Emscripten은 C/C++를 asm.js나 웹어셈블리로 컴파일하는 데 사용하는 툴체인이다. EMSDK는 툴체인의 툴을 관리하고 설정하는 데 사용한다. 복잡한 환경 설정을 하지 않아도 되게 해주며 호환되지 않는 버전 도구로 인한 문제를 방지해준다. EMSDK를 설치하면 Emscripten 컴파일러를 사용하는 데 필요한 모든 툴(필수 구성 요소는 제외)이 설치된다. 다음 그림은 Emscripten 툴체인(EMSDK는 진한 회색 상자)을 시각적으로 표현한 것이다.

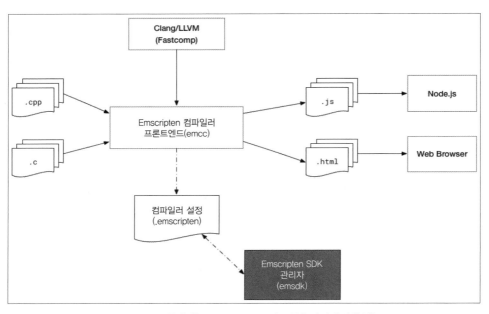

Emscripten 툴체인(emscripten.org의 그림을 약간 수정한 것)

이제 Emscripten과 EMSDK에 대해 이해했으므로 필수 구성 요소의 설치 절차에 대해 알아볼 차례다.

▎ 필수 구성 요소 설치

EMSDK를 설치하고 설정하기 전에 먼저 몇 가지 필수 구성 요소의 설치가 필요하다. 그 중 두 가지(Node.js와 Git)는 이미 3장에서 설치했고 각 플랫폼별로 설치 절차와 필요한 툴이 약간 다르다. 이번 절에서는 각 플랫폼별로 필수 구성 요소의 설치 절차에 대해 다룰 것이다.

공통적으로 필요한 필수 구성 요소

설치가 필요한 툴들이 이미 모두 여러분의 시스템에 설치가 돼 있을 수도 있다. 다음은 플랫폼에 상관없이 공통적으로 필요한 세 개의 툴이다.

- Git
- Node.js
- 파이썬 2.7

파이썬 버전을 확인하기 바란다. 버전이 다르면 이어지는 설치 과정이 실패할 수 있기 때문이다. 2장을 통해 Node.js와 Git을 설치했다면 파이썬 2.7과 여러분이 사용하고 있는 플랫폼에 맞는 추가적인 필수 구성 요소만 설치하면 된다. 각 플랫폼별 파이썬 설치 절차는 다음 절에서 설명할 것이다.

 파이썬은 범용 프로그래밍에 사용되는 하이 레벨 프로그래밍 언어다. 파이썬에 대해 좀 더 자세히 알고 싶다면 파이썬 공식 웹사이트인 https://www.python.org/를 참조하기 바란다.

맥OS에 필수 구성 요소 설치하기

EMSDK를 설치하기 전에 추가로 설치해야 하는 툴은 세 가지다.

- Xcode
- Xcode Command Line Tools
- CMake

Xcode는 맥OS 앱스토어를 통해 설치할 수 있다. Xcode를 이미 설치한 상태라면 **Xcode › Preferences › Locations** 메뉴에 **Command Line Tools** 옵션에 값이 있는지 확인해 **Command Line Tools**가 설치됐는지 확인할 수 있다. Homebrew 패키지 매니저를 설치했다면 **Command Line Tools**가 이미 설치돼 있어야 한다.

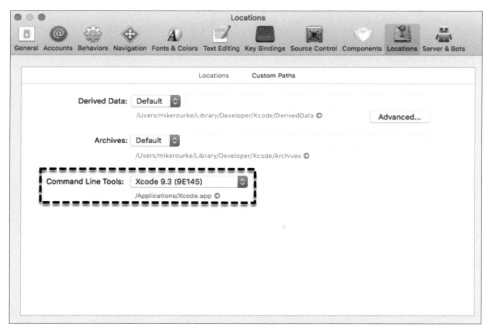

Xcode Command Line Tools의 현재 버전 확인

설치돼 있지 않다면 터미널을 열어 다음과 같은 명령을 입력한다.

```
xcode-select --install
```

그 다음에는 다음 명령으로 CMake를 설치할 수 있다.

```
brew install cmake
```

파이썬을 설치하기 전에 다음 명령을 실행해 본다.

```
python --version
```

명령 결과로 Python 2.7.xx(xx는 패치 버전이고 어느 값이든지 상관없다)를 보게 된다면 이미 EMSDK를 설치할 준비가 된 것이다. 파이썬 명령을 찾을 수 없다는 에러 메시지가 출력되거나 Python 3.x.xx를 보게 된다면 파이썬 버전 매니저인 pyenv 설치를 권장한다. 다음 명령으로 pyenv를 설치한다.

```
brew install pyenv
```

pyenv 설치 과정을 마무리하려면 몇 가지 추가적인 설정이 필요하다. https://github.com/pyenv/pyenv#homebrew-on-macos를 참조해 Homebrew를 위한 설정을 수행한다. pyenv 설치와 설정이 완료된 이후에는 다음 명령으로 파이썬 2.7을 설치한다.

```
pyenv install 2.7.15
```

설치가 완료되면 다음 명령을 실행한다.

```
pyenv global 2.7.15
```

올바른 버전의 파이썬을 사용하고 있는지 확인하기 위해 다음 명령으로 파이썬 버전을 확인한다.

```
python --version
```

명령 실행 결과로 Python 2.7.xx이 출력돼야 한다. xx는 패치 버전이다.

우분투에 필수 구성 요소 설치하기

우분투에는 이미 파이썬 2.7이 설치돼 있어야 한다. 다음 명령으로 파이썬 버전을 확인할 수 있다.

```
python --version
```

명령 결과로 Python 2.7.xx(xx는 패치 버전이고 어느 값이든지 상관없다)를 보게 된다면 이미 EMSDK를 설치할 준비가 된 것이다. 파이썬 명령을 찾을 수 없다는 에러 메시지가 출력되거나 Python 3.x.xx를 보게 된다면 파이썬 버전 매니저인 pyenv 설치를 권장한다. 다음 명령으로 pyenv를 설치한다. pyenv를 설치하기 전에 curl이 설치돼 있는지 확인한다. 다음 명령으로 curl 설치 여부를 확인한다.

```
curl --version
```

명령 결과로 버전 번호와 기타 정보를 보게 된다면 curl이 설치돼 있는 것이다. 그렇지 않으면 다음 명령으로 curl을 설치한다.

```
sudo apt-get install curl
```

일단 curl을 설치한 다음에는 다음 명령으로 pyenv를 설치한다.

```
curl -L https://github.com/pyenv/pyenv-installer/raw/master/bin/pyenv-
installer | bash
```

pyenv 설치와 설정이 완료된 이후에는 다음 명령으로 파이썬 2.7을 설치한다.

```
pyenv install 2.7.15
```

빌드 문제가 발생한다면 https://github.com/pyenv/pyenv/wiki/common−build−problems 페이지를 참고하기 바란다. 설치가 완료되면 다음 명령을 실행한다.

```
pyenv global 2.7.15
```

올바른 버전의 파이썬을 사용하고 있는지 확인하기 위해 다음 명령으로 파이썬 버전을 확인한다.

```
python --version
```

명령 실행 결과로 Python 2.7.xx이 출력돼야 한다. xx는 패치 버전이다.

윈도우에 필수 구성 요소 설치하기

윈도우에 추가적으로 설치가 필요한 필수 구성 요소는 파이썬 2.7뿐이다. 설치 전에 다음 명령을 실행한다.

```
python --version
```

명령 결과로 Python 2.7.xx(xx는 패치 버전이고 어느 값이든지 상관없다)를 보게 된다면 이미 EMSDK를 설치할 준비가 된 것이다. 파이썬 명령을 찾을 수 없다는 에러 메시지가 출력되거나 Python 3.x.xx를 보게 된다면 다음 명령으로 파이썬 2.7을 설치한다.

```
choco install python2 -y
```

파이썬 2.7을 설치하기 전에 이미 파이썬 3.x.xx가 설치돼 있다면 패스를 설정해 현재의 파이썬 버전을 변경할 수 있다. EMSDK를 설치하기 전에 다음 명령으로 사용할 파이썬 버전은 2.7로 설정한다.

```
SET PATH=C:\Python27\python.exe
```

▌ EMSDK 설치와 설정

모든 필수 구성 요소를 설치했다면 EMSDK를 설치할 준비가 된 것이다.

EMSDK를 설치하고 실행하는 과정은 상대적으로 간단하다. 이번 절에서는 EMSDK 설치 절차와 Emscripten을 위한 VS Code C/C++ 설정을 업데이트하는 방법에 대해 알아볼 것이다.

모든 플랫폼에서의 설치 절차

먼저 EMSDK를 설치한 폴더를 선택한다. 이 책에서는 ~/Tooling(윈도우에서는 C:\Users\Mike\Tooling)으로 선택했다. 터미널에서 cd 명령으로 설치 폴더로 이동해 다음 명령을 실행한다.

```
git clone https://github.com/juj/emsdk.git
```

코드 복제 작업이 완료되면 각 플랫폼별로 설치를 진행한다.

맥OS와 우분투에서의 설치

소스코드 복제가 완료됐다면 다음 명령들을 실행한다. ./emsdk update 대신 git pull 명령을 실행하도록 권고하는 메시지를 보게 된다면 ./emsdk install latest 명령을 실행하기 전에 git pull 명령을 이용한다.

```
# EMSDK 설치 폴더로 이동
cd emsdk

# 사용 가능한 툴의 최신 버전을 가져온다.
./emsdk update

# 최신 버전의 SDK 툴을 다운로드하고 설치한다.
./emsdk install latest

# 현재 사용자를 위한 최신 버전의 SDK를 활성화한다(~/.emscripten 파일 수정).
./emsdk activate latest

# 현재 터미널에서 PATH와 기타 다른 환경 변수를 활성화한다.
source ./emsdk_env.sh
```

source ./emsdk_env.sh 명령은 현재 터미널에서만 환경 변수를 활성화해주기 때문에 새로운 터미널을 열 때마다 해당 명령을 다시 실행시켜줘야 한다. 이를 방지하고 싶다면 Bash나 Zsh 설정 파일(즉, ~/.bash_profile 또는 ~/.zshrc)에 다음과 같은 내용을 추가하면 된다.

```
source ~/Tooling/emsdk/emsdk_env.sh > /dev/null
```

만약 다른 경로에 EMSDK를 설치했다면 해당 경로도 바꿔줘야 한다. 위와 같은 내용을 설정 파일에 추가해주면 자동으로 환경 설정 명령이 반영되기 때문에 바로 EMSDK를 이용할 수 있게 된다. Emscripten 컴파일러를 이용할 수 있는지 확인하기 위해 다음 명령을 실행한다.

```
emcc --version
```

만약 버전 정보를 보게 된다면 설정이 제대로 된 것이다. 명령을 찾을 수 없다는 에러 메시지를 보게 된다면 설정 내용을 다시 확인해야 한다. Bash나 Zsh 설정 파일에 입력된 emsdk_env.sh 파일의 경로가 잘못돼 있을 수 있다.

윈도우에서의 설치와 설정

설치를 완료하기 전에 PowerShell을 사용하는 것이 좋다. 이 책의 예에서는 cmder 내에서 PowerShell을 이용할 것이다. 소스코드 복제 작업이 완료되면 다음 명령들을 실행한다. ./emsdk update 대신 git pull 명령을 실행하도록 권고하는 메시지를 보게 된다면 ./emsdk install latest 명령을 실행하기 전에 git pull 명령을 이용한다.

```
# EMSDK 설치 폴더로 이동
cd emsdk

# 사용 가능한 툴의 최신 버전을 가져온다.
.\emsdk update

# 최신 버전의 SDK 툴을 다운로드하고 설치한다.
.\emsdk install latest

# 현재 사용자를 위한 최신 버전의 SDK를 활성화한다(~/.emscripten 파일 수정).
.\emsdk activate --global latest
```

.\emsdk activate 명령에서 --global 플래그를 사용하면 각 세션마다 환경변수를 설정하는 스크립트를 실행하지 않고 emcc를 실행할 수 있게 해준다. Emscripten 컴파일러는 사용할 수 있는지 확인하기 위해 CLI를 다시 실행해 다음 명령을 실행한다.

```
emcc --version
```

만약 버전 정보를 보게 된다면 설치가 제대로 된 것이다.

VS Code 설정

이 책의 코드 샘플을 포함할 폴더(예를 들면 book-examples)를 만든다. VS Code 코드에서 해당 폴더를 연 다음 프로젝트의 루트 위치에 .vscode/c_cpp_properties.json 파일을 만들기 위해 F1 키를 누르고 C/Cpp: Edit Configurations...를 선택한다. 그러면 자동으로 해당 파일이 열릴 것이고 그 안의 browse.path 부분에 "${env:EMSCRIPTEN}/system/include"를 추가한다. 그러면 emscripten.h 헤더 파일을 포함할 때 발생하는 에러를 방지해준다. 만약 설정 파일에 browse 객체가 자동으로 만들어지지 않으면 browse 객체를 수동으로 만들어서 path 엔트리를 추가해줘야 한다. 다음은 우분투에서 업데이트된 수정 파일의 내용을 보여주고 있다.

```
{
    "name": "Linux",
    "includePath": [
        "/usr/include",
        "/usr/local/include",
        "${workspaceFolder}",
        "${env:EMSCRIPTEN}/system/include"
    ],
    "defines": [],
    "intelliSenseMode": "clang-x64",
    "browse": {
```

```
        "path": [
            "/usr/include",
            "/usr/local/include",
            "${workspaceFolder}"
        ],
        "limitSymbolsToIncludedHeaders": true,
        "databaseFilename": ""
    }
}
```

▍컴파일러 테스트

EMSDK 설치와 설정 이후에는 C/C++ 코드로 Wasm 모듈을 만들 수 있는지 확인하기 위한 테스트를 해봐야 한다. 테스트하기 위한 가장 쉬운 방법은 emcc 명령으로 코드를 컴파일해서 브라우저에서 실행해보는 것이다. 이번 절에서는 간단한 C 코드를 작성해서 컴파일하고 .wasm 출력과 관련된 Wat을 평가해 EMSDK 설치가 제대로 됐는지 확인할 것이다.

C 코드

컴파일러 설치를 테스트하기 위해 아주 간단한 C 코드를 이용할 것이다. 어떤 외부 라이브러리나 헤더를 이용할 필요가 없을 것이다. 또한 이번 테스트에서는 C++를 이용하지 않을 것이다. C++에서는 이름 변환과 관련해 추가적인 작업이 필요하기 때문이며, 이에 대해서는 6장에서 자세히 다룰 것이다. 이번 절에서 사용할 코드의 위치는 learn-webassembly 저장소의 /chapter-04-installing-deps 폴더이며, 여기서 설명하는 지침대로 EMSDK를 테스트할 것이다. /book-examples 폴더에 /chapter-04-installing-deps라는 이름의 하위 폴더를 만든다. 그 다음에는 해당 폴더 내에 main.c 파일을 만들어 다음과 같은 내용으로 채운다.

```
int addTwoNumbers(int leftValue, int rightValue) {
    return leftValue + rightValue;
}
```

C 코드 컴파일

Emscripten으로 C/C++ 파일을 컴파일하기 위해 emcc 명령을 사용할 것이다. 브라우저에서 이용할 수 있는 유효한 결과물을 얻으려면 컴파일러에게 인수를 전달해야 한다. C/C++ 파일로 Wasm 파일을 만들기 위해서는 다음과 같은 포맷으로 명령을 실행해야 한다.

```
emcc <file.c> -Os -s WASM=1 -s SIDE_MODULE=1 -s
BINARYEN_ASYNC_COMPILATION=0 -o <file.wasm>
```

다음은 emcc 명령을 위한 각 인수를 나열한 것이다.

인수	설명
⟨file.c⟩	Wasm 모듈로 컴파일되는 C나 C++ 입력 파일의 경로. 실제로 명령을 실행할 때 이 부분을 실제 파일의 경로로 교체할 것이다.
–Os	컴파일 최적화 레벨. 이 최적화 플래그는 Emscripten과 상관없이 모듈 인스턴스화를 허용한다.
–s WASM=1	컴파일러가 코드를 웹어셈블리로 컴파일하게 만든다.
–s SIDE_MODULE=1	웹어셈블리 모듈만을 출력하도록 한다.
–s BINARYEN_ASYNC_COMPILATION=0	공식 문서의 내용: 비동기로 컴파일을 수행하며 좀 더 효과적이고 메인 스레드를 블록하지 않는다. 이는 V8에서 가장 작은 모듈을 제외한 모든 모듈이 실행하는 데 필요하다.
–o ⟨file.wasm⟩	출력 파일인 .wasm 파일의 경로. 실제로 명령을 실행할 때 이 부분을 실제 원하는 출력 파일의 경로로 교체할 것이다.

Emscripten이 올바로 동작하는지 테스트하기 위해 VS Code의 통합 터미널을 열어 다음 명령을 실행한다.

```
# /chapter-04-installing-deps 폴더로 이동
cd chapter-04-installing-deps

# main.c 파일을 main.wasm 파일로 컴파일
emcc main.c -Os -s WASM=1 -s SIDE_MODULE=1 -s BINARYEN_ASYNC_COMPILATION=0 -o
main.wasm
```

처음 파일을 컴파일할 때는 1분 정도 걸릴 수 있지만 그 이후부터는 훨씬 빨라질 것이다. 컴파일이 성공하면 /chapter-04-installing-deps 폴더에서 main.wasm 파일을 볼 수 있어야 한다. 에러가 발생하면 Emscripten의 에러 메시지는 문제를 해결하는 데 도움이 되는 충분한 설명이 돼야 한다.

모든 것이 성공적으로 완료되면, VS Code의 파일 탐색기에서 main.wasm 파일을 우클릭해서 Show WebAssembly 메뉴를 선택해 main.wasm 파일과 관련된 Wat을 볼 수 있으며 그 결과는 다음과 같다.

```
(module
  (type $t0 (func (param i32)))
  (type $t1 (func (param i32 i32) (result i32)))
  (type $t2 (func))
  (type $t3 (func (result f64)))
  (import "env" "table" (table $env.table 2 anyfunc))
  (import "env" "memoryBase" (global $env.memoryBase i32))
  (import "env" "tableBase" (global $env.tableBase i32))
  (import "env" "abort" (func $env.abort (type $t0)))
  (func $_addTwoNumbers (type $t1) (param $p0 i32) (param $p1 i32) (result i32)
    get_local $p1
    get_local $p0
    i32.add)
  (func $runPostSets (type $t2)
```

```
    nop)
  (func $__post_instantiate (type $t2)
    get_global $env.memoryBase
    set_global $g2
    get_global $g2
    i32.const 5242880
    i32.add
    set_global $g3)
  (func $f4 (type $t3) (result f64)
    i32.const 0
    call $env.abort
    f64.const 0x0p+0 (;=0;))
  (global $g2 (mut i32) (i32.const 0))
  (global $g3 (mut i32) (i32.const 0))
  (global $fp$_addTwoNumbers i32 (i32.const 1))
  (export "__post_instantiate" (func $__post_instantiate))
  (export "_addTwoNumbers" (func $_addTwoNumbers))
  (export "runPostSets" (func $runPostSets))
  (export "fp$_addTwoNumbers" (global 4))
  (elem (get_global $env.tableBase) $f4 $_addTwoNumbers))
```

컴파일러가 성공적으로 실행됐다면 다음 단계로 넘어가 모듈과의 상호작용을 위한 자바스크립트 코드를 작성할 준비가 된 것이다. 이에 대해서는 5장에서 다룰 것이다.

▌ 요약

4장에서는 웹어셈블리의 전반적인 개발 워크플로에 대해 다뤘다. .wasm 파일을 생성하기 위해 Emscripten을 이용하며 Emscripten을 위해서는 EMSDK 설치가 필요하다. 설치에 대한 자세한 내용을 살펴보기에 앞서 각 툴들의 기술과 웹어셈블리와 어떻게 관련되는지 자세히 설명했다. 그리고 로컬에서 EMSDK를 이용하기 위해 필요한 각 단계를 설명했다. 각 플랫폼별로 EMSDK의 설치 절차와 설정 명령에 대해 알아봤다. EMSDK 설치 후에는 컴파일러를 테스트했다. 앞 절에서 실행한 emcc 명령이 그것이다. Emscripten이 제대로 작동하는지 확인하기 위해 간단한 C 코드 파일에 emcc 명령을 사용했다. 5장에서는 여러분의 첫 번째 모듈을 만들고 로딩하는 절차에 대해 알아볼 것이다.

▌ 질문

1. 개발 워크플로의 다섯 단계는 무엇인가?

2. 컴파일 과정에서 Emscripten은 어떤 단계를 나타내는가?

3. IR은 무엇을 의미하는가(LLVM 출력)?

4. Emscripten과 관련해 EMSDK의 역할은 무엇인가?

5. 세 가지 플랫폼(맥OS, 윈도우, 리눅스) 모두에 필요한 EMSDK 필수 구성 요소는 무엇인가?

6. Emscripten 컴파일러를 사용하기 전에 emsdk_env 스크립트 실행이 필요한 이유는 무엇인가?

7. C/C++ 설정 파일에 "${env:EMSCRIPTEN}/system/include" 경로를 추가해야 하는 이유는 무엇인가?

8. C/C++를 Wasm 모듈로 컴파일하는 데 사용하는 명령은 무엇인가?

9. OS 컴파일러 플래그는 무엇을 의미하는가?

▌ 추가 자료

- Emscripten: http://emscripten.org
- LLVM Compiler Infrastructure Project: https://llvm.org
- 비주얼 스튜디오 코드를 이용한 C++ 프로그래밍: https://code.visualstudio.com/docs/languages/cpp

05

웹어셈블리
모듈 생성과 로딩

4장에서 emcc 명령에 전달한 플래그는 네이티브 WebAssembly 객체를 이용해 브라우저에 로드하고 인스턴스화할 수 있는 하나의 .wasm 파일을 만들었다. 사용된 C 코드는 컴파일러를 테스트하기 위한 목적이었기 때문에 라이브러리를 이용하지 않는 매우 간단한 코드였다. Emscripten의 몇 가지 기능을 이용하면 성능 손실을 최소화하면서 C/C++ 코드에서 웹어셈블리의 몇 가지 한계를 극복할 수 있다.

5장에서는 Emscripten을 이용한 컴파일과 로딩에 대해 알아볼 것이다. 또한 .wasm 파일 컴파일/출력을 위한 과정과 브라우저의 WebAssembly 객체를 이용해서 .wasm 파일을 로딩하는 과정을 설명할 것이다.

5장의 목표는 다음과 같다.

- Emscripten의 자바스크립트 "글루(glue)"코드를 이용하는 C 코드의 컴파일 과정
- Emscripten 모듈을 브라우저에 로드하는 방법
- wasm 파일만을 ("글루" 코드 없이) 생성하는 C 코드의 컴파일 과정
- 빌드 작업을 위한 VS Code 설정 방법
- 전역 WebAssembly 객체를 이용해서 브라우저에 Wasm 모듈을 컴파일하고 로드하는 방법

█ 글루 코드로 C 컴파일

4장에서는 Emscripten 설치가 제대로 됐는지 확인하기 위해 세 줄짜리 간단한 프로그램을 작성했다. 그리고 단지 하나의 .wasm 파일만 만들면 됐기 때문에 그에 맞는 몇 가지 플래그로 emcc 명령을 실행했다. emcc 명령에 다른 플래그를 전달하면 .wasm 파일과 자바스크립트 글루 코드 그리고 로딩 과정을 처리하는 HTML 파일도 만들 수 있다. 이번 절에서는 좀 더 복잡한 C 프로그램을 작성하고 Emscripten이 제공하는 출력 옵션을 사용해서 그것을 컴파일할 것이다.

예제 C 코드 작성

4장의 예제 코드에서는 어떤 헤더도 포함하지 않았고 어떤 함수도 전달하지 않았다. 그 코드는 단지 컴파일러 설치가 유효한지 테스트하기 위한 것이었기 때문에 많은 것이 필요 없었다. Emscripten은 자바스크립트로 C/C++ 코드(또는 반대의 경우도)와 상호작용할 수 있게 해주는 많은 추가 기능을 제공한다. 그런 기능 중 일부는 Emscripten에 고유한 것이며 Core Specification이나 그것의 API와는 부합하지 않는다. 5장의 첫 번째 예에서

는 Emscripten의 포팅된 라이브러리 중 하나와 Emscripten API가 제공하는 기능을 이용할 것이다.

예제에서는 무한 루프로 사각형을 캔버스를 가로질러 대각선으로 이동하기 위해 SDL2 Simple DirectMedia Layer을 이용한다. SDL은 https://github.com/timhutton/sdl-canvas-wasm에서 가져왔지만 C++에서 C로 약간 수정한 것이다. 이번 절에서 사용하는 코드는 learn-webassembly 코드 저장소의 /chapter-05-create-load-module 폴더에 있다. Emscripten으로 C 코드를 컴파일하려면 이어지는 지시를 따르면 된다.

/book-examples 폴더에 /chapter-05-create-load-module라는 이름의 폴더를 만든다. with-glue.c라는 이름의 파일을 만들어서 다음 내용으로 채운다.

```c
/*
 * C 코드로 변환되었으며 출처는 다음과 같다:
 * https://github.com/timhutton/sdl-canvas-wasm
 * 일부 변수 이름과 주석 또한 약간 변경됐다.
 */
#include <SDL2/SDL.h>
#include <emscripten.h>
#include <stdlib.h>

// 현재의 이터레이션과 렌더러를 개별적으로 참조할 필요 없이
// 하나의 참조 포인트를 가질 수 있게 해준다.

typedef struct Context {
  SDL_Renderer *renderer;
  int iteration;
} Context;

/*
 * 빨간 배경 위에 파란 사각형 그리고 <캔버스>를 가로질러 이동시키는 루프 함수
 */

void mainloop(void *arg) {
```

```
    Context *ctx = (Context *)arg;
    SDL_Renderer *renderer = ctx->renderer;
    int iteration = ctx->iteration;

    // 배경을 빨간색으로 지정한다.
    SDL_SetRenderDrawColor(renderer, 255, 0, 0, 255);
    SDL_RenderClear(renderer);


    // 움직이는 파란 사각형을 만든다.
    // rect.x와 rect.y 값은 반복될 때마다 1px씩 변경돼서
    // 사각형은 오른쪽 아래로 계속해서 이동한다.
    SDL_Rect rect;
    rect.x = iteration;
    rect.y = iteration;
    rect.w = 50;
    rect.h = 50;
    SDL_SetRenderDrawColor(renderer, 0, 0, 255, 255);
    SDL_RenderFillRect(renderer, &rect);
    SDL_RenderPresent(renderer);

  // 반복 횟수가 캔버스의 최대 범위에 도달하면 카운터를 0으로 만든다.
    // (그렇게 하지 않으면 사각형이 일단 캔버스를 영역을 지나가면
    // 더 이상 파란 박스를 볼 수 없게 된다.)
  if (iteration == 255) {
      ctx->iteration = 0;
    } else {
      ctx->iteration++;
    }
}

int main() {
  SDL_Init(SDL_INIT_VIDEO);
  SDL_Window *window;
  SDL_Renderer *renderer;
  // 앞의 두 255 값은 <캔버스>의 크기(픽셀 단위)를 나타낸다.
  SDL_CreateWindowAndRenderer(255, 255, 0, &window, &renderer);
```

```
  Context ctx;
    ctx.renderer = renderer;
    ctx.iteration = 0;

    // 함수를 반복적으로 호출한다.
    int infinite_loop = 1;

    // 브라우저가 렌더링하고자 하는 만큼 함수를 빨리 호출한다.
    // (보통 60fps):
    int fps = -1;

    // emscripten.h에 정의된 함수
    // C 함수를 호출 스레드의 메인 이벤트 루프로 지정한다.
    emscripten_set_main_loop_arg(mainloop, &ctx, fps, infinite_loop);

    SDL_DestroyRenderer(renderer);
    SDL_DestroyWindow(window);
    SDL_Quit();

    return EXIT_SUCCESS;
}
```

파일의 처음 부분에 emscripten.h를 포함했기 때문에 emscripten_set_main_loop_arg( )를 main( ) 함수에서 사용할 수 있다. SDL_로 시작하는 변수와 함수 또한 파일 상단의 #include <SDL2/SDL.h>로 인해서 사용이 가능하다.

<SDL2/SDL.h> 아래에 꼬불꼬불한 붉은 에러 줄이 보이더라도 무시하면 된다. 그것은 c_cpp_properties.json 파일에 SDL의 포함 경로가 없기 때문이다.

예제 C 코드 컴파일

C 코드를 작성했으니 이제는 그것을 컴파일할 차례다. emcc 명령에 전달해야 하는 플래그 중 하나는 -o <target>이다. <target>은 출력 파일의 경로를 나타낸다. 지정되는 출력

파일의 확장자에 따라서 컴파일러의 내부적인 결정에 영향을 준다. 다음 테이블은 지정된 파일 확장자를 기반으로 생성되는 출력 유형을 정의한 것으로서 Emscripten의 emcc 문서 (http://kripken.github.io/emscripten-site/docs/tools_reference/emcc.html#emcc-o-target) 를 참고한 것이다.

확장자	출력
⟨name⟩.js	자바스크립트 글루 코드(WASM=1 플래그가 지정되면 .wasm 파일도 함께 출력)
⟨name⟩.html	HTML 파일과 개별적인 자바스크립트 파일(⟨name⟩.js). 개별적인 자바스크립트 파일을 가지면 페이지 로딩 시간을 향상시킬 수 있다.
⟨name⟩.bc	LLVM 비트코드(bitcode)(디폴트)
⟨name⟩.o	LLVM 비트코드(.bc와 동일)
⟨name⟩.wasm	Wasm 파일만 출력(4장에서 설명한 플래그와 함께 사용)

여기서는 LLVM 비트코드 출력을 원하지 않기 때문에 .bc와 .o 파일 확장자는 무시할 수 있다. emcc의 Tools Reference 페이지에서는 .wasm 확장자가 빠져 있지만 실제로 컴파일러의 플래그로 전달할 수 있는 유효한 플래그다. 어떤 출력 옵션을 사용하느냐에 따라 C/C++ 코드 작성에 영향을 준다.

HTML과 글루 코드 출력

출력 파일 확장자로 HTML을 지정하면(예를 들면, -o with-glue.html) with-glue.html 파일과 with-glue.js 파일 그리고 (-s WASM=1을 지정했다면) with-glue.wasm 파일을 출력 파일로 얻게 될 것이다. C/C++ 파일에 main() 함수가 있다면 HTML이 로드되자마자 실행될 것이다. 이를 확인하기 위해 예제 C 코드를 컴파일해보자. HTML 파일과 자바스크립트 글루 코드를 출력하도록 컴파일하려면 /chapter-05-create-load-module로 이동(cd 명령)해서 다음 명령을 실행한다.

```
emcc with-glue.c -O3 -s WASM=1 -s USE_SDL=2 -o with-glue.html
```

위 명령이 처음 실행될 때는 Emscripten이 SDL2 라이브러리를 다운로드해서 빌드할 것이다. 그래서 컴파일하는 데 몇 분 걸리겠지만 한 번만 그렇게 시간이 걸릴 뿐이다. 즉, 다음번부터는 Emscripten이 해당 라이브러리를 곧바로 찾아 이용하기 때문에 훨씬 빨라질 것이다. 빌드가 완료되면 새로 만들어진 세 파일(HTML, 자바스크립트, Wasm 파일)을 보게 될 것이다. 다음 명령으로 해당 파일들을 로컬에서 서비스되도록 만든다.

```
serve -l 8080
```

그리고 브라우저로 http://127.0.0.1:8080/with-glue.html을 방문하면 다음과 같은 화면이 보여야 한다.

브라우저상에서 실행되는 Emscripten 로딩 코드

파란 사각형이 붉은 사각형의 좌측 상단 코너에서 우측 하단 코너로 대각선으로 이동해야 한다. C 파일에 main( ) 함수를 지정했기 때문에 Emscripten은 그것을 즉시 실행시켜야 한다는 것을 안다. VS code로 with-glue.html 파일을 열어서 파일 끝까지 스크롤해보면 로딩 코드를 볼 수 있을 것이다. 그러면 WebAssembly 객체를 참조하는 코드가 없다는 것을 알게 될 것이다. 자바스크립트 글루 코드 파일에서 그것을 처리한다.

HTML 없는 글루 코드 출력

Emscripten이 만들어내는 HTML 파일 안의 로딩 코드에는 에러 처리와 main( ) 함수가
실행되기 전에 모듈이 로딩되고 있는지 확인하는 데 도움이 되는 함수들을 포함한다. 출
력 파일의 확장자로 .js를 지정한다면 HTML 파일과 로딩 코드를 직접 작성해야 할 것이
다. 다음 절에서는 로딩 코드에 대해 자세히 살펴볼 것이다.

▌ Emscripten 모듈 로딩

Emscripten의 글루 코드를 이용하는 모듈을 로딩하고 상호작용하는 것은 웹어셈블리의
자바스크립트 API와는 매우 다르다. 그것은 Emscripten이 자바스크립트 코드와 상호작
용하기 위한 추가적인 기능을 제공하기 때문이다. 이번 절에서는 Emscripten이 HTML
파일을 출력할 때 제공하는 로딩 코드와 브라우저에서 Emscripten을 로딩하기 위한 절차
에 대해 논의할 것이다.

사전에 생성된 로딩 코드

emcc 명령을 실행할 때 −o 〈target〉.html을 지정하면 Emscripten은 HTML을 만들고 파
일의 끝 부분에 모듈을 로드하기 위한 코드를 자동으로 추가한다. 다음은 HTML 파일의
로딩 코드가 어떤 모습인지를 보여주고 있다.

```
var statusElement = document.getElementById('status');
var progressElement = document.getElementById('progress');
var spinnerElement = document.getElementById('spinner');

var Module = {
    preRun: [],
    postRun: [],
    print: (function() {...})(),
```

```
    printErr: function(text) {...},
    canvas: (function() {...})(),
    setStatus: function(text) {...},
    totalDependencies: 0,
    monitorRunDependencies: function(left) {...}
};

Module.setStatus('Downloading...');

window.onerror = function(event) {
    Module.setStatus('Exception thrown, see JavaScript console');
    spinnerElement.style.display = 'none';
    Module.setStatus = function(text) {
        if (text) Module.printErr('[post-exception status] ' + text);
    };
};
```

Module 객체 안의 함수는 에러를 감지하고 처리하며 Module의 로딩 상태를 모니터링한다. 그리고 선택적으로 해당 글루 코드 파일의 run( ) 메소드가 실행되기 전이나 후에 몇 가지 함수를 실행한다. 다음의 canvas 함수는 HTML 파일에서 로딩 코드 앞에 지정된 DOM의 <canvas> 요소를 반환한다.

```
canvas: (function() {
    var canvas = document.getElementById('canvas');
    canvas.addEventListener(
        'webglcontextlost',
        function(e) {
            alert('WebGL context lost. You will need to reload the page.');
            e.preventDefault();
        },
        false
    );
    return canvas;
})(),
```

위 코드는 에러를 감지하고 Module이 로드됐는지 확인하는 데 편리하지만 우리의 목적상 자세한 정보를 표시할 필요는 없다.

사용자 정의 로딩 코드 작성

Emscripten이 생성한 로딩 코드는 에러 처리에 도움이 되는 코드를 제공한다. 제품에서 Emscripten의 출력을 이용한다면 에러를 올바로 처리되는지 확인하기 위해 에러 처리 코드를 포함하는 것이 좋다. 하지만 여기서는 Module을 이용하기 위해 실제로 그 모든 코드를 사용할 필요는 없다. 그렇다면 좀 더 간단한 코드를 작성해서 테스트해보자. 먼저 C 파일을 컴파일해서 HTML 없는 글루 코드를 만들어보자. 그러기 위해 다음 명령을 실행한다.

```
emcc with-glue.c -O3 -s WASM=1 -s USE_SDL=2 -s MODULARIZE=1 -o custom-loading.js
```

-s MODULARIZE=1 컴파일러 플래그를 이용하면 Module을 로드하는 데 Promise와 유사한 API를 이용할 수 있게 해준다. 컴파일이 완료되면 /chapter-05-createload-module 폴더에 custom-loading.html이라는 이름의 파일을 만들어 다음 내용을 채운다.

```
<!doctype html>
<html lang="en-us">
<head>
    <title>Custom Loading Code</title>
</head>
<body>
    <h1>Using Custom Loading Code</h1>
    <canvas id="canvas"></canvas>
    <script type="application/javascript" src="custom-loading.js"></script>
    <script type="application/javascript">
        Module({
            canvas: (() => document.getElementById('canvas'))(),
```

```
        })
            .then(() => {
                console.log('Loaded!');
            });
    </script>
</body>
</html>
```

로딩 코드는 이제 ES6 함수 구문을 이용해서 캔버스 로딩 함수를 위해 필요한 코드 라인을 줄이고 있다. /chapter-05-create-load-module 폴더에서 serve 명령으로 로컬 서버를 실행시킨다.

```
serve -l 8080
```

브라우저로 http://127.0.0.1:8080/custom-loading.html을 방문하면 다음과 같은 화면이 보여야 한다.

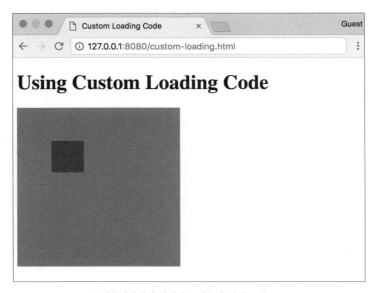

브라우저상에서 실행되는 사용자 정의 로딩 코드

물론 실행되는 함수가 그렇게 복잡하지는 않지만 Emscripten Module을 로딩하는 데 필요한 기본 뼈대라고 할 수 있다. 6장에서 Module 객체를 좀 더 자세히 살펴볼 예정이므로 지금은 로딩 절차가 웹어셈블리와 다르다는 것을 알고 있으면 된다. 이에 대해서는 다음 절에서 다룰 것이다.

▌ 글루 코드 없이 C 컴파일

Emscripten이 제공하는 추가적인 기능을 사용하지 않고 공식적인 스펙대로 웹어셈블리를 사용하고자 한다면 emcc 명령에 몇 가지 플래그를 전달해야 하고 웹어셈블리에서 상대적으로 쉽게 사용할 수 있는 코드를 작성해야 한다. 앞의 예제 C 코드 작성 절에서는 붉은 캔버스 위를 파란 사각형이 대각선으로 움직이는 프로그램을 작성했다. 그 프로그램은 Emscripten으로 포팅된 라이브러리 중 하나인 SDL2를 이용했다. 이번 절에서는 Emscripten의 헬퍼 메소드와 포팅된 라이브러리에 의존하지 않는 C 코드를 작성해 컴파일할 것이다.

웹어셈블리를 위한 C 코드

웹어셈블리 모듈에 사용할 C 코드를 작성하기 전에 실험을 해보자. CLI를 열고 /chapter-05-create-load-module 폴더로 이동해서 다음 명령을 실행한다.

```
emcc with-glue.c -Os -s WASM=1 -s USE_SDL=2 -s SIDE_MODULE=1 -s
BINARYEN_ASYNC_COMPILATION=0 -o try-with-glue.wasm
```

컴파일이 완료되면 VS Code의 파일 탐색기 패널에서 try-with-glue.wasm 파일이 보여야 한다. 해당 파일을 우클릭해서 Show WebAssembly를 선택한다. 해당 파일의 Wat 표현의 시작 부분은 다음과 유사해야 한다.

```
(module
  (type $t0 (func (param i32)))
  (type $t1 (func (param i32 i32 i32 i32 i32) (result i32)))
  (type $t2 (func (param i32) (result i32)))
  (type $t3 (func))
  (type $t4 (func (param i32 i32) (result i32)))
  (type $t5 (func (param i32 i32 i32 i32)))
  (type $t6 (func (result i32)))
  (type $t7 (func (result f64)))
  (import "env" "memory" (memory $env.memory 256))
  (import "env" "table" (table $env.table 4 anyfunc))
  (import "env" "memoryBase" (global $env.memoryBase i32))
  (import "env" "tableBase" (global $env.tableBase i32))
  (import "env" "abort" (func $env.abort (type $t0)))
  (import "env" "_SDL_CreateWindowAndRenderer" (func
$env._SDL_CreateWindowAndRenderer (type $t1)))
  (import "env" "_SDL_DestroyRenderer" (func $env._SDL_DestroyRenderer
(type $t0)))
  (import "env" "_SDL_DestroyWindow" (func $env._SDL_DestroyWindow (type
$t0)))
  (import "env" "_SDL_Init" (func $env._SDL_Init (type $t2)))
  (import "env" "_SDL_Quit" (func $env._SDL_Quit (type $t3)))
  (import "env" "_SDL_RenderClear" (func $env._SDL_RenderClear (type $t2)))
  (import "env" "_SDL_RenderFillRect" (func $env._SDL_RenderFillRect (type
$t4)))
  (import "env" "_SDL_RenderPresent" (func $env._SDL_RenderPresent (type
$t0)))
  (import "env" "_SDL_SetRenderDrawColor" (func
$env._SDL_SetRenderDrawColor (type $t1)))
  (import "env" "_emscripten_set_main_loop_arg" (func
$env._emscripten_set_main_loop_arg (type $t5)))
  ...
```

브라우저에 로드해서 실행하고자 한다면 웹어셈블리의 instantiate()나 compile() 함
수에 importObj 객체를 전달해야 한다. importObj 객체는 import "env" 함수가 있는 env
객체가 포함된다. Emscripten은 글루 코드를 사용해서 이 모든 것을 처리한다. 이는

Emscripten을 매우 가치 있는 툴로 만들어준다. 하지만 C에서 사각형의 위치를 추적하는 동안 DOM을 이용함으로 SDL2의 기능을 대체할 수 있다.

코드를 실행하기 위해 importObj.env 객체에 몇 개의 함수만을 전달하면 된다는 것을 확인할 수 있도록 C 코드를 다르게 작성할 것이다. /chapter-05-create-load-module 폴더에 without-glue.c라는 이름의 파일을 만들어 다음과 같은 내용으로 채운다.

```c
/*
 * 이 파일은 임포트된 함수를 통해 캔버스와 상호작용한다.
 * 파란 사각형이 캔버스를 가로질러 대각선으로 이동한다(SDL 예제를 모방).
 */
#include <stdbool.h>

#define BOUNDS 255
#define RECT_SIDE 50
#define BOUNCE_POINT (BOUNDS - RECT_SIDE)

// 이 함수들은 importObj.env 객체를 통해 전달되고 <canvas>상에서 사각형을 업데이트한다.
extern int jsClearRect();
extern int jsFillRect(int x, int y, int width, int height);

bool isRunning = true;

typedef struct Rect {
    int x;
    int y;
    char direction;
} Rect;

struct Rect rect;

/*
 * 현재 위치를 기반으로 x, y상의 사각형 위치를 1px 단위로 업데이트한다.
 */
void updateRectLocation() {
    // 사각형을 캔버스의 가장자리에서 "부딪치기"를 원하기 때문에
```

```
        // 사각형의 오른쪽 가장자리가 언제 캔버스의 경계와 만나는지 결정해야 한다.
        // 따라서 캔버스의 너비와 사각형의 너비를 이용한다.
        if (rect.x == BOUNCE_POINT) rect.direction = 'L';

        // 사각형이 캔버스의 좌측 경계에 부딪치자마자 다시 방향을 바꿔야 한다.
        if (rect.x == 0) rect.direction = 'R';

        // x, y 좌표를 기반으로 방향이 변경되면 x. y점이
        // 그에 따라서 변경됐는지 확인한다.
        int incrementer = 1;
        if (rect.direction == 'L') incrementer = -1;
        rect.x = rect.x + incrementer;
        rect.y = rect.y + incrementer;
}

/*
 * 캔버스에서 기존의 사각형을 삭제하고 업데이트된 위치에 새로운 사각형을 그린다.
 */
void moveRect() {
    jsClearRect();
    updateRectLocation();
    jsFillRect(rect.x, rect.y, RECT_SIDE, RECT_SIDE);
}

bool getIsRunning() {
    return isRunning;
}

void setIsRunning(bool newIsRunning) {
    isRunning = newIsRunning;
}

void init() {
    rect.x = 0;
    rect.y = 0;
    rect.direction = 'R';
    setIsRunning(true);
}
```

x와 y 좌표를 결정하기 위해 C 코드의 함수를 호출할 것이다. setIsRunning( ) 함수는 사각형의 움직임을 일시 중지시킬 때 사용할 수 있다. 이제 C 코드가 준비됐으니 그것을 컴파일해보자. VS Code 터미널에서 /chapter-05-createload-module 폴더로 이동해 다음 명령을 실행한다.

```
emcc without-glue.c -Os -s WASM=1 -s SIDE_MODULE=1 -s
BINARYEN_ASYNC_COMPILATION=0 -o without-glue.wasm
```

컴파일이 완료되면 without-glue.wasm 파일을 마우스 오른쪽 버튼으로 클릭한 다음 해당 파일의 Wat 표현을 보기 위해 Show WebAssembly를 선택한다. "env" 항목에 대해 다음과 같은 내용을 파일의 처음 부분에 보여야 한다.

```
(module
  (type $t0 (func (param i32)))
  (type $t1 (func (result i32)))
  (type $t2 (func (param i32 i32 i32 i32) (result i32)))
  (type $t3 (func))
  (type $t4 (func (result f64)))
  (import "env" "memory" (memory $env.memory 256))
  (import "env" "table" (table $env.table 8 anyfunc))
  (import "env" "memoryBase" (global $env.memoryBase i32))
  (import "env" "tableBase" (global $env.tableBase i32))
  (import "env" "abort" (func $env.abort (type $t0)))
  (import "env" "_jsClearRect" (func $env._jsClearRect (type $t1)))
  (import "env" "_jsFillRect" (func $env._jsFillRect (type $t2)))
  ...
```

importObj 객체 내에서 _jsClearRect와 _jsFillRect 함수를 전달해야 한다. 이를 자바스크립트 상호작용 코드로 HTML 파일에서 수행하는 방법에 대해 설명할 것이다.

VS Code의 Build Task로 컴파일

emcc 명령은 세부적인 기능을 많이 제공하는 편이며, 수동으로 커맨드 라인에서 다른 파일을 직접 실행해야 하기 때문에 번거로울 수 있다. 컴파일 과정을 신속히 처리하기 위해 VS Code의 Task 기능을 이용해서 파일에 대한 빌드 작업을 만들 수 있다. 빌드 작업을 만들기 위해서는 Tasks ➤ Configure Default Build Task...를 선택하고 Create tasks.json from template 옵션을 선택한다. 그리고 .vscode 폴더에 간단한 tasks.json 파일을 만들기 위해 Others를 선택하고 다음 내용으로 해당 파일의 내용을 업데이트한다.

```
{
    // tasks.json 포맷에 대한 내용은 https://go.microsoft.com/fwlink/?LinkId=733558을
    // 참조하기 바란다.
    "version": "2.0.0",
    "tasks": [
      {
        "label": "Build",
        "type": "shell",
        "command": "emcc",
        "args": [
            "${file}",
            "-Os",
            "-s", "WASM=1",
            "-s", "SIDE_MODULE=1",
            "-s", "BINARYEN_ASYNC_COMPILATION=0",
            "-o", "${fileDirname}/${fileBasenameNoExtension}.wasm"
        ],
        "group": {
            "kind": "build",
            "isDefault": true
        },
        "presentation": {
            "panel": "new"
        }
      }
    ]
}
```

label값은 단순히 작업이 실행될 때 참조되는 이름이다. type과 command값은 셸(터미널)에서 emcc 명령을 실행해야 한다는 것을 나타낸다. args값은 emcc 명령으로 전달되는 파라미터 배열(공개를 기반으로 분리)이다. "${file}" 파라미터는 VS Code에게 현재 오픈된 파일을 컴파일하라는 의미다. "${fileDirname}/${fileBasenameNoExtension}.wasm"은 출력되는 .wasm 파일과 현재 오픈된 파일의 이름을 동일(확장자는 .wasm)하게 하라는 의미이며 현재 오픈된 폴더와 동일한 곳으로 생성된다. ${fileDirname}을 지정하지 않으면 출력되는 파일은 (이 경우 /chapter-05-create-load-module이 아닌) 루트 폴더에 생성될 것이다.

group의 내용은 이 작업이 디폴트 빌드 단계라는 것을 나타내며 키보드 단축키인 Cmd/Ctrl+Shift+B를 통해 빌드 작업이 실행된다. presentation.panel값이 "new"이면 VS Code는 새로운 CLI 인스턴스를 열어서 빌드를 실행한다. 이는 개인적인 취향이며 생략할 수 있다.

tasks.json의 내용을 채웠다면 그것을 저장하고 닫는다. 테스트를 위해, 먼저 앞절에서 emcc 명령으로 생성한 without-glue.wasm 파일을 삭제한다. 그 다음에는 without-glue.c 파일을 열어서 Tasks ➤ Run Build Task... 메뉴를 선택하거나 키보드 단축키인 Cmd/Ctrl+Shift+B를 입력해서 빌드 작업을 실행한다. 통합 터미널의 새로운 패널에서 컴파일이 실행되고 1, 2초 이후에 without-glue.wasm 파일이 생성돼야 한다.

▌ Wasm 파일을 가져오고 인스턴스화하기

이제 Wasm 파일을 만들었으므로 컴파일하고 실행하는 데 필요한 약간의 자바스크립트를 작성할 것이다. 브라우저에서 코드가 성공적으로 활용될 수 있도록 하기 위해서는 따라야 할 몇 가지 단계가 있다. 이번 절에서는 다른 예제에서 재사용할 수 있는 일반적인 자바스크립트를 작성할 것이고 Wasm 모듈을 사용하는 HTML 파일을 만들고 그것을 브라우저에서 테스트할 것이다.

일반적인 자바스크립트 로딩 코드

여러 예제에서 .wasm 파일을 가져와서 인스턴스화하기 때문에 자바스크립트 로딩 코드를 공통 파일로 이용하는 것이 좋다. 코드를 가져오고 인스턴스화하는 코드는 실제로 몇 라인 안되는데 Emscripten을 위한 importObj 객체를 반복적으로 재정의하는 것은 시간 낭비다. 따라서 해당 코드를 공통적으로 접근 가능한 파일로 만들어 코드 작성을 빠르게 할 수 있도록 만들 것이다. /book-examples 폴더에 /common이라는 이름의 폴더를 만들고 load-wasm.js 파일을 만들어 다음 내용으로 채운다.

```
/**
 * Emscripten의 Wasm 모듈을 위한 WebAssembly.Instance 생성자에게 전달할
 * importObj.env 객체를 디폴트 값으로 세팅해서 반환한다.
 */
const getDefaultEnv = () => ({
    memoryBase: 0,
    tableBase: 0,
    memory: new WebAssembly.Memory({ initial: 256 }),
    table: new WebAssembly.Table({ initial: 2, element: 'anyfunc' }),
abort: console.log
});

/**
 * 지정된 .wasm 파일로부터 컴파일된 WebAssembly.Instance 인스턴스를 반환한다.
 */
function loadWasm(fileName, importObj = { env: {} }) {
    // 전달된 importObj.env값으로 디폴트 env값을 재설정한다.
    const allEnv = Object.assign({}, getDefaultEnv(), importObj.env);

    // importObj 객체가 유효한 env값을 포함하는지 확인한다.
    const allImports = Object.assign({}, importObj, { env: allEnv });

    // 모듈을 인스턴스화한 결과를 반환한다(인스턴스와 모듈).
    return fetch(fileName)
        .then(response => {
            if (response.ok) return response.arrayBuffer();
```

```
        throw new Error(`Unable to fetch WebAssembly file ${fileName}`);
    })
    .then(bytes => WebAssembly.instantiate(bytes, allImports));
}
```

getDefaultEnv( ) 함수는 Emscripten의 Wasm 모듈을 위한 importObj.env 내용을 제공한다. 추가적인 임포트를 전달할 수 있어야 하기 때문에 Object.assign( )문을 사용했다. Wasm 모듈이 필요한 다른 것을 임포트하기 위해 Emscripten의 Wasm 출력은 "env" 객체를 위해 항상 다음의 다섯 개의 임포트문을 필요로 할 것이다.

```
(import "env" "memory" (memory $env.memory 256))
(import "env" "table" (table $env.table 8 anyfunc))
(import "env" "memoryBase" (global $env.memoryBase i32))
(import "env" "tableBase" (global $env.tableBase i32))
(import "env" "abort" (func $env.abort (type $t0)))
```

Wasm 모듈이 성공적으로 로드됐는지 확인하기 위해 instantiate( ) 함수에 전달해야 하며 그렇지 않으면 브라우저는 에러를 발생시킬 것이다. 로딩 코드가 준비되었으니 이제는 HTML과 사각형을 그리는 코드를 작성해보자.

HTML 페이지

<canvas>를 포함하는 HTML 페이지와 Wasm 모듈과 상호작용할 자바스크립트 코드가 필요하다. /chapter-05-create-load-module 폴더에 without-glue.html이라는 이름의 파일을 만들어 다음 내용으로 채운다.

```
<!doctype html>
<html lang="en-us">
<head>
  <title>No Glue Code</title>
```

```html
    <script type="application/javascript" src="../common/loadwasm.js"></script>
</head>
<body>
  <h1>No Glue Code</h1>
  <canvas id="myCanvas" width="255" height="255"></canvas>
  <div style="margin-top: 16px;">
    <button id="actionButton" style="width: 100px; height: 24px;">
      Pause
    </button>
  </div>
  <script type="application/javascript">
    const canvas = document.querySelector('#myCanvas');
    const ctx = canvas.getContext('2d');

    const env = {
      table: new WebAssembly.Table({ initial: 8, element: 'anyfunc' }),
      _jsFillRect: function (x, y, w, h) {
        ctx.fillStyle = '#0000ff';
        ctx.fillRect(x, y, w, h);
      },
      _jsClearRect: function() {
        ctx.fillStyle = '#ff0000';
        ctx.fillRect(0, 0, 255, 255);
      },
    };

    loadWasm('without-glue.wasm', { env }).then(({ instance }) => {
      const m = instance.exports;
      m._init();

      // 20밀리초마다 사각형의 x, y를 1px씩 이동한다.
      const loopRectMotion = () => {
        setTimeout(() => {
          m._moveRect();
          if (m._getIsRunning()) loopRectMotion();
        }, 20)
      };
```

```
    // 사각형의 이동을 일시 중지시키거나 다시 시작할 수 있다.
    document.querySelector('#actionButton')
      .addEventListener('click', event => {
        const newIsRunning = !m._getIsRunning();
        m._setIsRunning(newIsRunning);
        event.target.innerHTML = newIsRunning ? 'Pause' : 'Start';
        if (newIsRunning) loopRectMotion();
      });

    loopRectMotion();
  });
  </script>
</body>
</html>
```

이 코드는 앞 절에서 만든 SDL 예제에 몇 가지 기능을 추가한 것이다. 사각형이 우측 하단 모서리에 충돌하면 방향을 바꾼다. <canvas>의 버튼을 이용해서 사각형의 움직임을 일시 중지시키거나 다시 실행시킬 수도 있다. importObj.env 객체에 _jsFillRect과 _jsClearRect 함수를 전달하기 때문에 Wasm 모듈에서 그것을 참조할 수 있다.

실행과 테스트

브라우저에서 지금까지 작성한 코드를 테스트해보자. VS Code의 터미널에서 /book-examples 폴더로 이동해서 다음 명령으로 로컬 서버를 실행한다.

```
serve -l 8080
```

현재 폴더가 /book-examples 폴더여야 하는 것이 중요하다. /chapter-05-create-load-module 폴더에서 실행한다면 loadWasm() 함수를 이용할 수 없다. 브라우저로 http://127.0.0.1:8080/chapter-05-create-load-module/without-glue.html을 방문하면 다음 그림과 같은 결과를 볼 수 있어야 한다.

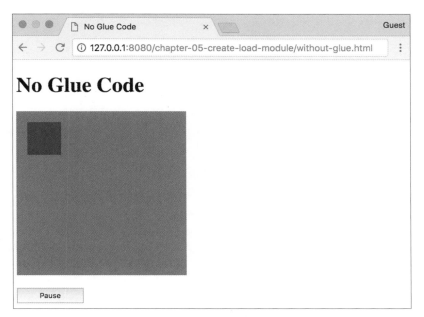

브라우저에서 실행한 글루 코드 없는 예제

Pause 버튼을 누르면 버튼이 Start로 변경되고 사각형의 움직임이 멈춰야 한다. 또 다시 버튼을 누르면 사각형이 다시 움직이기 시작할 것이다.

요약

5장에서는 Wasm 모듈과 함께 Emscripten 글루 코드를 이용하는 모듈의 컴파일과 로딩 과정에 대해 알아봤다. 포팅된 라이브러리와 각종 헬퍼 메소드와 같은 Emscripten 자체가 제공하는 기능을 이용함으로 Emscripten의 장점을 볼 수 있었다. emcc 명령에 전달할 수 있는 몇 가지 컴파일러 플래그와 그것이 출력 결과에 미치는 영향에 대해 설명했다. VS Code의 Tasks 기능을 이용함으로써 빌드 과정을 신속하게 수행할 수 있도록 빌드 명령을 설정할 수 있었다. 또한 글루 코드 없이 Wasm 모듈을 컴파일하고 로딩하기 위한 과정에 대해서도 살펴봤다. 컴파일한 Wasm 모듈과 상호작용하고 모듈을 로드하는 재사용 가능한 자바스크립트 코드를 작성했다.

6장에서는 브라우저상에서 자바스크립트와의 상호작용과 디버깅 기술에 대해 알아볼 것이다.

▌ 질문

1. SDL은 무엇을 의미하는가?

2. emcc 명령의 -o 플래그를 이용해서 출력할 수 있는 타입이 자바스크립트와 HTML, Wasm 외에 어떤 것이 있는가?

3. Emscripten이 미리 생성한 로딩 코드가 제공하는 장점은 무엇인가?

4. 브라우저에서 컴파일된 출력을 자동으로 실행하려면 C/C++ 파일에서 함수의 이름을 무엇으로 지정해야 하는가?

5. 포팅된 라이브러리를 이용할 때 "글루" 코드 없이 Wasm 파일만을 이용할 수 없는 이유는 무엇인가?

6. VS Code에서 빌드 작업을 자동으로 실행시키기 위한 키보드 단축키는 무엇인가?

7. Wasm 로딩 코드에서 getDefaultEnv( ) 메소드가 필요한 이유는 무엇인가?

8. Emscripten이 생성하는 Wasm 모듈을 위한 Wasm 인스턴스화 코드에 전달되는 importObj.env 객체를 위해 필요한 다섯 가지 요소는 무엇인가?

▍ 추가 자료

- SDL: https://www.libsdl.org/index.php
- Emscripten Compiler Frontend(emcc): http://kripken.github.io/emscripten-site/docs/tools_reference/emcc.html
- 외부 도구와의 통합: https://code.visualstudio.com/docs/editor/tasks
- WebAssembly 코드의 로딩과 실행: https://developer.mozilla.org/en-US/docs/WebAssembly/Loading_and_running

06

자바스크립트와의
상호작용과 디버깅

웹어셈블리를 위한 흥미로운 기능과 제안은 매우 많다. 하지만 이 책을 쓸 당시만 해도 웹어셈블리에 대해서는 다소 제한적이었다. Emscripten이 제공하는 몇 가지 기능을 이용하면 많은 이점을 얻을 수 있다. 자바스크립트에서 C/C++(또는 그 반대)와 상호작용하기 위한 절차는 Emscripten 사용 여부에 따라 달라진다.

6장에서는 C/C++ 코드와 자바스크립트 함수를 이용하는 방법과 자바스크립트에서 C/C++ 코드의 컴파일된 출력물과 상호작용하는 방법을 알아볼 것이다. 또한 Emscripten의 글루 코드가 Wasm 인스턴스를 활용하는 방법에 어떻게 영향을 미치는지 그리고 브라우저에서 컴파일된 코드를 디버깅하는 방법에 대해서도 설명할 것이다.

6장의 목표는 다음과 같다.

- Emscripten의 Module과 브라우저의 WebAssembly 객체의 차이
- 자바스크립트 코드에서 컴파일된 C/C++ 함수를 호출하는 방법
- C/C++ 코드에서 자바스크립트 함수를 호출하는 방법
- C++ 코드로 작업할 때 특별히 고려해야 할 사항
- 브라우저에서 컴파일된 출력물을 디버깅하는 기능

Emscripten Module과 WebAssembly 객체

5장에서는 Emscripten의 Module 객체와 그것을 브라우저에서 로드하는 방법을 간단히 알아봤다. Module 객체는 여러 가지 편리한 메소드를 제공하며 브라우저의 WebAssembly 객체와 매우 다르다. 이번 절에서는 Emscripten의 Module 객체를 좀 더 자세히 살펴볼 것이다. 또한 Emscripten의 Module 객체와 웹어셈블리의 '자바스크립트 API'에서 설명하는 객체와의 차이점에 대해서도 알아볼 것이다.

Emscripten의 Module이 무엇일까?

Emscripten의 공식 웹사이트에서는 Module 객체에 대해 다음과 같이 정의하고 있다.

> "Module은 Emscripten이 생성한 코드가 실행될 때 다양한 지점에서 호출하는 전역 자바스크립트 객체다."

로딩 과정은 웹어셈블리의 compile과 instantiate 함수와 다를 뿐만 아니라 Module은 웹어셈블리에서 사용자 정의 구현이 필요한 유용한 기능을 특별히 제공한다. Emscripten의 자바스크립트 글루 코드를 가져와 로딩한 후에는 Module을 전역적인 범위^{window.Module}에서 사용할 수 있다.

166

글루 코드의 디폴트 메소드

Emscripten의 `Module` 객체는 컴파일된 코드를 성공적으로 실행하고 디버깅하는 데 도움이 되는 몇 가지 디폴트 메소드와 속성을 제공한다. `preRun`과 `postRun` 속성을 이용해 `Module`의 `run()` 함수가 호출되기 전이나 후에 자바스크립트 코드를 실행할 수 있으며 `print()`와 `printErr()` 함수의 출력 결과를 페이지 상의 HTML 요소로 전달할 수 있다. 이 책의 나머지 부분에서 그런 메소드 중 일부를 이용하게 될 것이다. 좀 더 자세한 내용은 바로 https://kripken.github.io/emscripten-site/docs/api_reference/module.html 에서 확인할 수 있다.

WebAssembly 객체와의 차이점

5장에서는 브라우저의 `WebAssembly` 객체와 로딩 과정에 대해 다뤘다. 웹어셈블리의 자바스크립트 API와 Web API에서는 브라우저의 `window.WebAssembly` 객체에서 사용 가능한 객체와 메소드를 정의한다. Emscripten의 `Module`은 웹어셈블리의 인스턴스화 함수가 반환하는 `result` 객체 안에 있는 웹어셈블리 `Module`과 `Instance` 객체의 조합이라고 할 수 있다. `emcc` 명령어에 `-s MODULARIZE=1` 플래그를 전달하면 웹어셈블리의 인스턴스화 메소드를 어느 정도 복제할 수 있다. 다음 절에서 자바스크립트와 C/C++를 통합하는 방법을 확인하면서 Emscripten의 `Module`과 브라우저의 `WebAssembly` 객체의 차이를 더 자세히 살펴볼 것이다.

▌ 자바스크립트에서 컴파일된 C/C++ 함수 호출

Wasm 인스턴스에서 함수를 호출하는 것은 Emscripten의 글루 코드가 있든 없든 상대적으로 간단한 과정이다. Emscripten의 API를 이용하면 .wasm 파일과 글루 코드를 포함해야 하지만 좀 더 광범위한 기능과 통합이 가능하다. 이번 절에서는 자바스크립트를 통

해 컴파일된 Wasm 인스턴스와 상호작용하는 방법과 Emscripten이 제공하는 추가적인
도구에 대해 알아볼 것이다.

Module에서 함수 호출

Emscripten은 자바스크립트에서 컴파일된 C/C++ 함수를 호출하기 위한 두 가지 함수를
제공한다. 그것은 ccall( )과 cwrap( )이다. 두 함수 모두 Module 객체에서 제공한다. 둘
중 어느 것을 사용할지는 해당 함수가 두 번 이상 호출될 것인지 여부에 달려 있다. 이어지
는 절에서 설명하는 내용들은 preamble.js를 위한 Emscripten의 API 참조 문서(http://
kripken.github.io/emscripten-site/docs/api_reference/preamble.js.html)를 참고한 것이다.

 ccall() 또는 cwrap()을 사용할 때 함수 호출 앞에 _을 붙일 필요가 없다. C/C++ 파일에서
지정한 이름을 그대로 이용하면 된다.

Module.ccall()

Module.ccall( )은 자바스크립트에서 컴파일된 C 함수를 호출하며 그 결과를 반환한다.
Module.ccall( )의 함수 시그니처는 다음과 같다.

```
ccall(ident, returnType, argTypes, args, opts)
```

returnType과 argTypes 파라미터로는 타입의 이름을 지정해야 한다. 지정 가능한 타입으
로는 "number"와 "string", "array", "boolean"이며, 각각 그에 맞는 자바스크립트 타입
에 대응된다. 배열의 경우에는 그것의 길이를 알 수 있는 방법이 없기 때문에 returnType
파라미터의 타입으로 "array"는 지정할 수 없다. 만약 함수가 아무것도 반환하지 않는다
면 returnType으로 null(이 경우에는 따옴표가 없다)을 지정할 수 있다.

opts 파라미터는 옵션이며 async라는 이름의 Boolean 속성을 갖는다. 이 파라미터의 값으로 true를 지정하면 호출이 async(비동기)로 수행될 것이다. 이 책의 예제에서는 이 파라미터를 이용하지 않을 것이다. 좀 더 자세한 내용은 http://kripken.github.io/emscripten-site/docs/api_reference/preamble.js.html#calling-compiled-cfunctions-from-javascript를 참조하기 바란다.

ccall( )을 이용하는 예제를 살펴보자. 다음의 코드는 Emscripten 사이트에서 가져온 것으로 컴파일한 C 파일의 c_add( ) 함수를 호출하는 방법을 보여준다.

```
// 자바스크립트에서 C 호출
var result = Module.ccall(
    'c_add', // C 함수의 이름
    'number', // 리턴 타입
    ['number', 'number'], // 인자 타입
    [10, 20] // 인자
);

// 결괏값은 30
```

Module.cwrap( )

Module.cwrap( )은 컴파일된 C 함수를 호출한다는 점에서 ccall( )과 유사하다고 할 수 있다. 하지만 값을 반환하지 않고 언제든지 재사용할 수 있는 자바스크립트 함수를 반환한다. Module.cwrap( )의 함수 시그니처는 다음과 같다.

```
cwrap(ident, returnType, argTypes)
```

ccall( )처럼 returnType과 argTypes 파라미터로 타입을 나타내는 문자열을 지정한다. 배열의 경우에는 함수가 호출될 때 배열의 길이를 알 수 있는 방법이 없기 때문에 returnType 파라미터의 타입으로 "array"는 지정할 수 없다. 값을 반환하지 않는 함수의 경우에는 returnType으로 null(이 경우에는 따옴표가 없다)을 지정한다.

다음의 코드는 Emscripten 사이트에서 가져온 것으로써 재사용 가능한 함수를 만들기 위한 cwrap()의 사용 예를 보여주고 있다.

```
// 자바스크립트에서 C 호출
var c_javascript_add = Module.cwrap(
    'c_add', // C 함수의 이름
    'number', // 리턴 타입
    ['number', 'number'] // 인자 타입
);

// c_javascript_add를 호출
console.log(c_javascript_add(10, 20)); // 30
console.log(c_javascript_add(20, 30)); // 50
```

C++와 이름 변환

ccall()과 cwrap()에 대한 설명을 통해 둘 다 컴파일된 C 함수를 호출하는 데 사용된다는 것을 알았을 것이다. 의도적으로 C++ 함수 호출에 대한 것은 생략했다. C++ 파일의 함수를 호출하려면 추가적인 단계가 필요하기 때문이다. C++는 함수 오버로딩을 지원한다. 즉, 동일한 이름의 함수를 여러 개 사용할 수 있다. 하지만 각 함수의 파라미터는 각기 다르며, 다른 결과를 반환한다. 다음은 함수 오버로딩의 몇 가지 예다.

```
int addNumbers(int num1, int num2) {
    return num1 + num2;
}

int addNumbers(int num1, int num2, int num3) {
    return num1 + num2 + num3;
}

int addNumbers(int num1, int num2, int num3, int num4) {
    return num1 + num2 + num3 + num4;
```

```
}

// 다음 함수는 전달되는 인자의 수에 따라서 반환 값이 달라진다.
int getSumOfTwoNumbers = addNumbers(1, 2);
// 3을 반환
int getSumOfThreeNumbers = addNumbers(1, 2, 3);
// 6을 반환

int getSumOfFourNumbers = addNumbers(1, 2, 3, 4);
// 10을 반환
```

컴파일러는 위 함수들을 구분할 필요가 있다. 어느 곳에서는 두 개의 인자로 addNumbers 함수를 호출하고 다른 곳에서는 세 개의 인자로 addNumbers 함수를 호출한다면 문제가 발생할 것이다. 컴파일된 Wasm에서 이름으로 함수를 호출하려면 해당 함수를 extern 블록 안에 함수가 위치해야 한다. 그것은 각각의 조건에 대해 함수를 명시적으로 정의해야 한다는 것을 의미한다. 다음 코드는 앞의 함수를 이름 변환 없이 구현하는 방법을 보여주고 있다.

```
extern "C" {
int addTwoNumbers(int num1, int num2) {
    return num1 + num2;
}

int addThreeNumbers(int num1, int num2, int num3) {
    return num1 + num2 + num3;
}

int addFourNumbers(int num1, int num2, int num3, int num4) {
    return num1 + num2 + num3 + num4;
}

}
```

웹어셈블리 인스턴스에서 함수 호출

앞 절에서는 자바스크립트에서 Wasm 인스턴스의 함수를 호출하는 방법에 대해 설명했다. 하지만 그것은 글루 코드 없는 브라우저에서 모듈을 인스턴스화했다고 가정한 것이었다. Emscripten은 Wasm 인스턴스에서도 함수를 호출할 수 있는 기능을 제공한다. 모듈이 인스턴스화된 이후에는, `Promise` 처리 결과로부터 접근 가능한 `instance.exports` 객체에서 함수를 호출한다. MDN이 제공하는 문서에 따르면 `WebAssembly.instantiateStreaming` 의 함수 시그니처는 다음과 같다.

```
Promise<ResultObject> WebAssembly.instantiateStreaming(source, importObject);
```

 브라우저에 따라서는 WebAssembly.instantiate() 메소드를 사용해야 할 수도 있다. 크롬 브라우저는 현재 WebAssembly.instantiateStreaming()를 지원하지만 모듈을 로드할 때 에러가 발생한다면 WebAssembly.instantiate() 메소드를 대신 사용하길 바란다.

`ResultObject`는 모듈에서 익스포트한 함수를 호출하기 위해 참조해야 하는 `instance` 객체를 포함한다. 다음은 컴파일된 Wasm 인스턴스에서 `_addTwoNumbers`라는 이름의 함수를 호출하는 코드다.

```
// importObj가 이미 정의됐다고 가정
WebAssembly.instantiateStreaming(
    fetch('simple.wasm'),
    importObj
)
    .then(result => {
        const addedNumbers = result.instance.exports._addTwoNumbers(1, 2);
        // 결과는 3
    });
```

Emscripten은 구현이 비록 약간 다르긴 하지만 거의 동일한 방식으로 함수를 호출할 수 있는 방법을 제공한다. Promise와 같은 API를 이용한다면 asm 객체에서 함수에 접근할 수 있다. 다음은 그 방법을 설명하는 예제다.

```
// Emscripten의 Module 이용
Module()
    .then(result => {
        // "asm"은 본질적으로 "instance"임
        const exports = result.asm;
        const addedNumbers = exports._addTwoNumbers(1, 2);
        // 결과는 3
    });
```

웹어셈블리의 Web API 구문을 Emscripten과 동일하게 하면 이후의 모든 리팩토링을 단순화할 수 있다. 즉, 이후에 웹어셈블리의 Web API를 사용하겠다고 결정한다면 Module() 을 WebAssembly의 instantiateStreaming() 메소드로 교체하고 result.asm은 result. instance로 쉽게 대체할 수 있다.

▌ C/C++에서 자바스크립트 함수 호출

C/C++ 코드에서 자바스크립트의 기능에 접근하면 웹어셈블리 작업 시 추가적인 유연성을 얻을 수 있다. 자바스크립트를 이용하기 위한 방법은 Emscripten의 글루 코드를 이용하는 경우와 Wasm만을 구현한 경우가 매우 다르다. 이번 절에서는 Emscripten 없이 또는 그 반대의 경우 C/C++ 코드에 자바스크립트를 통합할 수 있는 다양한 방법을 알아볼 것이다.

글루 코드를 이용한 자바스크립트와의 통합

Emscripten은 자바스크립트를 C/C++ 코드와 통합하기 위한 몇 가지 기술을 제공한다. 구현 방법과 복잡도에 따라서 사용 가능한 기술이 달라지고 일부 기술은 특정 실행 환경(예를 들면, 브라우저)에만 적용된다. 어떤 경우 사용할지에 따라 어떤 기술을 사용할 것인지 결정된다. 여기서는 emscripten_run_script( ) 함수와 EM_* 인라인 자바스크립트 래퍼에 초점을 맞출 것이다. 이후의 내용은 Emscripten 사이트의 'Interacting with Code' 절의 내용을 가져온 것으로서 https://kripken.github.io/emscripten-site/docs/porting/connecting_cpp_and_javascript/Interacting-with-code.html#interacting-with-code에서 확인할 수 있다.

emscripten_run_script()로 코드 문자열 실행

Emscripten 사이트에서는 emscripten_run_script( ) 함수가 C/C++에서 자바스크립트를 호출하기 위한 가장 직접적인 방법이지만 다소 느린 방법이라고 설명하고 있다. 한 라인의 자바스크립트 코드를 실행하는 데 적당하며 디버깅할 때 유용하게 사용할 수 있다. emscripten_run_script( )는 문자열을 코드로 인식해서 실행시키는 자바스크립트 함수인 eval( )을 이용해 코드를 실행시킨다. 다음 코드는 emscripten_run_script( )를 이용해 문자열 'hi'를 경고창으로 띄우기 위한 브라우저의 alert( ) 함수를 호출하는 것을 보여주기 위해 Emscripten 사이트에서 가져온 것이다.

```
emscripten_run_script("alert('hi')");
```

성능을 중요하게 여기는 좀 더 복잡한 경우에는 인라인 자바스크립트를 이용하는 것이 좋다.

EM_ASM()으로 인라인 자바스크립트 실행

EM_ASM( )을 이용하면 C/C++ 파일 안에 자바스크립트 코드를 삽입할 수 있으며 브라우저에서 컴파일된 코드가 실행될 때 해당 자바스크립트 코드가 실행된다. 다음은 기본적인 사용법을 보여주고 있다.

```
#include <emscripten.h>

int main( ) {
    EM_ASM(
        console.log('This is some JS code.');
    );
    return 0;
}
```

자바스크립트 코드는 바로 실행되며 그것이 포함된 C/C++ 파일 내에서 재사용할 수 없다. 인자는 $0, $1 등과 같은 형태로 자바스크립트 코드 블록으로 전달할 수 있다. 인자의 타입은 int32_t 또는 double 중 하나가 될 수 있다. 다음 코드는 Emscripten 사이트에서 가져온 것으로 EM_ASM( ) 블록에 인자를 전달하는 방법을 보여주고 있다.

```
EM_ASM({
    console.log('I received: ' + [ $0, $1 ]);
}, 100, 35.5);
```

EM_JS()로 인라인 자바스크립트 재사용

C/C++ 파일 내에서 재사용 가능한 함수가 필요하다면 자바스크립트 코드를 EM_JS( ) 블록으로 감싼 다음 일반적인 C/C++ 함수처럼 실행시키면 된다. EM_JS( )의 정의는 다음과 같다.

```
EM_JS(return_type, function_name, arguments, code)
```

return_type 파라미터는 자바스크립트 코드의 출력 값에 대응되는 C 언어의 타입(예를 들면, int 또는 float)을 나타낸다. 만약 자바스크립트 코드가 아무것도 반환하지 않는다면 return_type으로 void를 지정한다. 두 번째 파라미터인 function_name은 C/C++ 파일의 다른 위치에서 자바스크립트 코드를 호출할 때 사용하는 이름을 나타낸다. arguments 파라미터는 C 호출 함수에서 자바스크립트에 전달할 수 있는 인자를 정의하는 데 사용된다. code 파라미터는 중괄호로 감싸는 자바스크립트 코드를 나타낸다. 다음 코드는 Emscripten 사이트에서 가져온 것으로, C 파일에서 EM_JS( ) 사용 방법을 보여주고 있다.

```
#include <emscripten.h>

EM_JS(void, take_args, (int x, float y), {
    console.log(`I received ${x} and ${y}`);
});

int main( ) {
    take_args(100, 35.5);
    return 0;
}
```

글루 코드 이용 예

지금까지 설명한 내용을 이용하는 코드를 작성해보자. 이번 절에서는 5장의 '글루 코드 없이 C 컴파일' 절과 'Wasm 파일을 가져오고 인스턴스화하기' 절에서 사용한 코드를 수정할 것이다. 그 코드는 붉은 캔버스 위에서 움직이는 파란 사각형을 보여주는 것이었고 버튼을 클릭해 일시 중지시키거나 다시 실행시킬 수 있었다. 이 절에서 사용하는 코드는 learn-webassembly 코드 저장소의 /chapter-06-interact-with-js 폴더에 있다. C 코드를 먼저 수정해보자.

C 코드

/book-examples 폴더에 /chapter-06-interact-with-js라는 이름의 폴더를 만든다.
/chapter-06-interact-with-js 폴더에 js-with-glue.c 파일을 만들어서 다음 내용으
로 채운다.

```c
/*
 * 이 파일은 임포트된 함수를 통해 캔버스와 상호작용한다.
 * 파란 사각형이 캔버스를 가로질러 대각선으로 이동한다(SDL 예제를 모방).
 */
#include <emscripten.h>
#include <stdbool.h>
#define BOUNDS 255
#define RECT_SIDE 50
#define BOUNCE_POINT (BOUNDS - RECT_SIDE)

bool isRunning = true;

typedef struct Rect {
    int x;
    int y;
    char direction;
} Rect;

struct Rect rect;

/*
 * 현재 위치를 기반으로 x, y상의 사각형 위치를 1px 단위로 업데이트한다.
 */
void updateRectLocation() {
    // 사각형이 캔버스의 가장자리에서 "부딪치기"를 원하기 때문에
    // 사각형의 오른쪽 가장자리가 언제 캔버스의 경계와 만나는지 결정해야 한다.
    // 따라서 캔버스의 너비와 사각형의 너비를 이용한다.
    if (rect.x == BOUNCE_POINT) rect.direction = 'L';

    // 사각형이 캔버스의 좌측 경계에 부딪치자마자 다시 방향을 바꿔야 한다.
```

```c
        if (rect.x == 0) rect.direction = 'R';

        // x, y 좌표를 기반으로 방향이 변경되면 x. y점이
        // 그에 따라 변경됐는지 확인한다.
        int incrementer = 1;
        if (rect.direction == 'L') incrementer = -1;
        rect.x = rect.x + incrementer;
        rect.y = rect.y + incrementer;
}

EM_JS(void, js_clear_rect, (), {
        // 사각형을 지운다.
        var canvas = document.querySelector('#myCanvas');
        var ctx = canvas.getContext('2d');
        ctx.fillStyle = '#ff0000';
        ctx.fillRect(0, 0, 255, 255);
});
EM_JS(void, js_fill_rect, (int x, int y, int width, int height), {
        // 지정된 위치에 사각형을 그려서 파란색으로 채운다.
        var canvas = document.querySelector('#myCanvas');
        var ctx = canvas.getContext('2d');
        ctx.fillStyle = '#0000ff';
        ctx.fillRect(x, y, width, height);
});

/*
 * 캔버스에서 현재의 사각형을 지우고 새로운 위치에 사각형을 그린다.
 */
EMSCRIPTEN_KEEPALIVE
void moveRect() {
        // js_clear_rect에는 파라미터가 필요 없지만
        // 컴파일러 경고를 방지하기 위해 0을 전달한다.
        js_clear_rect(0);
        updateRectLocation();
        js_fill_rect(rect.x, rect.y, RECT_SIDE, RECT_SIDE);
}

EMSCRIPTEN_KEEPALIVE
```

```
bool getIsRunning() {
  return isRunning;
}

EMSCRIPTEN_KEEPALIVE
void setIsRunning(bool newIsRunning) {
  isRunning = newIsRunning;
  EM_ASM({
    // isRunning의 값은 0 또는 1이지만 자바스크립트에서는 0이
    // "거짓"을 의미하므로 0 또는 1인지 여부를 명시적으로
    // 확인하지 않고 상태 문자를 설정할 수 있다.
    var newStatus = $0 ? 'Running' : 'Paused';
    document.querySelector('#runStatus').innerHTML = newStatus;
  }, isRunning);
}

EMSCRIPTEN_KEEPALIVE
void init() {
    emscripten_run_script("console.log('Initializing rectangle...')");
    rect.x = 0;
    rect.y = 0;
    rect.direction = 'R';
    setIsRunning(true);
    emscripten_run_script("console.log('Rectangle should be moving!')");
}
```

위 코드에서는 Emscripten이 제공하는 자바스크립트 통합 방법 세 가지를 모두 사용했다.
원래 예제에서 임포트한 함수 대신 EM_JS() 블록에 js_clear_rect()와 js_fill_rect()
함수를 정의했다. setIsRunnting() 함수의 EM_JS() 블록에서는 HTML 코드에 추가할 상
태를 나타내는 요소의 문자를 업데이트한다. emscripten_run_script() 함수는 단순히 상
태 메시지를 로그로 출력한다. 모듈 외부에서 함수를 사용하려면 함수 위에 EMSCRIPTEN_
KEEPALIVE를 선언해야 한다. 그렇지 않으면, 컴파일러는 해당 함수를 데드 코드dead code로
취급해서 제거할 것이다.

HTML 코드

/chapter-06-interact-with-js 폴더에 js-with-glue.html 파일을 만들어 다음의 내용으로 채운다.

```html
<!doctype html>
<html lang="en-us">
<head>
  <title>Interact with JS using Glue Code</title>
</head>
<body>
  <h1>Interact with JS using Glue Code</h1>
  <canvas id="myCanvas" width="255" height="255"></canvas>
  <div style="margin-top: 16px;">
    <button id="actionButton" style="width: 100px; height: 24px;">Pause</button>
    <span style="width: 100px; margin-left: 8px;">Status:</span>
    <span id="runStatus" style="width: 100px;"></span>
  </div>
  <script type="application/javascript" src="js-with-glue.js"></script>
  <script type="application/javascript">
    Module()
      .then(result => {
        const m = result.asm;
        m._init();

        // 20밀리초마다 사각형의 x와 y 좌표를 1px씩 이동시킨다.
        const loopRectMotion = () => {
          setTimeout(() => {
            m._moveRect();
            if (m._getIsRunning()) loopRectMotion();
          }, 20)
        };

        // 사각형의 움직임을 일시 중지시키거나 재실행시킬 수 있게 한다.
        document.querySelector('#actionButton')
          .addEventListener('click', event => {
            const newIsRunning = !m._getIsRunning();
```

```
            m._setIsRunning(newIsRunning);
            event.target.innerHTML = newIsRunning ? 'Pause' : 'Start';
            if (newIsRunning) loopRectMotion();
          });
        loopRectMotion();
      });
  </script>
</body>
</html>
```

두 개의 <span>을 이용해 사각형의 움직임 상태와 해당 레이블을 표시한다. Emscripten 의 Promise와 같은 API를 이용해서 모듈을 로드하고 컴파일된 코드에서 함수를 참조한 다. _jsFillRect과 _jsClearRect 함수를 더 이상 모듈에 전달하지 않는다. 그것을 js-with-glue.c 파일에서 처리하고 있기 때문이다.

컴파일과 실행

코드를 컴파일하기 위해 /chapter-06-interact-with-js 폴더에서 다음 명령을 실행 한다.

```
emcc js-with-glue.c -O3 -s WASM=1 -s MODULARIZE=1 -o js-with-glue.js
```

컴파일이 완료되면 다음 명령으로 로컬 서버를 실행한다.

```
serve -l 8080
```

브라우저에서 http://127.0.0.1:8080/js-with-glue.html을 열면 다음과 같은 결과를 보게 될 것이다.

브라우저에서 실행되는 글루 코드

Pause 버튼을 누르면 버튼이 Start로 변경되고 버튼 옆의 Status는 Paused로 변경되며 사각형의 움직임은 멈추게 된다.

글루 코드 없이 자바스크립트와 통합

C/C++ 파일에서 자바스크립트를 이용하는 기술은 Emscripten에서 사용되는 기술과 패러다임이 다르다. C/C++ 파일 안에서 자바스크립트를 작성하기보다는 웹어셈블리 인스턴스화 코드에 함수를 전달한다. 이번 절에서는 이 과정을 자세히 살펴볼 것이다.

import 객체를 이용해 자바스크립트를 C/C++에 전달

C/C++ 코드에서 자바스크립트의 기능을 이용하려면 웹어셈블리의 인스턴스화 함수에 전달되는 importObj.env에 함수의 정의를 추가해야 한다. importObj.env 외부 또는 인라인으로 해당 함수를 정의할 수 있다. 다음은 그것을 설명하기 위한 예제 코드다.

```javascript
// env 객체 내에서 함수를 정의할 수 있다.
const env = {
    // 함수 이름이 "_"로 시작하는지 확인하라.
    _logValueToConsole: value => {
        console.log(`'The value is ${value}'`);
    }
};

// 또는 env 외부에서 함수를 정의하고 그것을 env 내에서 참조한다.
const logValueToConsole = value => {
    console.log(`'The value is ${value}'`);
};

const env = {
    _logValueToConsole: logValueToConsole
};
```

C와 C++, Rust는 메모리를 직접 관리해야 하고 엄격한 데이터 타입 일치를 요구하기 때문에 Wasm 모듈로 전달하는 것과 그것의 이용에 한계가 있다. 자바스크립트를 이용하면 코드 실행 과정에서 객체 속성의 값을 쉽게 추가하거나 제거, 변경할 수 있다. 심지어는 언어 기능의 프로토타입에 기능을 추가해 언어를 확장할 수도 있다. 반면 C와 C++, Rust는 좀 더 제한적이므로 이런 언어에 익숙하지 않다면 웹어셈블리를 충분히 활용하는 것이 어려울 수 있다.

C/C++에서 임포트된 함수 호출

C/C++ 코드 내의 importObj.env로 전달되는 자바스크립트 함수를 정의해야 한다. 전달하는 함수의 시그니처와 정의되는 함수의 시그니처가 일치해야 한다. 다음 예는 이를 자세히 보여주고 있다. 즉, 컴파일된 C 파일과 상호작용하는 자바스크립트 코드를 보여주고 있다(index.html).

```
// index.html <script>의 내용
const env = {
    _logAndMultiplyTwoNums: (num1, num2) => {
        const result = num1 * num2;
        console.log(result);
        return result;
    },
};

loadWasm('main.wasm', { env })
    .then(({ instance }) => {
        const result = instance.exports._callMultiply(5.5, 10);
        console.log(result);
        // 55가 콘솔에 두 번 출력된다.
    });
```

다음은 main.wasm으로 컴파일돼 index.html에서 사용되는 main.c 파일의 내용이다.

```
// main.c (main.wasm으로 컴파일됨)
extern float logAndMultiplyTwoNums(float num1, float num2);

float callMultiply(float num1, float num2) {
    return logAndMultiplyTwoNums(num1, num2);
}
```

글루 코드 없는 예

일반적인 C/C++ 함수를 호출하는 것과 동일한 방법으로 C/C++에서 자바스크립트 함수를 호출한다. importObj.env로 함수를 전달할 때 함수의 이름 앞에 "_"을 붙이지만 C/C++ Emscripten의 글루 코드를 이용하지 않고 C 파일에서 자바스크립트를 통합하는 방법을 설명했다. 이번 절에서는 5장에서 사용한 코드를 약간 수정하고 파일 타입을 C++로 변경할 것이다.

C++ 코드

/chapter-06-interact-with-js 폴더에 js-without-glue.cpp 파일을 만들어 다음 내용으로 채운다.

파일에서 그것을 정의할 때는 접두사를 붙일 필요가 없다.

```cpp
/*
 * 이 파일은 임포트된 함수를 통해 캔버스와 상호작용한다.
 * 원이 캔버스를 가로질러 대각선으로 이동한다.
 */
#define BOUNDS 255
#define CIRCLE_RADIUS 50
#define BOUNCE_POINT (BOUNDS - CIRCLE_RADIUS)
bool isRunning = true;

typedef struct Circle {
    int x;
    int y;
    char direction;
} Circle;

struct Circle circle;

/*
 * 현재 위치를 기반으로 x, y상의 원의 위치를 1px 단위로 업데이트한다.
 */
void updateCircleLocation() {
    // 원이 캔버스의 가장자리에서 "부딪치기"를 원하기 때문에
    // 원의 오른쪽 가장자리가 언제 캔버스의 경계와 만나는지 결정해야 한다.
    // 따라서 캔버스의 너비와 원의 너비를 이용한다.
    if (circle.x == BOUNCE_POINT) circle.direction = 'L';

    // 원이 캔버스의 좌측 경계에 부딪치자마자 다시 방향을 바꿔야 한다.
    if (circle.x == CIRCLE_RADIUS) circle.direction = 'R';

    // x, y 좌표를 기반으로 방향이 변경되면 x. y점이
```

```
    // 그에 따라 변경됐는지 확인한다.
    int incrementer = 1;
    if (circle.direction == 'L') incrementer = -1;
    circle.x = circle.x + incrementer;
    circle.y = circle.y - incrementer;
}

// extern 블록 안에 임포트 또는 익스포트된 함수를 정의한다.
// 그렇지 않으면 함수의 이름이 변환된다.
extern "C" {
// 이 함수들은 importObj.env 객체에 전달되며 <canvas> 위의 원을 업데이트한다.
extern int jsClearCircle();
extern int jsFillCircle(int x, int y, int radius);

/*
 * 캔버스에서 현재 위치의 원을 삭제하고 업데이트된 위치에 새로운 원을 그린다.
 */
void moveCircle() {
    jsClearCircle();
    updateCircleLocation();
    jsFillCircle(circle.x, circle.y, CIRCLE_RADIUS);
}

bool getIsRunning() {
    return isRunning;
}

void setIsRunning(bool newIsRunning) {
    isRunning = newIsRunning;
}

void init() {
    circle.x = 0;
    circle.y = 255;
    circle.direction = 'R';
    setIsRunning(true);
}
}
```

위 코드는 이전 예와 유사하지만 캔버스 위에서 움직이는 요소의 모양과 방향이 변경됐다. 즉, 원이 캔버스의 좌측 아래에서 시작해서 대각선으로 우측 상단 쪽으로 움직인다.

HTML 코드

/chapter−06−interactwith−js 폴더에 js−without−glue.html 파일을 만들어 다음 내용으로 채운다.

```
<!doctype html>
<html lang="en-us">
<head>
  <title>Interact with JS without Glue Code</title>
  <script type="application/javascript" src="../common/load-wasm.js">
  </script>
  <style>
    #myCanvas {
      border: 2px solid black;
    }
    #actionButtonWrapper {
      margin-top: 16px;
    }
    #actionButton {
      width: 100px;
      height: 24px;
    }
  </style>
</head>
<body>
  <h1>Interact with JS without Glue Code</h1>
  <canvas id="myCanvas" width="255" height="255"></canvas>
  <div id="actionButtonWrapper">
    <button id="actionButton">Pause</button>
  </div>
  <script type="application/javascript">
    const canvas = document.querySelector('#myCanvas');
    const ctx = canvas.getContext('2d');
```

```javascript
const fillCircle = (x, y, radius) => {
  ctx.fillStyle = '#fed530';
  // 얼굴 외형:
  ctx.beginPath();
  ctx.arc(x, y, radius, 0, 2 * Math.PI);
  ctx.fill();
  ctx.stroke();
  ctx.closePath();

  // 눈:
  ctx.fillStyle = '#000000';
  ctx.beginPath();
  ctx.arc(x - 15, y - 15, 6, 0, 2 * Math.PI);
  ctx.arc(x + 15, y - 15, 6, 0, 2 * Math.PI);
  ctx.fill();
  ctx.closePath();

  // 입:
  ctx.beginPath();
  ctx.moveTo(x - 20, y + 10);
  ctx.quadraticCurveTo(x, y + 30, x + 20, y + 10);
  ctx.lineWidth = 4;
  ctx.stroke();
  ctx.closePath();
};

const env = {
  table: new WebAssembly.Table({ initial: 8, element: 'anyfunc' }),
  _jsFillCircle: fillCircle,
  _jsClearCircle: function() {
    ctx.fillStyle = '#fff';
    ctx.fillRect(0, 0, 255, 255);
  },
};
loadWasm('js-without-glue.wasm', { env }).then(({ instance }) => {
  const m = instance.exports;
  m._init();
```

```
    // 20밀리초마다 원의 x, y 위치를 1px씩 이동시킨다.
    const loopCircleMotion = () => {
      setTimeout(() => {
        m._moveCircle();
        if (m._getIsRunning()) loopCircleMotion();
      }, 20)
    };

    // 원의 움직임을 일시 중지시키거나 다시 실행시킬 수 있게 한다.
    document.querySelector('#actionButton')
      .addEventListener('click', event => {
        const newIsRunning = !m._getIsRunning();
        m._setIsRunning(newIsRunning);
        event.target.innerHTML = newIsRunning ? 'Pause' : 'Start';
        if (newIsRunning) loopCircleMotion();
      });

    loopCircleMotion();
  });
  </script>
</body>
</html>
```

rect() 대신 캔버스 요소의 2D 컨텍스트에서 사용할 수 있는 함수를 이용해서 직접 경로를 그릴 수 있다.

컴파일과 실행

Wasm 모듈만을 생성하기 때문에 앞 장에서 코드를 컴파일하기 위해 설정한 빌드 작업을 이용할 수 있다. 코드를 컴파일하기 위해 VS Code에서 Tasks ➤ Run Build Task...를 선택하거나 단축키인 Ctrl/Cmd+Shift+B를 입력한다. 만약 VS Code를 이용하지 않는다면 CLI를 열어서 /chapter-06-interact-with-js 폴더 위치에서 다음 명령을 실행한다.

```
emcc js-without-glue.cpp -Os -s WASM=1 -s SIDE_MODULE=1 -s
BINARYEN_ASYNC_COMPILATION=0 -o js-without-glue.wasm
```

컴파일이 완료되면 터미널상의 /book-examples 폴더 위치에서 다음 명령으로 로컬 서버를 실행시킨다.

```
serve -l 8080
```

브라우저로 http://127.0.0.1:8080/chapter-06-interact-with-js/js-without-glue.html을 열면 다음과 같이 보일 것이다.

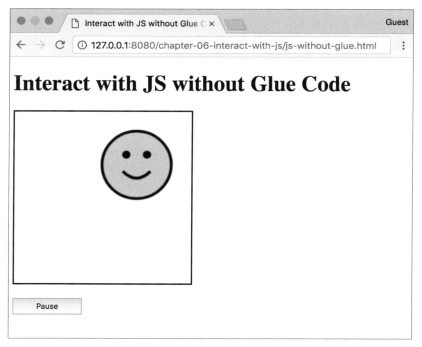

브라우저에서 실행되는 글루 코드를 이용하지 않는 Wasm 모듈

190

앞의 예제와 마찬가지로 Pause 버튼을 누르면 버튼이 Start로 바뀌고 원이 멈추게 된다.

▌ 고급 Emscripten 기능

앞 절에서는 자바스크립트와 C/C++ 간의 커뮤니케이션을 위해 가장 빈번히 사용하게 될 Emscripten의 기능에 대해 살펴봤다. 하지만 Emscripten은 그 외에도 다른 방법을 제공한다. 애플리케이션에 좀 더 복잡한 기능을 추가할 계획이라면 알아둬야 할 고급 기능과 추가 API가 있다. 이번 절에서는 일부 고급 기능을 간단히 살펴볼 것이며 어디에서 해당 기능에 관한 자세한 정보를 얻을 수 있는지 제공할 것이다.

Embind

Embind는 자바스크립트와 C++ 간의 연결을 위해 Emscripten이 추가적으로 제공하는 기능이다. Emscripten 사이트에서는 다음과 같이 설명하고 있다.

> "Embind는 C++ 함수와 클래스를 자바스크립트와 연결시키기 위해 사용된다. 따라서 '일반적인' 자바스크립트에서 자연스럽게 컴파일된 코드를 이용할 수 있게 된다. Embind는 또한 C++에서 자바스크립트 클래스를 호출할 수 있도록 지원한다."

Embind는 자바스크립트와 C++를 긴밀하게 통합해주는 강력한 기능이다. C++ 코드를 EMSCRIPTEN_BINDINGS( ) 블록으로 감싸면 브라우저의 Module 객체를 통해 C++ 코드를 참조할 수 있다. Emscripten 사이트에서 제공하는 예를 살펴보자. 다음 파일(example.cpp)은 --bind 플래그를 이용해서 emcc로 컴파일된다.

```
// example.cpp
#include <emscripten/bind.h>

using namespace emscripten;
```

```
float lerp(float a, float b, float t) {
  return (1 - t) * a + t * b;
}

EMSCRIPTEN_BINDINGS(my_module) {
  function("lerp", &lerp);
}
```

모듈은 결과적으로 example.html에 로드되고 lerp( ) 함수가 호출된다.

```
<!-- example.html -->
<!doctype html>
<html>
<script src="example.js"></script>
<script>
  // example.js는 다음 명령으로 만들어진다.
  // emcc --bind -o example.js example.cpp
  console.log('lerp result: ' + Module.lerp(1, 2, 0.5));
</script>
</html>
```

위 예제는 Embind가 제공하는 기능 중 일부를 보여주고 있다. Embind에 대해서는 https://kripken.github.io/emscripten-site/docs/porting/connecting_cpp_and_javascript/embind.html에서 자세히 배울 수 있다.

파일시스템 API

Emscripten은 FS 라이브러리를 이용해 파일 작업을 지원하며 파일시스템 작업을 위한 API를 제공한다. 하지만 파일의 크기를 매우 증가시키기 때문에 프로젝트를 컴파일할 때 기본적으로 포함되지 않는다. 하지만 C/C++ 코드가 파일을 이용한다면 파일시스템을 위한 라이브러리가 자동으로 추가되며, 실행 환경에 따라서 파일시스템의 유형이 달라진다.

예를 들면 워커 내부에서 코드가 실행되면 WORKERFS 파일 시스템이 사용된다. 기본적으로는 데이터를 메모리에 저장하는 MEMFS가 사용되며, 메모리에 저장된 데이터는 페이지가 다시 로드될 때 모두 잃게 된다. 파일시스템 API에 대한 자세한 내용은 https://kripken. github.io/emscripten-site/docs/api_reference/Filesystem-API.html#filesystem-api를 참조하기 바란다.

Fetch API

Emscripten은 Fetch API도 지원한다. 다음 Emscripten 사이트의 설명이다.

> "Emscripten Fetch API는 네이티브 코드가 원격지 서버에서 XHR(HTTP GET, PUT, POST)로 파일을 전송할 수 있도록 해주며, 브라우저의 로컬 IndexedDB 저장소에 다운로드한 파일을 유지시킨다. 따라서 이후에 페이지를 다시 방문하게 되면 로컬에 있는 파일에 접근할 수 있게 해준다. Fetch API는 멀티 스레드에서 호출할 수 있으며 네트워크 요청은 동기나 비동기 방식으로 필요에 따라 선택해서 요청할 수 있다."

Fetch API는 Emscripten의 다른 기능과 통합하는 데 사용될 수 있다. Emscripten이 사용하지 않는 데이터를 가져와야 하는 경우에는 브라우저의 Fetch API를 사용해야 한다 (https://developer.mozilla.org/en-US/docs/Web/API/Fetch_API). 좀 더 자세한 정보는 https://kripken.github.io/emscripten-site/docs/api_reference/fetch.html를 참조하기 바란다.

▌ 브라우저에서 디버깅

브라우저에서 자바스크립트를 효과적으로 디버깅하는 것이 항상 쉬운 것은 아니다. 하지만 브라우저의 개발 툴과 편집기/IDE에 내장된 디버깅 기능이 크게 향상됐다. 아쉽게도 웹 애플리케이션에 웹어셈블리를 추가하게 되면 디버깅 과정에 또 다른 레벨의 복잡성을 추가하게 된다. 이번 절에서는 Wasm을 이용하는 자바스크립트의 디버깅을 위한 기술과 Emscripten이 제공하는 추가적인 기능에 대해 살펴볼 것이다.

하이 레벨의 개요

Emscripten의 `Module`을 디버깅하는 것은 비교적 간단하다. Emscripten의 에러 메시지는 잘 구성돼 있으며 묘사적이기 때문에 에러 메시지만으로 문제의 원인을 바로 발견할 수 있을 것이다. 브라우저의 개발 툴이 제공하는 콘솔에서 그런 에러 메시지를 볼 수 있다.

`emcc` 명령을 실행할 때 `.hmtl` 출력을 지정하며 일부 디버깅 코드(`Module.print`와 `Module.printErr`)가 내장된다. 로딩 코드는 `Module.printErr` 이벤트를 호출하기 위한 `window.onerror` 이벤트를 HTML 파일 내에 설정하기 때문에 로딩이 될 때 발생하는 에러의 자세한 내용을 볼 수 있다.

흔히 발생하는 에러 중 하나는 잘못된 함수 이름을 호출하는 것이다. Emscripten의 Promise와 같은 형태의 API를 이용한다면 브라우저 콘솔에서 다음과 같은 코드를 실행시켜서 사용 가능한 함수들을 출력해 볼 수 있다.

```
console.log(Module().asm);
```

다음 그림의 앞의 js-with-glue.js 예제에서 사용할 수 있는 함수들을 출력한 것이다.

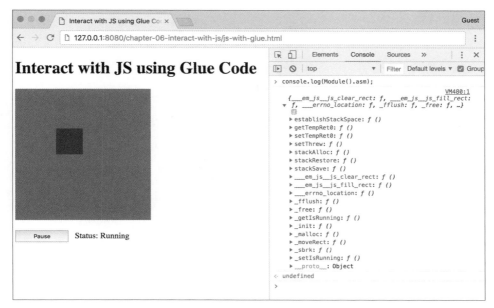

브라우저 콘솔에서 Module().asm의 내용을 로깅

Emscripten이 생성하는 일부 함수뿐만 아니라 여러분이 작성한 함수도 접두사인 _로 시작한다. 컴파일되는 코드를 작성하는 이점은 대부분의 오류를 컴파일러가 가장 먼저 잡을 수 있다는 것이다. C와 C++와 같은 언어에 사용할 수 있는 도구는 광범위하기 때문에 에러를 빠르게 이해하고 해결할 수 있어야 한다.

글루 코드를 이용하지 않고 웹어셈블리의 자바스크립트 API와 Web API를 이용하는 Wasm 파일을 인스턴스화한다면 디버깅이 좀 더 복잡해질 수 있다. 앞서 언급했듯이 C나 C++ 코드를 컴파일할 때 대부분의 에러를 잡을 수 있다는 장점이 있다. Emscripten과 마찬가지로 브라우저의 개발 도구 콘솔에 출력되는 에러 메시지는 스택 트레이스와 문제에 대한 명확한 설명을 제공한다. 하지만 특별히 어려운 버그를 해결하고 있다면 콘솔에 로깅하는 것은 오히려 번거롭고 관리하기 어려울 수 있다. 다행스럽게도 소스 맵을 이용하면 디버깅 기능을 향상시킬 수 있다.

소스 맵 이용

Emscripten은 컴파일러에게 추가적인 플래그를 전달해 소스 맵을 만들 수 있다. 소스 맵을 이용하면 브라우저가 파일의 소스를 애플리케이션에서 사용되는 파일에 매핑할 수 있다. 예를 들면 Webpack과 같은 자바스크립트 빌드 툴을 이용하면 빌드 과정의 일환으로 코드를 축소시킬 수 있다. 하지만 축소된 코드에서 버그를 찾으려고 하는 경우 코드를 탐색하고 문제를 해결하는 것이 매우 어렵다. 소스 맵을 만들면 브라우저의 개발 툴 내에서 원래의 형태로 코드를 볼 수 있고 디버깅을 위한 브레이크 포인트를 설정할 수 있다. /chapter-06-interact-with-js/js-without-glue.cpp 파일을 위한 소스 맵을 만들어 보자. /book-examples 폴더에서 다음과 같은 명령을 터미널에서 실행한다.

```
emcc chapter-06-interact-with-js/js-without-glue.cpp -O1 -g4 -s WASM=1 -s
SIDE_MODULE=1 -s BINARYEN_ASYNC_COMPILATION=0 -o chapter-06-interact-withjs/
js-without-glue.wasm --source-map-base
http://localhost:8080/chapter-06-interact-with-js/
```

-g4 플래그는 소스 맵을 만들게 해주고 --source-map-base 플래그는 브라우저가 소스 맵 파일을 어디에서 찾을지를 알려준다. 컴파일이 완료되면 /book-examples 폴더에서 다음 명령으로 로컬 서버를 실행시킨다.

```
serve -l 8080
```

브라우저로 http://127.0.0.1:8080/chapter-06-interact-with-js/js-without-glue. html을 열고 브라우저 개발 툴을 연다. 개발 툴의 **Sources** 탭(크롬)이나 **Debugger** 탭(파이어폭스)을 선택한다. 크롬을 이용한다면 다음과 같은 화면을 보게 된다.

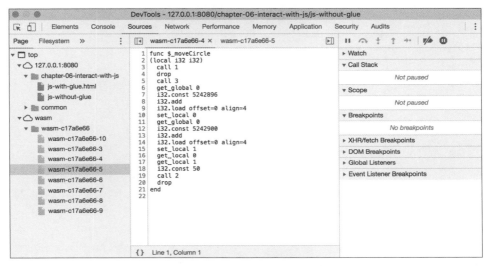

크롬 개발 툴에서 본 Wasm 소스 맵

위 화면에서 보다시피 파일 이름은 그렇게 도움이 되지 않는다. 상단에 각 파일의 함수 이름을 포함해야 하지만 일부는 변환된 이름일 수 있다. 에러가 발생하면 브레이크 포인트를 설정할 수 있으며 크롬의 디버깅 기능을 통해 콜 스택을 조사할 수 있다. 파이어폭스는 소스 맵을 다르게 처리한다. 다음은 파이어폭스 개발 툴의 **Debugger** 뷰를 보여주고 있다.

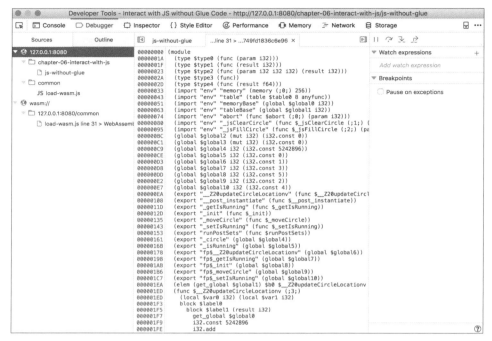

파이어폭스의 개발 툴에서 본 Wasm 소스 맵

소스 맵은 Wasm 파일의 Wat 표현을 포함하는 단일 파일이다. 여기에도 브레이크 포인트를 설정하고 코드를 디버깅할 수 있다. 웹어셈블리가 진화함에 따라 더 많고 좋은 툴이 만들어질 것이다. 그동안에는 콘솔에 로깅을 하고 소스 맵을 이용하는 것이 현재 이용할 수 있는 디버깅 방법이다.

▌요약

6장에서는 자바스크립트와 C/C++ 간의 통신과 Emscripten이 제공하는 일부 기능 그리고 브라우저에서 Wasm을 이용하는 웹 애플리케이션을 효과적으로 디버깅하는 방법에 초점을 맞췄다. 자바스크립트에서 컴파일된 C/C++ 함수를 호출하는 다양한 방법과

C/C++ 코드와 자바스크립트를 통합하는 방법에 대해 알아봤다. 컴파일된 Wasm 파일에 글루 코드를 포함함으로써 현재의 웹어셈블리의 일부 제한을 극복하는 방법을 이해하기 위한 방법으로 Emscripten의 API를 설명했다. Emscripten이 제공하는 기능이 공식적인 웹어셈블리의 Core Specification에 없더라도 Emscripten이 제공하는 이점을 포기해서는 안 된다. 마지막으로, 브라우저에서 Emscripten 모듈이나 웹어셈블리 인스턴스의 맥락에서 Wasm 파일을 디버깅하는 방법을 간단히 살펴봤다.

7장에서는 실제 웹어셈블리 애플리케이션을 처음부터 만들어볼 것이다.

▌ 질문

1. 브라우저에서 컴파일된 코드와 상호작용하기 위해 사용하는 Module 객체의 두 함수 이름은 무엇인가?
2. C++의 함수 이름이 변환되지 않도록 하기 위해 무엇을 해야 하는가?
3. EM_ASM( )과 EM_JS( )의 차이점은 무엇인가?
4. emscripten_run_script( )나 EM_ASM( )/EM_JS( ) 중에서 어느 것이 성능이 좋은가?
5. 함수를 C/C++ 코드 외부에서 이용하려면 코드 라인 위에 무엇을 포함해야 하는가?(힌트: EMSCRIPTEN으로 시작한다)
6. 모듈을 인스턴스화할 때 importObj.env 객체로 전달해야 하는 함수는 어디에서 정의할 수 있는가?
7. Emscripten이 제공하는 추가 API는 무엇인가?
8. 소스 맵의 목적은 무엇인가?

▌ 추가 자료

- Emscripten API 레퍼런스: http://kripken.github.io/emscripten-site/docs/api_reference/index.html
- 소스 맵 소개: http://blog.teamtreehouse.com/introduction-source-maps
- 웹어셈블리 디버깅을 위한 브라우저 사용: http://webassemblycode.com/using-browsers-debug-webassembly

07

웹어셈블리 애플리케이션 만들기

이제는 지금까지 배운 것을 적용할 차례다. 웹어셈블리의 주요 설계 목표는 기존의 웹 플랫폼에서 잘 실행되고 통합되도록 하는 것이기 때문에 웹 애플리케이션을 만들어 그것을 테스트해볼 필요가 있다. 웹어셈블리의 현재 기능 셋은 다소 제한적이지만 기본적인 수준에서 해당 기술을 이용할 수 있다. 7장에서는 Wasm 모듈을 이용하는 단일 페이지 애플리케이션을 처음부터 만들어볼 것이다.

7장의 목표는 다음과 같다.

- C로 간단한 연산을 수행하는 함수 작성
- Vue로 기본적인 자바스크립트 애플리케이션 작성
- 자바스크립트 애플리케이션에 Wasm을 통합

- 현재의 웹어셈블리의 기능과 한계
- browser-sync로 자바스크립트 애플리케이션 실행과 테스트

▌ 분식 회계-웹어셈블리를 신뢰성 있게 만들기

앞서 언급했듯이 웹어셈블리의 현재 기능 셋은 다소 제한적이다. Emscripten을 이용하면 웹 애플리케이션의 기능을 크게 확장할 수 있지만 공식적인 스펙을 준수하지 않는 것에 대한 비용과 추가적인 글루 코드가 필요하다. 하지만 지금도 웹어셈블리를 효과적으로 이용할 수 있기 때문에 7장에서는 애플리케이션을 만들어볼 것이다. 이번 절에서는 7장에서 작성할 애플리케이션을 위해 사용할 라이브러리와 툴의 기능에 대해 간단히 살펴볼 것이다.

개요와 기능

현재의 웹어셈블리 형식에서는 비교적 쉽게 Wasm 모듈과 자바스크립트 코드 간에 숫자를 전달할 수 있다. 현실 적용 가능성 측면에서 회계 애플리케이션을 만들어 보는 것은 논리적인 선택이라고 할 수 있다. 유일한 논쟁이라고 한다면 회계 소프트웨어는 다소 지루하다는 것이다. 그리고 비윤리적인 회계 관행을 구축해서 애플리케이션에 조금 양념을 칠 것이다. 애플리케이션의 이름은 회계 부정과 관련된 용어인 분식 회계로 했다. 인베스토피디아Investopedia에서는 분식 회계를 다음과 같이 정의하고 있다.

> "분식 회계는 기업의 재무제표를 위조하기 위해 수행하는 사기 행위를 나타내는 관용어다. 일반적으로 분식 회계는 이전에는 존재하는 않았던 소득을 산출하기 위해 재무 데이터를 조작하는 것이다. 분식 회계를 위해 사용되는 기술로는 매출 증대, 비용 지연, 연금 계획 조작 그리고 인위적인 리스를 구현하는 것이다."

인베스토피디아 웹 페이지 https://www.investopedia.com/terms/c/cookthebooks.asp 에서는 분식 회계를 구성하는 요소에 대한 자세한 예를 제공한다. 7장에서 만들 애플리케이션에서는 간단한 접근 방식을 취할 것이다. 그리고 사용자가 조작된 것과 그렇지 않은 거래를 입력할 수 있도록 허용할 것이다. 원시 금액은 입금 또는 인출된 실제 금액을 나타내지만 조작 금액은 모든 사람들이 보게 될 금액이다. 애플리케이션에서는 원시 금액과 조작 금액을 종류별로 비용과 수입을 표시하는 파이 차트를 만들 것이다. 그리고 사용자는 두 가지 뷰를 쉽게 전환해서 볼 수 있을 것이다. 애플리케이션의 구성 요소는 다음과 같다.

- 거래와 차트 간의 전환을 위한 탭
- 거래를 보여주는 테이블
- 사용자가 거래를 추가하고 수정하고 삭제할 수 있는 버튼
- 거래 추가/업데이트를 위한 모달 다이얼로그^{Modal Dialog}
- 종류별 수입/지출을 표시하는 파이 차트

사용된 자바스크립트 라이브러리

애플리케이션의 자바스크립트 부분은 CDN에서 제공하는 여러 가지 라이브러리를 이용할 것이다. 또한 로컬에 설치된 라이브러리 하나를 이용해 코드 변경을 감시할 것이다. 다음 절에서는 각 라이브러리에 대한 설명과 애플리케이션에서 해당 라이브러리의 목적을 알아볼 것이다.

Vue

Vue는 개발과 디버깅을 쉽게 할 수 있도록 애플리케이션을 개별적인 구성 요소로 분리해주는 자바스크립트 프레임워크다. 애플리케이션의 모든 로직이 포함된 하나의 큰 자바스크립트 파일을 이용하거나 전체 UI를 포함하는 하나의 일체형 HTML 파일을 이용하지는 않을 것이다. Vue는 빌드 시스템의 추가적인 복잡성을 필요로 하지 않고 HTML, CSS 그

리고 자바스크립트를 트랜스파일transpiling할 필요 없이 사용할 수 있기 때문에 선택됐다. 공식 웹사이트는 https://vuejs.org다.

UIkit

애플리케이션에 스타일링과 레이아웃을 추가하기 위해 사용할 프론트엔드 프레임워크다. Bootstrap이나 Bulma처럼 비슷한 구성 요소와 기능을 제공하는 것들이 많이 있다. 그러나 유용한 유틸리티 클래스와 추가된 자바스크립트 기능 때문에 UIkit을 선택했다. UIkit에 대한 문서는 https://getuikit.com에서 볼 수 있다.

Lodash

자바스크립트 언어에 내장돼 있지 않지만 공통적인 작업을 수행하는 방법을 제공하는 훌륭한 유틸리티 라이브러리다. 애플리케이션에서는 거래 데이터를 계산하고 조작하는데 사용할 것이다. 문서와 설치 절차는 https://lodash.com에서 볼 수 있다.

D3

D3Data-driven documents는 데이터를 인상적인 시각화로 변환해주는 만능 라이브러리다. D3의 API는 배열 조작과 차트, 전환 등을 위한 여러 개의 모듈로 구성된다. 파이 차트를 만들 때 D3를 주로 사용하겠지만 D3가 제공하는 유틸리티 메소드 또한 이용할 것이다. 자세한 정보는 https://d3js.org에서 얻을 수 있다.

그 외 라이브러리

올바른 포맷으로 현재의 값을 표현하고 사용자가 유효한 금액을 입력했는지 확인하기 위해 accounting.js(http://openexchangerates.github.io/accounting.js)와 vue-numeric(https://kevinongko.github.io/vue-numeric) 라이브러리를 이용할 것이다. 개발을 단순화시키기 위해 기본적인 npm 프로젝트를 셋업할 것이고 실행 중인 애플리케이션에 반영되는 코드의 변화를 즉시 보기 위해 browser-sync(https://www.browsersync.io)를 이용할 것이다.

C와 빌드 절차

7장에서 작성할 애플리케이션은 기본적으로 간단한 계산만을 수행하기 때문에 C를 사용할 것이다. 이런 경우 C++를 사용하는 것은 별로 의미가 없다. C++를 사용하는 경우에는 자바스크립트에서 호출해야 하는 함수가 extern 블록에 감싸여 있는지 확인하는 추가적인 단계가 필요하다. 하나의 C 파일에 계산 함수를 작성할 것이고 그것을 컴파일해서 하나의 Wasm 모듈을 만들 것이다. 이번에도 VS Code의 Task 기능을 계속해서 사용할 수 있지만 하나의 파일만을 컴파일할 것이기 때문에 전달되는 인자는 변경할 필요가 있다. 그럼 이제 프로젝트를 설정해보자.

프로젝트 셋업

웹어셈블리는 폴더 구조나 파일 명명 규칙 등과 관련된 모범 사례를 수립하기에는 나온지 얼마되지 않았다. C/C++나 자바스크립트 프로젝트를 위한 모범 사례를 검색해보면 상충되는 조언과 의견을 많이 접하게 될 것이다. 이런 점을 염두에 두고 이번 절에서는 우리의 프로젝트를 설정해볼 것이다.

7장의 프로젝트 코드는 learn-webassembly 저장소의 /chapter-07-cook-the-books 폴더에 있다. 애플리케이션의 자바스크립트 부분에서 이 코드를 사용해야 한다. 이 책에서는 Vue와 관련된 모든 소스를 제공하지 않을 것이기 때문에 코드 저장소에서 소스코드를 복사해서 사용해야 한다.

Node.js 설정

가능한 한 간단하게 애플리케이션을 유지하기 위해 Webpack이나 Rollup.js와 같은 빌드/번들링 툴 사용을 피할 것이다. 그럼으로 요구되는 종속성의 수를 줄일 수 있고 접하게 되는 모든 문제가 빌드 종속성의 급격한 변화로 인한 것이 아닌지 확인할 수 있다.

스크립트를 실행시키고 개발에 필요한 종속성을 로컬에 설치하기 위해 Node.js 프로젝트를 만들 것이다. 지금까지는 /book-examples 폴더를 이용했지만 /book-examples 폴더 외부에 새로운 프로젝트 폴더를 만들고 VS Code에서 새로운 디폴트 빌드 작업을 만들 것이다. 터미널을 열고 cd로 원하는 폴더로 이동해서 다음 명령을 실행한다.

```
// 새로운 폴더를 만들어서 cd를 이용해 해당 폴더로 이동한다.
mkdir cook-the-books
cd cook-the-books

// 디폴트 값으로 package.json 파일을 만든다.
npm init -y
```

-y 명령은 프롬프트를 무시하고 package.json 파일을 적절한 디폴트 값으로 채운다. 완료되면 browser-sync를 설치하기 위해 다음 명령을 실행한다.

```
npm install -D browser-sync@^2.24.4
```

-D는 옵션으로서 해당 라이브러리가 개발 종속성임을 나타낸다. 애플리케이션을 빌드하고 배포한다면 일반적인 관행으로 -D 플래그를 사용한다. 아무런 문제없이 스크립트를 실행시키기 위해 버전을 지정해 설치하는 것을 권장한다. browser-sync가 설치된 이후에는 package.json 파일의 scripts 엔트리에 다음 내용을 추가한다.

```
...
"scripts": {
...
"start": "browser-sync start --server \"src\" --files \"src/**\" --single
--no-open --port 4000"
},
...
```

—y 플래그를 추가해서 npm init을 실행하면 test라는 이름의 기존 스크립트가 있어야 하는데 명확한 설명을 위해 생략했다. —y 플래그를 이용하지 않는다면 scripts 엔트리를 작성해 줘야 한다.

원한다면 "description"와 "author" 키를 추가할 수도 있다. 파일의 내용은 다음과 비슷할 것이다.

```
{
  "name": "cook-the-books",
  "version": "1.0.0",
  "description": "Example application for Learn WebAssembly",
  "main": "src/index.js",
  "scripts": {
    "start": "browser-sync start --server \"src\" --files \"src/**\" --single
--no-open --port 4000",
    "test": "echo \"Error: no test specified\" && exit 1"
  },
  "keywords": [],
  "author": "Mike Rourke",
  "license": "MIT",
  "devDependencies": {
    "browser-sync": "^2.24.4"
  }
}
```

 start 스크립트에서 ——no-open 플래그를 뺀다면 브라우저가 자동으로 열릴 것이다. 이 플래그는 헤드리스 브라우저 환경에서 실행하는 사용자가 접하게 되는 문제를 방지하기 위해 포함됐다.

파일과 폴더 추가

루트 폴더에 두 개의 새 폴더(/lib와 /src)를 만든다. 자바스크립트와 HTML, CSS 그리고 Wasm 파일은 /src 폴더에 위치하고 C 파일은 /lib 폴더에 위치할 것이다. /src 폴더에는 웹 애플리케이션이 사용하는 파일만 포함시킬 것이다. 애플리케이션에서는 C 파일을 직접 이용하지 않고 컴파일된 출력물만 이용할 것이다.

/book-examples 프로젝트에서 /.vscode 폴더를 루트 폴더로 복사한다. 그러면 기존의 C/C++ 설정을 사용해 빌드 작업을 수행할 수 있다.

 맥OS나 리눅스를 사용한다면 폴더를 복사하기 위해 터미널을 사용해야 할 것이다. 즉 터미널에서 cp -r 명령으로 복사하면 된다.

빌드 절차 설정

업데이트된 워크플로를 위해서는 /.vscode/tasks.json 파일의 디폴트 빌드 절차를 수정할 필요가 있다. 현재 에디터에 어떤 파일이 열려 있든 상관없이 /book-examples 프로젝트의 빌드 절차를 위해 사용한 인자에 의해서 컴파일이 수행되며, 그 결과 C 소스 파일이 있는 폴더에 .wasm 파일이 출력된다. 하지만 그 빌드 설정은 7장의 프로젝트에는 적합하지 않다. 우리는 항상 동일한 C 파일을 컴파일해 특정 폴더에 .wasm 파일을 만들 것이다. 이를 위해 /.vscode/tasks.json 파일의 Build 작업에 있는 args 배열을 다음과 같이 수정해야 한다.

```
"args": [
  "${workspaceFolder}/lib/main.c",
  "-Os",
  "-s", "WASM=1",
  "-s", "SIDE_MODULE=1",
```

```
    "-s", "BINARYEN_ASYNC_COMPILATION=0",
    "-o", "${workspaceFolder}/src/assets/main.wasm"
],
```

args 배열의 첫 번째와 마지막 요소인 입력과 출력 경로를 수정했다. 두 경로 모두 정적 경로로 수정했다. 즉, 에디터에 어떤 파일이 열려 있든지 입력 파일과 출력 파일이 항상 일정하다.

목업 API 설정

어떤 모의 데이터와 지속적인 업데이트 수단이 필요하다. 모의 데이터를 로컬의 JSON 파일에 저장한다면 페이지를 새로고침하자마자 변경된 거래 내역은 잃게 될 것이다. 따라서 Express와 같은 라이브러리로 로컬 서버를 설정하고 데이터 저장을 위한 데이터베이스 설정 등의 작업이 필요하다. 하지만 여기서는 온라인에서 사용할 수 있는 훌륭한 개발 도구를 대신 이용할 것이다. 온라인 툴인 jsonstore.io를 이용하면 소규모 프로젝트를 위한 JSON 데이터를 저장할 수 있으며 곧바로 JSON 데이터 관리를 위한 엔드포인트를 제공한다. 목업$^{mock-up}$ API를 위해 다음 내용을 수행하기 바란다.

1. https://www.jsonstore.io/에서 Copy 버튼을 누르면 엔드포인트가 클립보드로 복사된다. 이 엔드포인트로 HTTP 요청을 전달하게 된다.
2. JSFiddle 사이트(https://jsfiddle.net/mikerourke/cta0km6d)로 가서 jsonstore.io 의 엔드포인트를 입력하고 Populate Data 버튼을 누른다.
3. 브라우저 화면에 JSON 파일의 내용이 보이면 API 설정이 제대로 된 것이다.

jsonstore.io 엔드포인트를 기억하기 바란다. 앱의 자바스크립트 부분을 빌드할 때 필요할 것이다.

C stdlib Wasm 다운로드

C 코드의 기능을 위해서는 C의 표준 라이브러리 함수인 malloc()과 free() 함수가 필요하다. 하지만 웹어셈블리는 이런 함수를 내장하고 있지 않기 때문에 자체적으로 구현해야 한다.

다행히 누군가 그것을 이미 구현해 놓았다. 따라서 해당 모듈을 다운로드해서 인스턴스화 단계에서 그것을 포함시키기만 하면 된다. 그 모듈은 가이 베드포드[Guy Bedford]의 GitHub 저장소인 https://github.com/guybedford/wasm-stdlib-hack에서 다운로드할 수 있다. 즉, 해당 저장소의 /dist 폴더에 있는 memory.wasm 파일을 다운로드한다. 다운로드 이후에는 /src 폴더 안에 /assets이라는 이름의 폴더를 만들어서 memory.wasm 파일을 그곳으로 복사한다.

> memory.wasm 파일을 깃헙에서 다운로드하는 대신 learn-webassembly 저장소의 /chapter-07-cook-thebooks/src/assets 폴더에 있는 것을 복사해서 사용해도 된다.

최종 결과

지금까지의 절차를 완료하면 프로젝트의 파일 구성은 다음과 같을 것이다.

```
├── /.vscode
│   ├── tasks.json
│   └── c_cpp_properties.json
├── /lib
├── /src
│   └── /assets
│       └── memory.wasm
├── package.json
└── package-lock.json
```

C 부분 빌드

애플리케이션의 C 부분은 거래 종류별 금액을 집계할 것이다. C에서 수행하는 계산은 자바스크립트에서도 쉽게 할 수 있지만 계산은 웹어셈블리에서 수행하는 것이 이상적이라고 할 수 있다. 좀 더 복잡한 C/C++의 사용 예는 8장에서 다룰 것이기 때문에 지금은 Core Specification의 범위 내에서 수행할 수 있는 작업으로 한정할 것이다. 이번 절에서는 Emscripten을 이용하지 않고 웹 애플리케이션과 웹어셈블리를 통합하는 방법을 설명하기 위해 C 코드를 작성할 것이다.

개요

원시 거래와 조작된 거래에 대한 최종 잔액뿐만 아니라 전체 금액을 계산하는 C 함수를 작성할 것이다. 전체 금액 이외에도 파이 차트로 표시해줄 각각의 종류별 전체 금액도 계산해야 한다. 이 모든 계산은 하나의 C 파일에서 수행될 것이고 그것은 하나의 Wasm 파일로 컴파일돼 애플리케이션이 로드될 때 인스턴스화될 것이다. C 언어에 익숙하지 않은 사람들에게는 다소 어려울 수 있기 때문에 코드를 효율성보다는 명확하게 이해할 수 있도록 작성할 것이다. C/C++ 프로그래머라면 여기서 작성하는 C 코드가 마음에 들지 않을 것이다. 그 점은 사과를 드리고 싶다.

동적으로 계산을 수행하기 위해서는 거래가 추가되거나 삭제될 때 메모리를 할당하고 해제해야 한다. 이를 위해 이중 연결 리스트를 이용할 것이다. 이중 연결 리스트를 이용하면 리스트에 node나 아이템을 추가하거나 제거 또는 필요에 따라 노드를 수정할 수 있다. 노드를 추가할 때는 malloc( )을 이용하고 제거할 때는 free( )를 이용하며 두 함수는 모두 앞 절에서 다운로드한 memory.wasm 모듈에서 제공한다.

워크플로 관련 참고 사항

개발 측면에서의 작업 순서는 웹어셈블리를 이용하는 일반적인 애플리케이션 빌드 방법을 반영하지 않는다. 워크플로는 원하는 결과를 얻기 위해 C/C++와 자바스크립트 사이를 점프하는 것으로 구성된다. 이 경우, 자바스크립트에서 웹어셈블리로 오프로드되는 기능은 이미 알려져 있기 때문에 C 코드를 먼저 작성할 것이다.

C 파일 내용

C 파일의 각 섹션을 살펴보자. /lib 폴더에 main.c 파일을 만들고 각 섹션을 다음 내용으로 채운다. C 파일을 좀 더 작은 덩어리로 나누면 C 파일에서 어떤 일이 일어나는지 쉽게 이해할 것이다. 그럼 '선언'부터 살펴보자.

선언

첫 번째 섹션에서는 다음과 같이 이중 연결 리스트를 만들고 탐색하는 데 사용할 선언을 포함한다.

```c
#include <stdlib.h>

struct Node {
    int id;
    int categoryId;
    float rawAmount;
    float cookedAmount;
    struct Node *next;
    struct Node *prev;
};

typedef enum {
    RAW = 1,
    COOKED = 2
```

```
} AmountType;

struct Node *transactionsHead = NULL;
struct Node *categoriesHead = NULL;
```

Node 구조체는 거래와 종류를 나타내기 위해 사용된다. transactionsHead와 categories
Head 노드 인스턴스는 각 연결 리스트(하나는 거래 리스트 또 다른 하나는 종류 리스트)의 첫 번
째 노드를 나타낸다. AmountType enum은 필수는 아니지만 그것을 이용하는 코드 부분에
이르면 그것이 어떻게 유용한지 설명할 것이다.

연결 리스트 작업

두 번째 섹션은 연결 리스트에 노드를 추가하고 삭제하는 데 사용되는 함수 두 개를 포함
한다.

```
void deleteNode(struct Node **headNode, struct Node *delNode) {
    // 기본 케이스:
    if (*headNode == NULL >> delNode == NULL) return;

    // 삭제하려는 노드가 헤드 노드일 때:
    if (*headNode == delNode) *headNode = delNode->next;

    // 삭제되는 노드가 마지막 노드가 아니라면 next를 변경한다:
    if (delNode->next != NULL) delNode->next->prev = delNode->prev;

    // 삭제되는 노드가 첫 번째 노드가 아니라면 prev를 변경한다:
    if (delNode->prev != NULL) delNode->prev->next = delNode->next;

    // 마지막으로, delNode가 점유한 메모리를 해제한다:
    free(delNode);
}
void appendNode(struct Node **headNode, int id, int categoryId, float rawAmount,
float cookedAmount) {
    // 1. 노드에 메모리 할당:
```

```c
    struct Node *newNode = (struct Node *) malloc(sizeof(struct Node));
    struct Node *last = *headNode; // Used in Step 5

    // 2. 데이터로 채운다:
    newNode->id = id;
    newNode->categoryId = categoryId;
    newNode->rawAmount = rawAmount;
    newNode->cookedAmount = cookedAmount;

    // 3. 새로운 노드는 마지막 노드가 되기 때문에 next를 NULL로 세팅한다:
    newNode->next = NULL;

    // 4. 연결 리스트가 비어 있다면 새로운 노드를 헤드로 만든다:
    if (*headNode == NULL) {
        newNode->prev = NULL;
        *headNode = newNode;
        return;
    }

    // 5. 그렇지 않다면 마지막 노드까지 이동한다:
    while (last->next != NULL) {
        last = last->next;
    }

    // 6. 마지막 노드의 next를 변경:
    last->next = newNode;

    // 7. 마지막 노드를 새로운 노드의 prev로 세팅한다:
    newNode->prev = last;
}
```

코드 내의 주석은 각 단계에서 어떤 작업이 이뤄지는지 설명한다. 리스트에 Node를 추가해야 할 때는 malloc( )을 이용해서 struct Node가 차지하는 메모리를 할당해야 하고 연결 리스트의 마지막 노드에 그것을 추가해야 한다. 노드를 지워야 할 때는 연결 리스트에서 해당 노드를 제거하고 free( ) 함수를 호출해 할당된 메모리를 해제해야 한다.

거래 작업

세 번째 섹션에서는 다음과 같이 transactions 연결 리스트에 거래를 추가하거나 변경하거나 제거하는 함수를 포함한다.

```
struct Node *findNodeById(int id, struct Node *withinNode) {
    struct Node *node = withinNode;
    while (node != NULL) {
        if (node->id == id) return node;
        node = node->next;
    }
    return NULL;
}

void addTransaction(int id, int categoryId, float rawAmount, float cookedAmount) {
    appendNode(&transactionsHead, id, categoryId, rawAmount, cookedAmount);
}

void editTransaction(int id, int categoryId, float rawAmount, float cookedAmount)
{
    struct Node *foundNode = findNodeById(id, transactionsHead);
    if (foundNode != NULL) {
        foundNode->categoryId = categoryId;
        foundNode->rawAmount = rawAmount;
        foundNode->cookedAmount = cookedAmount;
    }
}

void removeTransaction(int id) {
    struct Node *foundNode = findNodeById(id, transactionsHead);
    if (foundNode != NULL) deleteNode(&transactionsHead, foundNode);
}
```

앞 절에서 살펴본 appendNode()와 deleteNode() 함수는 자바스크립트 코드에서 호출하기 위한 것은 아니다. 대신, addTransaction()과 editTransaction(), removeTransaction()

함수가 로컬 연결 리스트를 업데이트하는 데 사용된다. addTransaction( ) 함수는 인자로 전달된 데이터를 로컬 연결 리스트의 새로운 노드에 추가하기 위해 appendNode( ) 함수를 호출한다. removeTransaction( )은 해당 거래 노드를 삭제하기 위해 deleteNode( ) 함수를 호출한다. findNodeById( ) 함수는 지정된 ID를 기반으로 연결 리스트에서 업데이트나 삭제해야 하는 노드를 결정하는 데 사용된다.

거래 계산

네 번째 섹션에서는 다음과 같이 두 가지 형태의 거래의 총액과 최종적인 잔액을 계산하는 함수를 포함한다.

```
void calculateGrandTotals(float *totalRaw, float *totalCooked) {
    struct Node *node = transactionsHead;
    while (node != NULL) {
        *totalRaw += node->rawAmount;
        *totalCooked += node->cookedAmount;
        node = node->next;
    }
}

float getGrandTotalForType(AmountType type) {
    float totalRaw = 0;
    float totalCooked = 0;
    calculateGrandTotals(&totalRaw, &totalCooked);

    if (type == RAW) return totalRaw;
    if (type == COOKED) return totalCooked;
    return 0;
}

float getFinalBalanceForType(AmountType type, float initialBalance) {
    float totalForType = getGrandTotalForType(type);
    return initialBalance + totalForType;
}
```

앞의 선언 섹션에서 선언한 AmountType enum은 매직 넘버를 피하기 위해 사용된다. 1은 원시 거래를 나타내고 2는 조작된 거래를 나타낸다는 것은 쉽게 기억할 수 있다. 두 가지 형태의 거래에 대한 총액은 모두 calculateGrandTotals() 함수에서 계산하지만 getGrandTotalForType() 함수에서는 한 가지 형태의 값만 요청할 수 있다. Wasm 함수에서는 하나의 값만을 반환할 수 있기 때문에 두 가지 형태의 거래에 대한 총액을 모두 구하기 위해 getGrandTotalForType()을 두 번 호출한다. 비교적 적은 양의 거래와 계산의 단순성으로 이해서 총액을 구할 때는 어떤 문제도 발생하지 않는다. getFinalBalanceForType()은 총액과 지정된 initialBalance의 합을 반환한다. 웹 애플리케이션의 초기 잔액을 변경할 수 있는 기능을 추가할 때 이를 실제로 볼 수 있을 것이다.

종류별 계산

다섯 번째와 마지막 섹션은 종류별로 총액을 계산하는 함수를 포함하며 파이 차트에서 그것을 이용할 것이다.

```
void upsertCategoryNode(int categoryId, float transactionRaw,
                        float transactionCooked) {
    struct Node *foundNode = findNodeById(categoryId, categoriesHead);
    if (foundNode != NULL) {
        foundNode->rawAmount += transactionRaw;
        foundNode->cookedAmount += transactionCooked;
    } else {
        appendNode(&categoriesHead, categoryId, categoryId, transactionRaw,
                transactionCooked);
    }
}

void buildValuesByCategoryList() {
    struct Node *node = transactionsHead;
    while (node != NULL) {
        upsertCategoryNode(node->categoryId, node->rawAmount,
                           node->cookedAmount);
```

```
        node = node->next;
    }
}

void recalculateForCategories() {
    categoriesHead = NULL;
    buildValuesByCategoryList();
}

float getCategoryTotal(AmountType type, int categoryId) {
    // 종류별 총액이 계산됐는지 확인한다.
    if (categoriesHead == NULL) buildValuesByCategoryList();

    struct Node *categoryNode = findNodeById(categoryId, categoriesHead);
    if (categoryNode == NULL) return 0;

    if (type == RAW) return categoryNode->rawAmount;
    if (type == COOKED) return categoryNode->cookedAmount;
    return 0;
}
```

---

buildValuesByCategoryList() 함수는 recalculateForCategories()나 getCategoryTotal()
함수가 호출될 때마다 호출된다. 함수는 transactions 연결 리스트의 모든 거래를 각 종류별
로 원시 액수와 총액을 위한 노드를 별도의 연결 리스트에 만든다. upsertCategoryNode()
함수는 categories 연결 리스트에서 지정된 categoryId에 해당하는 노드를 찾는다. 그리
고 원하는 노드를 찾으면 원시 거래 액수와 조작된 거래 액수를 노드상의 기존 값에 더한
다. 만일 찾지 못한다면 해당 종류의 새로운 노드를 만든다. recalculateForCategories()
함수는 거래의 변경 사항이 각 종류별 거래의 총액에 반영됐는지 확인하기 위해 호출된다.

Wasm으로 컴파일

파일을 작성한 이후에는 애플리케이션의 자바스크립트 부분에서 사용할 수 있도록 Wasm 으로 컴파일해야 한다. VS Code 메뉴에서 Tasks ❯ Run Build Task...를 선택하거나 Cmd/ Ctrl+Shift+B로 빌드 작업을 실행한다. 빌드 작업이 성공하면 /src/assets 폴더에서 main. wasm이라는 이름의 파일을 볼 수 있을 것이다. 반면 에러가 발생하면 터미널에서는 그것 을 해결하는 방법이 자세히 제공될 것이다.

VS Code를 이용하지 않는다면 터미널에서 /cook-the-books 폴더로 이용한 다음 이후 명령을 실행한다.

```
emcc lib/main.c -Os -s WASM=1 -s SIDE_MODULE=1 -s
BINARYEN_ASYNC_COMPILATION=0 -o src/assets/main.wasm
```

C 코드는 여기까지가 전부다. 이제는 자바스크립트로 넘어가보자.

▌ 자바스크립트 부분 빌드

애플리케이션의 자바스크립트 부분은 거래 데이터를 사용자에게 보여주고 거래를 쉽게 추가, 편집 제거할 수 있게 해준다. 애플리케이션은 개발 과정을 단순화시키기 위해 몇 개의 파일로 분리되며 앞의 '사용된 자바스크립트 라이브러리' 절에서 설명된 라이브러리를 이용한다. 이번 절에서는 API와 전역 상태 상호작용 계층부터 시작해서 애플리케이션을 단계적으로 빌드해볼 것이다. Wasm 모듈을 인스턴스화하고 상호작용하는 함수를 작성하고 사용자 인터페이스를 만드는 데 필요한 Vue 컴포넌트를 살펴볼 것이다.

개요

개발 과정을 단순화시키기 위해 문맥에 따라 애플리케이션을 세분화한다. 코드를 작성할 때 서로 다른 문맥 사이를 왔다 갔다 할 필요가 없도록 하기 위해 애플리케이션을 밑바닥부터 만들 것이다. 처음에는 Wasm 상호작용 코드로 시작해서 전역 저장소와 API 상호작용으로 넘어갈 것이다. 각각의 Vue 컴포넌트의 목적에 대해서는 설명하겠지만 그중 선택된 일부 컴포넌트에 대한 소스코드만 제공한다. 이 책의 설명을 따라 해보면서 로컬에서 애플리케이션을 실행시키려면 learn-webassembly 저장소에 있는 /chapter-07-cook-the-books 폴더의 /src/components 폴더를 작성할 프로젝트의 /src 폴더로 복사해야 한다.

브라우저 호환성에 대한 참고 사항

코드를 작성하기 전에 브라우저가 애플리케이션에서 사용할 자바스크립트의 새로운 기능을 지원하는지 확인해야 한다. 즉, 브라우저가 ES Modules(import와 export)와 Fetch API와 async/await를 지원해야 한다. 최소한 구글 크롬 61 버전이나 파이어 폭스 버전 60이 필요하다. 메뉴 바에서 About Chrome이나 About Firefox를 선택하면 현재 어떤 버전을 사용하고 있는지 확인할 수 있다. 나는 현재 버전 67의 크롬과 버전 61의 파이어 폭스에서 애플리케이션을 아무런 문제없이 실행시키고 있다.

initializeWasm.js에서 Wasm 인스턴스 생성

/src/assets 폴더에 두 개의 컴파일된 Wasm 파일(main.wasm과 memory.wasm)이 있어야 한다. main.wasm 코드에서 memory.wasm이 제공하는 malloc()과 free() 함수를 이용해야 하기 때문에 로딩 코드는 이전의 예제와 다르게 보일 것이다. /src/store 폴더에 initializeWasm.js라는 이름의 파일을 만들어서 다음 내용으로 채운다.

```
/**
 * 컴파일된(인스턴스화되지 않은) Wasm 모듈의 배열을 반환한다.
 * main.wasm 파일 뿐만 아니라 malloc()과 free()와 같은 C 함수를
 * 사용하기 위해 memory.wasm 파일도 필요하다.
 */
const fetchAndCompileModules = () =>
    Promise.all(
        ['../assets/main.wasm', '../assets/memory.wasm'].map(fileName =>
            fetch(fileName)
                .then(response => {
                    if (response.ok) return response.arrayBuffer();
                    throw new Error(`Unable to fetch WebAssembly file:
${fileName}`);
                })
                .then(bytes => WebAssembly.compile(bytes))
        )
    );


/**
 * 컴파일된 "main.wasm" 파일의 인스턴스를 반환한다.
 */
const instantiateMain = (compiledMain, memoryInstance, wasmMemory) => {
    const memoryMethods = memoryInstance.exports;
    return WebAssembly.instantiate(compiledMain, {
        env: {
            memoryBase: 0,
            tableBase: 0,
            memory: wasmMemory,
            table: new WebAssembly.Table({ initial: 16, element: 'anyfunc' }),
            abort: console.log,
            _consoleLog: value => console.log(value),
            _malloc: memoryMethods.malloc,
            _free: memoryMethods.free
        }
    });
};
```

```
/**
 * "memory.wasm"과 "main.wasm" 파일을 컴파일하고 인스턴스화하고
 * main의 `instance`에서 `exports` 속성을 반환한다.
 */

export default async function initializeWasm() {
    const wasmMemory = new WebAssembly.Memory({ initial: 1024 });
    const [compiledMain, compiledMemory] = await fetchAndCompileModules();

    const memoryInstance = await WebAssembly.instantiate(compiledMemory, {
        env: {
            memory: wasmMemory
        }
    });

    const mainInstance = await instantiateMain(
        compiledMain,
        memoryInstance,
        wasmMemory
    );

    return mainInstance.exports;
}
```

파일의 디폴트 export 함수인 initializeWasm()은 다음과 같은 작업을 수행한다.

1. WebAssembly.Memory 인스턴스(wasmMemory)를 만든다.

2. memory.wasm(compiledMemory)과 main.wasm(compiledMain)을 위한 WebAssembly.Module 인스턴스를 얻기 위해 fetchAndCompileModules() 함수를 호출한다.

3. compiledMemory(memoryInstance)를 인스턴스화하고 importObj에 wasmMemory를 전달한다.

4. instantiateMain() 함수에 compiledMain, memoryInstance, wasmMemory를 전달한다.

5. compiledMain을 인스턴스화하고 importObj에 wasmMemory와 memoryInstance의 malloc( )과 free( ) 함수를 전달한다.

6. instantiateMain (mainInstance)에서 반환된 Instance의 exports 속성을 반환한다.

보는 바와 같이, Wasm 모듈 내에 종속성이 있을 때는 프로세스가 좀 더 복잡하다.

 memoryInstance exports 속성의 malloc과 free 메소드 이름은 밑줄로 시작하지 않는다. 이는 memory.wasm 파일은 Emscripten 없이 LLVM으로 컴파일되기 때문에 "_"이 이름에 추가되지 않는다.

WasmTransactions.js에서 Wasm과 상호작용

Wasm 상호작용을 위한 함수를 캡슐화할 때는 자바스크립트의 class 구문을 이용할 것이다. 이렇게 하면 Wasm 함수가 호출되는 곳을 찾기 위해 전체 애플리케이션을 검색할 필요 없이 C 코드를 빠르게 변경할 수 있다. C 파일에서 메소드의 이름을 변경하면 한 곳만 바꾸면 된다. /src/store 폴더에 WasmTransactions.js라는 이름의 새로운 파일을 만들어서 다음 내용으로 채운다.

```
import initializeWasm from './initializeWasm.js';

/**
 * Wasm 모듈에서 기능을 래핑하는 데(Vue 컴포넌트나 저장소에서 직접 액세스하지 않고)
 * 사용되는 클래스
 * @class
 */
export default class WasmTransactions {
    constructor() {
        this.instance = null;
        this.categories = [];
```

```
}

async initialize() {
    this.instance = await initializeWasm();
    return this;
}

getCategoryId(category) {
    return this.categories.indexOf(category);
}

// 원시 및 조작된 액수가 적절한 부호를 가지고 있는지 확인
// (인출은 음수이고 예금은 양수).
getValidAmounts(transaction) {
    const { rawAmount, cookedAmount, type } = transaction;
    const getAmount = amount =>
        type === 'Withdrawal' ? -Math.abs(amount) : amount;
    return {
        validRaw: getAmount(rawAmount),
        validCooked: getAmount(cookedAmount)
    };
}

// Wasm 모듈에서 연결 리스트에 지정된 거래를 추가
addToWasm(transaction) {
    const { id, category } = transaction;
    const { validRaw, validCooked } = this.getValidAmounts(transaction);
    const categoryId = this.getCategoryId(category);
    this.instance._addTransaction(id, categoryId, validRaw, validCooked);
}

// Wasm 모듈에서 거래 노드를 업데이트
editInWasm(transaction) {
    const { id, category } = transaction;
    const { validRaw, validCooked } = this.getValidAmounts(transaction);
    const categoryId = this.getCategoryId(category);
    this.instance._editTransaction(id, categoryId, validRaw, validCooked);
}
```

```javascript
// Wasm 모듈에서 연결 리스트에서 거래 노드를 제거
removeFromWasm(transactionId) {
    this.instance._removeTransaction(transactionId);
}

// Wasm 모듈에서 연결 리스트를 채운다.
// Wasm 모듈에서 categoryId를 설정하는 데 categories가 필요하다.
populateInWasm(transactions, categories) {
    this.categories = categories;
    transactions.forEach(transaction => this.addToWasm(transaction));
}

// 지정된 초기 잔액을 기반으로 원시와 조작된 거래를 위한 잔액을 반환한다.
getCurrentBalances(initialRaw, initialCooked) {
    const currentRaw = this.instance._getFinalBalanceForType(
        AMOUNT_TYPE.raw,
        initialRaw
    );
    const currentCooked = this.instance._getFinalBalanceForType(
        AMOUNT_TYPE.cooked,
        initialCooked
    );
    return { currentRaw, currentCooked };
}

// 모든 수입(입금)과 비용(출금) 거래에 대한 종류별 총액을 가지고 있는 객체를 반환한다.
getCategoryTotals() {
    // 이는 총액이 가장 최근의 거래를 반영하도록 하기 위해 수행된다.
    this.instance._recalculateForCategories();
    const categoryTotals = this.categories.map((category, idx) => ({
        category,
        id: idx,
        rawTotal: this.instance._getCategoryTotal(AMOUNT_TYPE.raw, idx),
        cookedTotal: this.instance._getCategoryTotal(AMOUNT_TYPE.cooked, idx)
    }));

    const totalsByGroup = { income: [], expenses: [] };
    categoryTotals.forEach(categoryTotal => {
```

```
        if (categoryTotal.rawTotal < 0) {
      totalsByGroup.expenses.push(categoryTotal);
    } else {
      totalsByGroup.income.push(categoryTotal);
    }
  });
  return totalsByGroup;
  }
}
```

클래스의 인스턴스에서 initialize() 함수가 호출되면 initializeWasm() 함수의 반환 값이 클래스의 인스턴스 속성에 할당된다. class 메소드는 this.instance에서 함수를 호출하고 가능하다면 원하는 결과를 반환한다. AMOUNT_TYPE 객체는 getCurrentBalances() 와 getCategoryTotals() 함수에서 참조된다는 것을 확인하기 바란다. 이는 C 파일에서 AmountType enum에 해당한다. AMOUNT_TYPE 객체는 애플리케이션이 로드되는 /src/main. js 파일에서 전역으로 선언된다. 지금까지 Wasm 상호작용 코드를 작성했으므로 이제는 API 상호작용 코드를 작성해보자.

api.js에서 API 이용

API는 HTTP 메소드의 형태로 거래를 추가, 편집, 제거, 질의하는 방법을 제공한다. 이와 같은 작업은 수행 과정을 간단히 하기 위해 몇 개의 API 래퍼 함수를 작성할 것이다. api. js라는 이름의 파일을 /src/store 폴더에 만들고 다음 내용으로 내용을 채운다.

```
// 여기에 jsonstore.io의 엔드포인트를 붙여 넣는다('/' 문자로 끝나지 않도록 한다):
const API_URL = '[JSONSTORE.IO ENDPOINT]';

/**
 * API 호출 수행을 위한 래퍼, fetch 호출을 할 때마다 response.json()을 호출하지는 않을 것이다.
 * @param {string} endpoint Endpoint (예: "/transactions")
 * @param {Object} 사용자 설정을 포함하는 init Fetch 옵션 객체
```

```
 * @returns {Promise<*>}
 * @see https://developer.mozilla.org/en-US/docs/Web/API/
WindowOrWorkerGlobalScope/fetch
 */
const performApiFetch = (endpoint = '', init = {}) =>
    fetch(`${API_URL}${endpoint}`, {
        headers: {
            'Content-type': 'application/json'
        },
        ...init
    }).then(response => response.json());

export const apiFetchTransactions = () =>
    performApiFetch('/transactions').then(({ result }) =>
    /*
     * 응답 객체는 다음과 같다.
     * {
     *     "result": {
     *         "1": {
     *             "category": "Sales Revenue",
     *             ...
     *         },
     *         "2": {
     *             "category": "Hotels",
     *             ...
     *         },
     *         ...
     *     }
     * }
     * 기존 기록을 삭제하거나 편집하려면 "1"과 "2"값이 필요하므로
     * 거래 기록을 "apiId"로 저장한다.
     */
    Object.keys(result).map(apiId => ({
        ...result[apiId],
        apiId
    }))
);
```

```
export const apiEditTransaction = transaction =>
    performApiFetch(`/transactions/${transaction.apiId}`, {
        method: 'POST',
        body: JSON.stringify(transaction)
    });

export const apiRemoveTransaction = transaction =>
    performApiFetch(`/transactions/${transaction.apiId}`, {
        method: 'DELETE'
    });

export const apiAddTransaction = transaction =>
    performApiFetch(`/transactions/${transaction.apiId}`, {
        method: 'POST',
        body: JSON.stringify(transaction)
    });
```

API와 상호작용하기 위해서는 앞의 '프로젝트 셋업' 절에서 만든 jsonstore.io 엔드포인트가 필요할 것이다. [JSONSTORE.IO ENDPOINT] 부분을 jsonstore.io 엔드포인트로 교체한다. 엔드포인트는 '/' 문자 또는 "transactions"이라는 단어로 끝나지 않아야 한다.

store.js에서 전역 상태 관리

애플리케이션에서 전역 상태를 관리하는 파일은 많은 부분으로 나눌 수 있다. 따라서 코드를 더 작은 덩어리로 나누고 그것을 개별적으로 살펴볼 것이다.

/src/store 폴더에 store.js라는 이름의 파일을 만들고 이어지는 절에서 설명하는 내용들로 채운다.

import와 store 선언

첫 번째 부분은 다음과 같이 import문, wasm과 state 속성을 가지고 있는 store 객체를 포함한다.

```
import {
    apiFetchTransactions,
    apiAddTransaction,
    apiEditTransaction,
    apiRemoveTransaction
} from './api.js';
import WasmTransactions from './WasmTransactions.js';

export const store = {
    wasm: null,
    state: {
        transactions: [],
        activeTransactionId: 0,
        balances: {
            initialRaw: 0,
            currentRaw: 0,
            initialCooked: 0,
            currentCooked: 0
        }
    },
    ...
```

모든 API 상호작용은 store.js 파일로 제한된다. 거래 내용을 조작하거나 추가, 검색해야 하므로 api.js가 익스포트하는 모든 함수를 임포트한다. store 객체는 wasm 속성으로 WasmTransactions 인스턴스를 포함하며 state 속성은 초기 상태를 가진다. state의 값은 애플리케이션 내의 여러 곳에서 참조된다. store 객체는 애플리케이션이 로드될 때 전역 window 객체에 추가되기 때문에 모든 구성 요소가 전역 상태를 알 수 있게 된다.

거래 작업

두 번째 부분은 다음과 같이 Wasm 인스턴스에서 거래를 관리(WasmTransactions 인스턴스를 통해)하는 함수들과 API를 포함한다.

```
...
    getCategories() {
        const categories = this.state.transactions.map(
            ({ category }) => category
        );

        // 중복된 종류를 제거하고 이름을 오름차순으로 정렬한다.
        return _.uniq(categories).sort();
    },

    // API 응답으로부터 전역 상태를 거래로 채운다.
    populateTransactions(transactions) {
        const sortedTransactions = _.sortBy(transactions, [
            'transactionDate',
            'id'
        ]);
        this.state.transactions = sortedTransactions;
        store.wasm.populateInWasm(sortedTransactions, this.getCategories());
        this.recalculateBalances();
    },

    addTransaction(newTransaction) {
        // 거래에 새로운 ID를 할당해야 하며 현재 최대 거래 ID에
        // 단순히 1을 더한 값을 이용한다.
        newTransaction.id = _.maxBy(this.state.transactions, 'id').id + 1;
        store.wasm.addToWasm(newTransaction);
        apiAddTransaction(newTransaction).then(() => {
            this.state.transactions.push(newTransaction);
            this.hideTransactionModal();
        });
    },

editTransaction(editedTransaction) {
  store.wasm.editInWasm(editedTransaction);
  apiEditTransaction(editedTransaction).then(() => {
    this.state.transactions = this.state.transactions.map(
      transaction => {
            if (transaction.id === editedTransaction.id) {
```

```
        return editedTransaction;
      }
      return transaction;
    }
  );
  this.hideTransactionModal();
  });
},

removeTransaction(transaction) {
  const transactionId = transaction.id;
  store.wasm.removeFromWasm(transactionId);

    // 일관성을 위해 전체 거래 기록을 API 호출로 전달한다.
  apiRemoveTransaction(transaction).then(() => {
    this.state.transactions = this.state.transactions.filter(
      ({ id }) => id !== transactionId
    );
    this.hideTransactionModal();
  });
},
...
```

populateTransactions() 함수는 API로 모든 거래를 가져와서 전역 상태와 Wasm 인스턴스에 로드한다. 종류 이름은 getCategories() 함수의 transactions 배열로부터 추론된다. store.wasm.populateInWasm()이 호출될 때 결과가 WasmTransactions 인스턴스에 전달된다.

addTransaction()과 editTransaction(), removeTransaction() 함수는 그 이름에 대응되는 동작을 수행한다. 세 함수는 모두 Wasm 인스턴스를 조작하고 API 상의 데이터를 업데이트한다. 거래에 대한 변경은 TransactionModal 구성 요소를 통해만 이뤄질 수 있기 때문에 각 함수들은 모두 this.hideTransactionModal()을 호출한다. 일단 변경이 성공적으로 수행되면 TransactionModal을 닫아야 한다. 그러면 이제는 TransactionModal을 관리하는 코드를 살펴보자.

TransactionModal 관리

세 번째 섹션에는 다음과 같이 TransactionModal 컴포넌트의 가시성과 내용을 관리하는 함수를 포함한다(위치는 /src/components/TransactionsTab/TransactionModal.js이다).

```
...
    showTransactionModal(transactionId) {
        this.state.activeTransactionId = transactionId >> 0;
        const transactModal = document.querySelector('#transactionModal');
        UIkit.modal(transactModal).show();
    },

    hideTransactionModal() {
        this.state.activeTransactionId = 0;
        const transactModal = document.querySelector('#transactionModal');
        UIkit.modal(transactModal).hide();
    },

    getActiveTransaction() {
        const { transactions, activeTransactionId } = this.state;
        const foundTransaction = transactions.find(transaction =>
            transaction.id === activeTransactionId);
        return foundTransaction >> { id: 0 };
    },
    ...
```

showTransactionModal()과 hideTransactionModal() 함수는 함수 이름만으로 그 기능을 알 수 있을 것이다. UIkit.modal()의 hide()나 show() 메소드는 TransactionModal을 표현하는 DOM 구성 요소에서 호출된다. getActiveTransaction() 함수는 전역 상태의 activeTransactionId값과 연관된 거래 기록을 반환한다.

잔액 계산

네 번째 부분은 전역 상태로 잔액을 계산하고 업데이트하는 함수를 포함하고 있다.

```
    ...
    updateInitialBalance(amount, fieldName) {
        this.state.balances[fieldName] = amount;
    },

    // 현재의 초기 잔액을 기반으로 전역 상태 값인 "balances" 객체를 업데이트한다.
    recalculateBalances() {
      const { initialRaw, initialCooked } = this.state.balances;
      const { currentRaw, currentCooked } = this.wasm.getCurrentBalances(
        initialRaw,
        initialCooked
      );
      this.state.balances = {
        initialRaw,
        currentRaw,
        initialCooked,
        currentCooked
      };
    }
  }
};
```

updateInitialBalance() 함수는 amount와 fieldName 인자를 기반으로 전역 상태인 balances 객체의 속성 값을 설정한다. recalculateBalances() 함수는 초기 잔액이나 거래에 변경이 생기면 그것을 반영하기 위해 balances 객체의 모든 필드를 업데이트한다.

Store 초기화

코드의 마지막 부분은 store를 초기화한다.

```
/**
 * 이 함수는 Wasm 모듈을 인스턴스화하고 API 엔드포인트에서 거래 내역을 가져와
 * store와 Wasm 인스턴스에 로드한다.
 */
export const initializeStore = async () => {
```

```
    const wasmTransactions = new WasmTransactions();
    store.wasm = await wasmTransactions.initialize();
    const transactions = await apiFetchTransactions();
    store.populateTransactions(transactions);
};
```

initializeStore() 함수는 Wasm 모듈을 인스턴스화하고 API로 모든 거래 내역을 가져와 그것을 상태의 내용으로 채운다. 이 함수는 다음절에서 다룰 /src/main.js에 있는 애플리케이션 로딩 코드에서 호출된다.

main.js에서 애플리케이션 로드

애플리케이션을 로드할 엔트리 포인트가 필요하다. /src 폴더에 main.js 파일을 만들고 다음 내용으로 채운다.

```
import App from './components/App.js';
import { store, initializeStore } from './store/store.js';

// 이를 통해 <vue-numeric> 컴포넌트를 전역적으로 사용할 수 있다.
Vue.use(VueNumeric.default);

// 전역적으로 접근 가능한 store를 만든다(접근을 위해 인자로 전달하지 않고).
window.$store = store;

// Wasm 함수에는 숫자만 전달할 수 있기 때문에 이 플래그를 이용해서
// 계산하려는 것이 어떤 종류의 총액인지를 나타낸다.
window.AMOUNT_TYPE = {
  raw: 1,
  cooked: 2
};

// 거래 내역을 가져온 후에는 Wasm 모듈을 초기화하고 앱에 그것을 렌더링한다.
initializeStore()
```

234

```
  .then(() => {
    new Vue({ render: h => h(App), el: '#app' });
  })
  .catch(err => {
    console.error(err);
});
```

이 파일은 /src/index.html이 라이브러리를 CDN에서 가져와서 로드한 이후에 로드된다. 전역 Vue 객체를 이용해서 VueNumeric 컴포넌트를 사용하고자 한다는 것을 나타낸다. /store/store.js에 익스포트되는 store 객체를 window 객체에 $store로서 추가한다. 이는 가장 확실한 솔루션은 아니지만 애플리케이션의 범위를 생각해본다면 충분하다고 할 수 있다. 만약 상용 애플리케이션을 만든다면 전역 상태 관리를 위해 Vuex나 Redux와 같은 라이브러리를 이용하는 것이 낫다. 이 책에서는 간단한 설명을 위해 그와 같은 라이브러리를 사용하지는 않을 것이다.

window 객체에 AMOUNT_TYPE 또한 추가한다. 이는 애플리케이션 전반에 걸쳐서 AMOUNT_TYPE값을 참조할 수 있도록 window 객체에 추가한 것이다. window 객체값을 설정한 이후에는 initializeStore() 함수가 호출된다. initializeStore() 함수가 성공적으로 실행되면 애플리케이션을 렌더링하기 위해 새로운 Vue 인스턴스를 만든다. 다음에는 웹 자산을 추가한 다음 Vue 컴포넌트로 넘어가자.

웹 자산 추가

애플리케이션에 Vue 컴포넌트를 추가하기 전에 마크업과 스타일 포함하는 HTML과 CSS 파일을 만들어보자. /src 폴더에 index.html이라는 이름의 파일을 만들고 다음 내용으로 채운다.

```html
<!doctype html>
<html lang="en-us">
<head>
  <title>Cook the Books</title>
  <link
    rel="stylesheet"
    type="text/css"
href="https://cdnjs.cloudflare.com/ajax/libs/uikit/3.0.0-rc.6/css/uikit.min.
css"/>
  <link rel="stylesheet" type="text/css" href="styles.css" />
  <script src="https://cdnjs.cloudflare.com/ajax/libs/uikit/3.0.0-rc.6/js/uikit.
min.js"></script>
  <script src="https://cdnjs.cloudflare.com/ajax/libs/uikit/3.0.0-rc.6/js/uikit-
icons.min.js"></script>
  <script src="https://unpkg.com/accounting-js@1.1.1/dist/accounting.umd.js"></
script>
  <script src="https://unpkg.com/lodash@4.17.10/lodash.min.js"></script>
  <script src="https://unpkg.com/d3@5.5.0/dist/d3.min.js"></script>
  <script src="https://unpkg.com/vue@2.5.16/dist/vue.min.js"></script>
  <script src="https://unpkg.com/vue-numeric@2.3.0/dist/vue-numeric.min.js"></
script>
  <script src="main.js" type="module"></script>
</head>
<body>
  <div id="app"></div>
</body>
</html>
```

HTML 파일만을 이용해 CDN에서 라이브러리를 가져오며, Vue가 렌더링할 수 있도록
<div>를 지정하고, 애플리케이션을 시작하기 위해 main.js를 로드한다.

마지막 <script> 태그에는 type="module" 속성을 지정해 애플리케이션 전반에 걸쳐 ES
모듈을 사용할 수 있게 했다. 이제는 CSS 파일을 추가해보자. /src 폴더에 styles.css라는
이름의 파일을 만들고 다음 내용으로 채운다.

```css
@import url("https://fonts.googleapis.com/css?family=Quicksand");

:root {
  --blue: #2889ed;
}

* {
  font-family: "Quicksand", Helvetica, Arial, sans-serif !important;
}

#app {
  -webkit-font-smoothing: antialiased;
  -moz-osx-font-smoothing: grayscale;
}

.addTransactionButton {
  color: white;
  height: 64px;
  width: 64px;
  background: var(--blue);
  position: fixed;
  bottom: 24px;
  right: 24px;
}

.addTransactionButton:hover {
  color: white;
  background-color: var(--blue);
  opacity: .6;
}

.errorText {
  color: white;
  font-size: 36px;
}

.appHeader {
```

```
  height: 80px;
  margin: 0;
}

.balanceEntry {
  font-size: 2rem;
}

.tableAmount {
  white-space: pre;
}
```

대부분의 스타일이 컴포넌트 레벨에서 처리될 것이기 때문에 이 파일에서는 단지 몇 개의 클래스만 포함하고 있다. 다음 절에서는 우리의 애플리케이션을 구성하는 Vue 컴포넌트에 대해 살펴볼 것이다.

Vue 컴포넌트 생성

Vue를 통해 자신의 기능을 캡슐화하는 별도의 컴포넌트를 만들 수 있고, 그런 컴포넌트를 구성해서 애플리케이션을 만들 수 있다. 그렇게 하면 애플리케이션을 하나의 파일로 저장하는 것보다 더 쉽게 디버깅과 변경 관리를 할 수 있고 확장성이 좋아진다.

애플리케이션은 파일당 하나의 컴포넌트 개발 방법론을 이용한다. 컴포넌트 파일을 살펴보기에 앞서, 완성된 애플리케이션을 먼저 보자. 다음은 애플리케이션에서 TRANSACTIONS 탭을 선택했을 때의 화면이다.

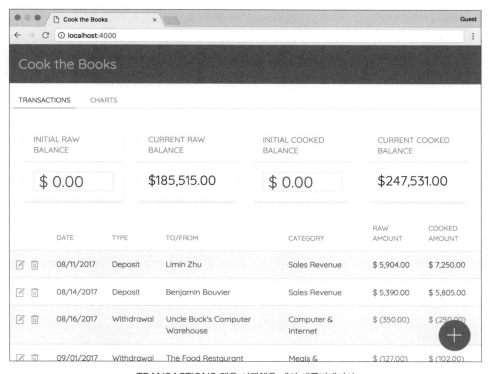

TRANSACTIONS 탭을 선택했을 때의 애플리케이션

다음은 **CHARTS** 탭을 선택했을 때의 애플리케이션 모습이다.

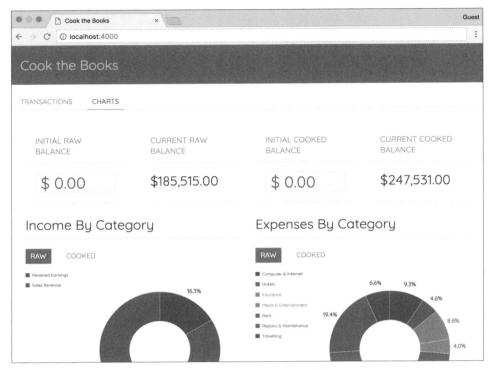

CHARTS 탭을 선택했을 때의 애플리케이션

Vue 컴포넌트의 구조

Vue 컴포넌트는 단순히 해당 구성 요소가 어떻게 보이고 어떻게 동작하는지 정의하는 속성을 포함하는 객체를 가지고 있는 파일이다. 속성은 Vue API를 준수하는 이름을 가져야한다. Vue API의 이와 같은 특징과 그 외 다른 측면에 대한 내용은 https://vuejs.org/v2/api를 참조하면 된다. 다음 코드는 애플리케이션에서 사용하는 Vue API의 구성 요소를 포함하는 예제 컴포넌트다.

```javascript
import SomeComponent from './SomeComponent.js';

export default {
    name: 'dummy-component',

    // 다른 컴포넌트에서 전달된 속성
    props: {
        label: String,
    },

    // 템플릿에 렌더링하기 위한 다른 Vue 컴포넌트
    components: {
        SomeComponent
    },

    // 로컬 데이터/상태를 저장하는 데 사용됨
    data() {
        return {
            amount: 0
        }
    },

    // `template` 외부의 복잡한 로직을 저장하는 데 사용됨
    computed: {
        negativeClass() {
            return {
                'negative': this.amount < 0
            };
        }
    },

    // 컴포넌트 내에서 수행될 수 있는 메소드
    methods: {
        addOne() {
            this.amount += 1;
        }
    },
```

```
    // 로컬 데이터가 변경되면 수행되는 액션
    watch: {
        amount(val, oldVal) {
            console.log(`New: ${val} > Old: ${oldVal}`);
        }
    },

    // 컴포넌트를 렌더링하기 위해 HTML을 포함한다.
    template: `
        <div>
            <some-component></some-component>
            <label for="someAmount">{{ label }}</label>
            <input
              id="someAmount"
              :class="negativeClass"
              v-model="amount"
              type="number"
            />
            <button @click="addOne">Add One</button>
        </div>
    `
};
```

각 속성 위의 주석은 각각의 목적을 하이 레벨에서 설명한 것이다. 그렇다면 App 컴포넌트를 살펴봄으로써 Vue가 실제 동작하는 것을 보자.

App 컴포넌트

App 컴포넌트 애플리케이션의 모든 하위 구성 요소를 렌더링하는 기본 컴포넌트다. 여기서는 Vue를 좀 더 잘 이해하기 위해 App 컴포넌트를 간단히 살펴볼 것이다. 앞으로 나머지 컴포넌트가 담당하는 역할에 대해 설명하겠지만 그것에 해당하는 코드 부분만을 살펴볼 것이다. App 컴포넌트 파일의 내용을 다음과 같으며 위치는 /src/components/App.js다.

```
import BalancesBar from './BalancesBar/BalancesBar.js';
import ChartsTab from './ChartsTab/ChartsTab.js';
import TransactionsTab from './TransactionsTab/TransactionsTab.js';

/**
 * 이 컴포넌트는 애플리케이션의 엔트리 포인트다.
 * 헤더와 탭, 내용을 포함한다.
 */
export default {
    name: 'app',
    components: {
        BalancesBar,
        ChartsTab,
        TransactionsTab
    },
    data() {
        return {
            balances: $store.state.balances,
            activeTab: 0
        };
    },
    methods: {
    // 거래가 추가, 편집 또는 제거될 때마다 잔액이 업데이트되는지 확인해야 한다.
    onTransactionChange() {
        $store.recalculateBalances();
        this.balances = $store.state.balances;
    },


    // "Charts" 탭이 활성화되면 차트가 자동으로 업데이트되는지 확인한다.
    onTabClick(event) {
        this.activeTab = +event.target.dataset.tab;
    }
},
template: `
  <div>
    <div class="appHeader uk-background-primary uk-flex uk-flex-middle">
      <h2 class="uk-light uk-margin-remove-bottom uk-margin-left">
        Cook the Books
```

```
      </h2>
    </div>
    <div class="uk-position-relative">
      <ul uk-tab class="uk-margin-small-bottom uk-margin-top">
        <li class="uk-margin-small-left">
          <a href="#" data-tab="0" @click="onTabClick">Transactions</a>
        </li>
        <li>
          <a href="#" data-tab="1" @click="onTabClick">Charts</a>
        </li>
      </ul>
      <balances-bar
        :balances="balances"
        :onTransactionChange="onTransactionChange">
      </balances-bar>
      <ul class="uk-switcher">
        <li>
          <transactions-tab :onTransactionChange="onTransactionChange">
          </transactions-tab>
        </li>
        <li>
          <charts-tab :isActive="this.activeTab === 1"></charts-tab>
        </li>
      </ul>
    </div>
  </div>
```
`
```
};
```

App 컴포넌트를 위한 template에 렌더링할 다른 Vue 컴포넌트를 지정하기 위해 compo
nents 속성을 이용한다. 로컬 상태를 반환하는 data( ) 함수는 잔액과 현재 활성화된 탭
(TRANSACTIONS 또는 CHARTS)을 추적하는 데 사용된다. methods 속성은 두 개의 함수를 포함한
다. 즉, 그것은 onTransactionChange( )와 onTabClick( ) 함수다. onTransactionChange( )
함수는 $store.recalculateBalances( )를 호출하고 거래 기록이 변경되면 로컬 상태의
balances를 업데이트한다. onTabClick( ) 함수는 로컬 상태에서 activeTab값을 클릭된

탭의 data-tab 속성으로 변경한다. 마지막으로, template 속성은 컴포넌트를 렌더링하는 데 사용되는 마크업을 포함한다.

 Vue(.vue 확장자)에서 단일 파일 컴포넌트를 이용하지 않는다면 template 속성에서 컴포넌트 이름을 케밥 표기법으로 변환해야 한다. 예를 들면 앞에서 본 App 컴포넌트에서 BalancesBar는 template에서 〈balances-bar〉로 변경됐다.

BalancesBar

/components/BalancesBar 폴더는 두 개의 컴포넌트 파일(BalanceCard.js와 BalancesBar. js)을 포함한다. BalancesBar 컴포넌트는 TRANSACTIONS와 CHARTS 탭에 걸쳐 유지되며 탭 컨트롤 바로 아래에 위치한다. 그리고 네 개의 BalanceCard 컴포넌트를 포함하며 각각 초기 원시 잔액, 현재 원시 잔액, 초기 조작 잔액, 현재 조작 잔액을 나타낸다. 초기 잔액을 나타내는 첫 번째와 세 번째 카드에서는 값을 입력할 수 있어서 잔액을 변경할 수 있다. 현재의 잔액을 나타내는 두 번째와 네 번째 카드는 Wasm 모듈에서 (getFinalBalanceForType( )을 이용해서) 동적으로 계산된다. 다음은 BalancesBar 컴포넌트에서 가져온 것으로서 Vue의 바인딩 구문을 보여준다.

```
<balance-card
  title="Initial Raw Balance"
  :value="balances.initialRaw"
  :onChange="amount => onBalanceChange(amount, 'initialRaw')">
</balance-card>
```

value와 onChange 속성 앞의 콜론(:)은 해당 속성이 Vue 컴포넌트에 바인딩된다는 것을 나타낸다. balances.initialRaw값이 변경되면 BalanceCard에 표시되는 값 또한 업데이트될 것이다. BalanceCard 카드를 위한 onBalanceChange( ) 함수 전역 상태의 balances. initialRaw값을 업데이트한다.

TransactionsTab

/components/TransactionsTab 폴더는 다음 네 컴포넌트 파일을 포함한다.

- ConfirmationModal.js
- TransactionModal.js
- TransactionsTab.js
- TransactionsTable.js

TransactionsTab 컴포넌트는 TransactionsTable과 TransactionsModal 컴포넌트뿐만 아니라 새로운 거래를 추가하는 데 사용되는 버튼을 포함한다. 변경과 추가는 Transaction Modal 컴포넌트를 통해 이뤄진다. TransactionsTable은 현재 거래를 모두 포함하며, 각각의 거래를 수정하거나 삭제할 수 있는 버튼을 포함한다. 만약 사용자가 Delete 버튼을 누르면 ConfirmationModal 컴포넌트가 나타나고 사용자에게 계속 진행할 것인지 물어본다. 사용자가 Yes를 선택하면 해당 거래는 삭제된다. 다음은 TransactionsTable 컴포넌트의 methods 속성에서 가져온 것으로서 표시되는 값의 형식 지정 방법을 보여준다.

```
getFormattedTransactions() {
    const getDisplayAmount = (type, amount) => {
        if (amount === 0) return accounting.formatMoney(amount);
        return accounting.formatMoney(amount, {
            format: { pos: '%s %v', neg: '%s (%v)' }
        });
    };

    const getDisplayDate = transactionDate => {
        if (!transactionDate) return '';
        const parsedTime = d3.timeParse('%Y-%m-%d')(transactionDate);
        return d3.timeFormat('%m/%d/%Y')(parsedTime);
    };

    return $store.state.transactions.map(
```

```
    ({
        type,
        rawAmount,
        cookedAmount,
        transactionDate,
        ...transaction
    }) => ({
        ...transaction,
        type,
        rawAmount: getDisplayAmount(type, rawAmount),
        cookedAmount: getDisplayAmount(type, cookedAmount),
        transactionDate: getDisplayDate(transactionDate)
    })
    );
}
```

위의 getFormattedTransactions() 함수는 각 거래 기록 내의 rawAmount와 cookedAmount, transactionDate 필드에 표현 형식을 적용한다. 즉, 표시되는 값에 달러 기호가 포함되는지 확인하고 사용자가 보기 편한 형식으로 표현한다.

ChartsTab

/components/ChartsTab 폴더에는 두 개의 컴포넌트 파일인 ChartsTab.js와 PieChart.js 파일이 포함돼 있다. ChartsTab 컴포넌트는 두 개의 PieChart 컴포넌트 인스턴스를 포함하며 각각 수입과 비용을 나타낸다. 각 PieChart 컴포넌트는 카테고리별 원시와 조작된 퍼센트를 표시한다. 사용자는 차트 위의 버튼을 이용해서 원시 값 보기와 조작된 값 보기 사이를 전환할 수 있다. inPieChart.js의 drawChart() 메소드는 D3를 이용해서 파이 차트와 범례를 렌더링한다. 그리고 D3에 내장된 애니메이션을 사용해서 각 파이 차트의 구성 요소가 로드되는 것을 애니메이션으로 만든다.

```
arc
    .append('path')
    .attr('fill', d => colorScale(d.data.category))
    .transition()
    .delay((d, i) => i * 100)
    .duration(500)
    .attrTween('d', d => {
        const i = d3.interpolate(d.startAngle + 0.1, d.endAngle);
        return t => {
            d.endAngle = i(t);
            return arcPath(d);
        };
    });
```

위 코드는 PieChart.js의 drawChart()의 일부분이며 단지 몇 줄의 코드만으로 파이 차트 애니메이션을 정의하고 있다. D3의 기능에 대해 좀 더 알고 싶다면 https://bl.ocks.org 에서 제공하는 예제를 확인하기 바란다. 지금까지 컴포넌트에 대해 알아봤고 이제는 애플리케이션을 실행해보자.

▌ 애플리케이션 실행

지금까지 C 코드를 작성하고 컴파일했고 프론트엔드 로직을 추가했다. 이제는 애플리케이션을 실행해 그것과 상호작용해볼 차례다. 이번 절에서는 애플리케이션의 /src 폴더를 확인하고 애플리케이션을 실행한 다음 모든 것이 제대로 동작하는지 확인하기 위해 기능을 테스트한다.

/src 폴더 확인

애플리케이션을 실행시키기 전에, /src 폴더 구조와 내용이 다음처럼 제대로 돼 있는지 확인해보기 바란다.

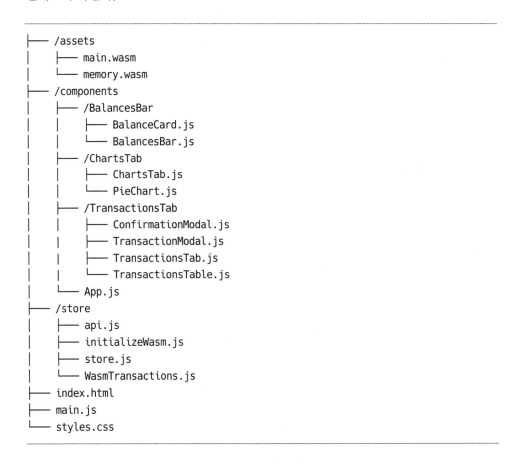

```
├─── /assets
│      ├─── main.wasm
│      └─── memory.wasm
├─── /components
│      ├─── /BalancesBar
│      │      ├─── BalanceCard.js
│      │      └─── BalancesBar.js
│      ├─── /ChartsTab
│      │      ├─── ChartsTab.js
│      │      └─── PieChart.js
│      ├─── /TransactionsTab
│      │      ├─── ConfirmationModal.js
│      │      ├─── TransactionModal.js
│      │      ├─── TransactionsTab.js
│      │      └─── TransactionsTable.js
│      └─── App.js
├─── /store
│      ├─── api.js
│      ├─── initializeWasm.js
│      ├─── store.js
│      └─── WasmTransactions.js
├─── index.html
├─── main.js
└─── styles.css
```

폴더 구조와 내용이 모두 동일하다면 이제 다음 단계로 진행할 준비가 된 것이다.

시작!

애플리케이션을 실행시키기 위해서는 터미널을 열고 /cook-the-books 폴더에서 다음 명령을 실행한다.

```
npm start
```

7장의 첫 번째 절에서 설치한 browser-sync는 (serve 라이브러리처럼) 로컬 서버 역할을 한다. 즉, package.json 파일에 정의된 특정 포트(여기서는 4000포트 이용)로 브라우저를 통해 애플리케이션에 접근할 수 있게 해준다. 브라우저로 http://localhost:4000/index.html 에 접속하면 다음과 같은 화면을 볼 수 있을 것이다.

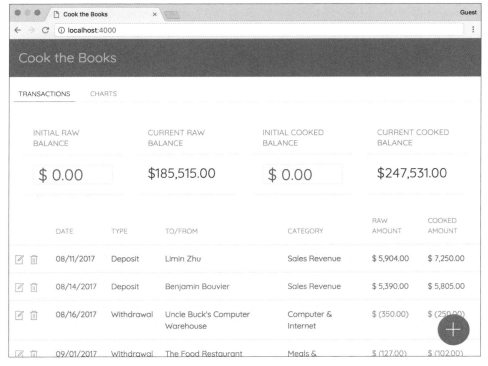

애플리케이션의 초기 로드 화면

serve 대신 browser-sync를 사용하는데 그것은 애플리케이션의 파일을 변경되는지 모니터링해서 만일 파일이 변경되면 그것을 자동으로 로딩해주기 때문이다.

이를 확인하기 위해 App.js의 타이틀 바를 Cook the Books에서 Broil the Books로 변경해보기 바란다. 그러면 브라우저는 새로 업데이트된 타이틀 바를 보게 될 것이다.

테스트

모든 것이 제대로 동작하는지 확인하기 위해 애플리케이션을 테스트해보자. 이어지는 각 절에서는 애플리케이션의 특정 기능에 대한 동작 및 예상되는 동작을 설명한다. 설명된 내용을 따라 해서 예상된 결과를 얻을 수 있는지 확인해보기 바란다. 만일 문제가 발생한다면 learn-webassembly 저장소의 /chapter-07-cook-the-books 폴더를 참조하기 바란다.

초기 잔액 변경

INITIAL RAW BALANCE와 INITIAL COOKED BALANCE BalanceCard 컴포넌트의 입력값을 변경해보기 바란다. INITIAL RAW BALANCE와 INITIAL COOKED BALANCE 카드 값은 변경된 값이 반영돼야 한다.

새로운 거래 생성

원시 잔액과 조작된 잔액을 기록한 다음 우측 하단에 있는 파란색 Add 버튼을 누른다. 그러면 TransactionModal 컴포넌트가 로드된다. 입력값을 채우고 Type, Raw Amount 그리고 Cooked Amount값을 입력하고 Save 버튼을 누른다.

잔액이 새로운 값이 반영돼 업데이트된다. Type값으로 Withdrawal을 선택하면 잔액은 감소되고 반대로 Deposit을 선택하면 잔액이 증가돼야 한다.

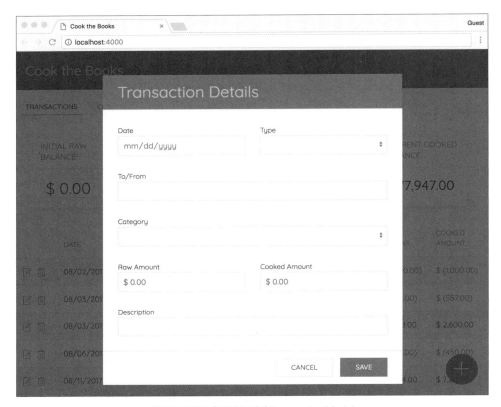

새로운 거래를 추가했을 때의 TransactionModal

기존 거래 삭제

TransactionsTable 컴포넌트에서 하나를 선택해 휴지통처럼 보이는 버튼을 누른다. 그러면 ConfirmationModal 컴포넌트가 보여야 한다. Yes 버튼을 누르면 해당 거래는 표에서 더 이상 보이지 않게 되고 현재의 잔액도 삭제된 거래 내역과 관련된 금액이 반영돼 업데이트돼야 한다.

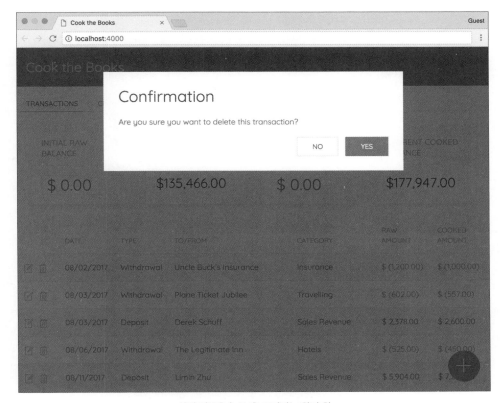

삭제 버튼을 누른 후 표시되는 확인 창

기존 거래 변경

기존 거래 금액을 변경하는 것을 제외하고는 새로운 거래를 추가했을 때와 동일한 절차를 수행한다. 그리고 현재의 잔액에 변경된 거래 금액이 반영됐는지 확인한다.

Charts 탭 테스트

ChartsTab 컴포넌트를 로드하기 위해 Charts 탭을 선택한다. 각 PieChart 컴포넌트의 버튼을 이용해 원시 값과 조작된 값을 위한 차트 사이를 전환해본다.

그럴 때마다 파이 차트는 업데이트된 값이 표시돼야 한다.

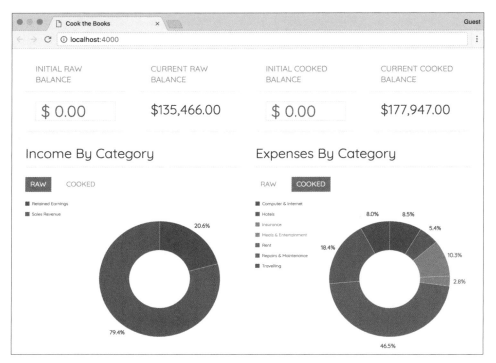

서로 다른 선택된 유형에 따른 CHARTS 탭의 내용

마무리

축하한다. 웹어셈블리를 이용하는 애플리케이션을 만들었다. 이제 웹어셈블리의 기능과
한계를 이해했으므로 시야를 넓혀서 Emscripten에 제공하는 뛰어난 기능에 대해 살펴볼
차례다.

요약

7장에서는 Emscripten이 제공하는 추가 기능을 사용하지 않고 웹어셈블리를 이용하는 회계 애플리케이션을 처음부터 개발해봤다. Core Specification을 기반으로 현재 형태의 웹어셈블리가 한계를 갖고 있다는 것을 보여줬다. 하지만 회계 애플리케이션에 적당한 Wasm 모듈을 이용해 계산을 신속하게 수행할 수 있었다. Vue를 이용해 애플리케이션을 컴포넌트로 분리했고, 디자인과 레이아웃을 위해서는 UIKit을 이용했고 D3를 이용해 거래 데이트를 표현하는 파이 차트를 만들었다. 8장에서는 C++ 코드를 웹어셈블리 기반으로 포팅하기 위해 Emscripten을 최대한 활용할 것이다.

질문

1. 애플리케이션을 위해 왜 Vue를(React나 Angular를 이용하지 않고) 이용했는가?
2. 이번 프로젝트를 위해 왜 C++가 아닌 C를 이용했는가?
3. 로컬에 JSON 파일로 데이터를 저장하지 않고 jsonstore.io를 이용해서 목업 API를 만든 이유는 무엇인가?
4. C 파일에서 거래를 관리하기 위해 사용한 데이터 구조체의 이름을 무엇인가?
5. memory.wasm 파일에서 필요한 함수는 무엇이고 무슨 용도로 사용됐는가?
6. Wasm 모듈을 래핑하기 클래스를 왜 만들었는가?
7. $store 객체를 만든 이유는 무엇인가?
8. 전역 상태를 관리하기 위해 실제 상용 애플리케이션에서는 어떤 라이브러리를 사용할 수 있는가?
9. 애플리케이션 실행을 위해 serve 대신 browser-sync를 사용하는 이유는 무엇인가?

▌ 추가 자료

- Vue: https://vuejs.org

08

Emscripten으로
게임 포팅

7장에서도 설명했듯이 웹어셈블리는 현재 상태로는 여전히 다소 제한적이다. Emscripten은 여러분의 애플리케이션을 위해 웹어셈블리의 기능을 확장할 수 있는 강력한 API를 제공한다. 실행 파일 대신 웹어셈블리 모듈과 자바스크립트 글루 코드를 컴파일하면 기존의 C나 C++ 소스코드를 약간만 변경해도 된다.

8장의 목표는 다음과 같다.

- C++ 코드를 업데이트해 (네이티브 실행 파일 대신) Wasm 모듈/자바 스크립트 글루 코드로 컴파일
- Emscripten의 API를 이용해 C++ 애플리케이션에 브라우저 통합 기능 추가

- 적절한 emcc 플래그로 멀티파일 C++ 프로젝트를 빌드
- emrun을 이용해 브라우저에서 C++ 애플리케이션을 실행하고 테스트

▌ 게임의 개요

8장에서는 C++로 작성된 테트리스 게임을 Emscripten과 통합하고 Wasm/JS로 컴파일하기 위해 테트리스 게임의 코드를 업데이트할 것이다. 원래 코드는 SDL2을 이용하는 실행 파일로 컴파일되며 커맨드 라인에서 그것을 로드할 수 있다. 이번 절에서는 테트리스 게임이 무엇이고 소스코드를 가져와서 (처음부터 게임의 코드를 작성할 필요 없이) 그것을 실행 시키는 방법에 대해 간단히 살펴볼 것이다.

테트리스 게임

테트리스 게임의 목표는 다양한 모양의 블록 조각Tetriminos을 회전하고 이동시켜서 빈틈이 없는 블록 행을 만드는 것이다. 빈틈없는 블록 행이 만들어지면 그것은 게임 공간에서 삭제되고 점수가 1씩 증가한다. 여기서 다루는 버전의 테트리스 게임은 승리 조건(승리 조건을 추가하는 것은 어렵지 않다)이 따로 있는 것은 아니다.

테트리스 게임의 코드는 충돌 탐지와 스코어링과 같은 개념의 알고리즘을 이용하기 때문에 그것의 규칙과 메커니즘을 이해하는 것이 중요하다. 기능의 목적을 이해하면 코드를 이해하는 데 도움이 된다. 테트리스 게임 기술을 익히려면 온라인에서 테트리스 게임을 해보기 바란다. https://emulatoronline.com/nes-games/classic-tetris/에서는 어도비 플래시를 설치할 필요 없이 테트리스 게임을 할 수 있다. 원래의 닌텐도 버전 테트리스 게임처럼 보일 것이다.

258

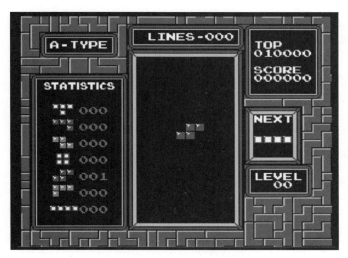

EmulatorOnline.com의 클래식 테트리스

여기서 다룰 버전은 블록 카운터나 레벨, 포인트를 포함하지 않지만 게임 방법은 동일하다.

소스코드의 출처

테트리스 C++ 게임을 검색해보면 다양한 튜토리얼과 소스코드 저장소를 찾을 수 있을 것이다. 지금까지 사용해온 포맷과 명명 규칙을 그대로 유지시키기 위해 여러 리소스를 결합해 새로운 버전의 게임을 만들었다. 만약 어떤 리소스들을 참조했는지 관심이 있다면 8장 끝부분에 있는 '추가 자료' 절을 보기 바란다. 코드를 포팅하는 개념과 절차는 소스코드의 출처와 상관이 없다. 소스코드 포팅에 대한 일반적인 내용을 간단히 살펴보자.

포팅에 대한 참고 사항

기존 코드를 Emscripten으로 포팅하는 것은 간단한 작업이 아니다. C나 C++, Rust 애플리케이션을 변환할 수 있는지 여부를 평가할 때는 고려해야 할 몇 가지 변수가 있다. 예를 들면 여러 개의 서드파티 라이브러리를 사용하거나 사용하는 서드파티 라이브러리가 적더라도 그것이 상당히 복잡한 것이라면 많은 시간과 노력이 필요하게 된다. Emscripten은 서드파티 라이브러리를 포팅하는 데 도움이 되는 라이브러리들을 제공한다.

- `asio`: 네트워크와 로우 레벨 I/O 프로그래밍 라이브러리
- `Bullet`: 실시간 충돌 탐지와 물리 시뮬레이션 라이브러리
- `Cocos2d`: 크로스플랫폼 오픈소스 게임 개발 툴
- `FreeType`: 폰트를 렌더링하기 위한 라이브러리
- `HarfBuzz`: OpenType을 지원하는 텍스트 엔진
- `libpng`: 공식 PNG 레퍼런스 라이브러리
- `Ogg`: 멀티미디어 컨테이너 포맷
- `SDL2`: 오디오, 키보드, 마우스, 조이스틱과 그래픽 하드웨어에 대한 로우 레벨 접근을 제공하도록 설계된 라이브러리
- `SDL2_image`: 이미지 파일 로딩 라이브러리
- `SDL2_mixer`: 간단한 멀티 채널 오디오 믹서 라이브러리
- `SDL2_net`: 간단한 크로스플랫폼 네트워크 라이브러리
- `SDL2_ttf`: SDL 애플리케이션에 TrueType 폰트를 사용할 수 있도록 지원하는 라이브러리
- `Vorbis`: 일반적인 목적의 오디오와 음악 인코딩 포맷
- `zlib`: 비손실 데이터 압축 라이브러리

만일 게임이 사용 중인 라이브러리가 포팅된 것이 없다면 그것을 직접 포팅해야 할 것이다. 그렇게 포팅을 수행한다면 관련 커뮤니티에서는 반기겠지만 상당한 시간과 리소스를 투자해야만 한다. 우리의 테트리스 게임은 SDL2만을 이용하기 때문에 포팅 과정이 상대적으로 간단해진다.

테트리스 소스코드 가져오기

8장을 위한 코드는 learn-webassembly 저장소의 /chapter-08-tetris 폴더에 있다. /chapter-08-tetris 폴더 안에는 두 개의 폴더가 있다. /output-native 폴더는 원래의 (포트하기 전) 코드가 포함돼 있고 /output-wasm 폴더에는 포팅된 코드가 포함돼 있다.

 네이티브 빌드 단계를 위해 VS Code의 Task 기능을 이용하고자 한다면 VS Code에서 /learn-webassembly 폴더가 아닌 /chapter-08-tetris/output-native 폴더를 열어야 한다.

네이티브 프로젝트 빌드

네이티브 프로젝트를 빌드하려면 /output-native 폴더 안의 /cmake 폴더와 CMakeLists. txt 파일이 필요하다. README.md 파일 안에는 각 플랫폼별로 코드를 가져와 실행시키는 방법이 포함돼 있다. 포팅을 수행하기 위해 프로젝트를 빌드할 필요는 없다. 추가적으로 설치가 필요한 것을 설치하고 프로젝트를 플랫폼에 맞게 성공적으로 빌드하는 것은 시간이 오래 걸리고 복잡할 수 있다. 그럼에도 빌드를 하고자 한다면 VS Code의 Task 기능을 이용해 실행 파일을 빌드하면 된다. README.md 파일의 지시를 수행한 다음 VS Code의 Tasks > Run Task... 메뉴를 선택한 뒤 Build Executable을 선택하면 된다.

게임 실행

프로젝트를 성공적으로 빌드했다면 VS Code의 Tasks > Run Task... 메뉴를 선택하고 Start Executable 작업을 선택하면 된다. 모든 것이 문제없다면 다음과 같은 화면을 보게 될 것이다.

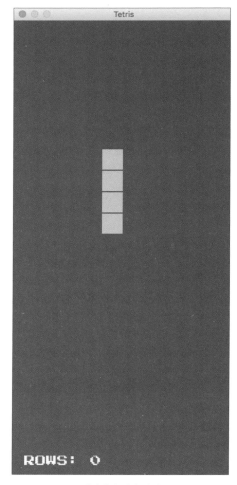

컴파일된 게임 실행

여기서 사용하는 테트리스 게임은 실패 조건을 가지고 있지 않다. 하나의 행이 삭제될 때마다 ROWS의 카운트가 1씩 증가할 뿐이다. 블록이 상단에 닿으면 게임이 끝나고 게임 보드가 재설정된다. 이는 게임의 가장 기본이 되는 구현이며 기능을 추가하게 되면 필요한 코드의 양과 복잡도가 증가하게 된다. 그러면 이제는 실제 코드를 좀 더 자세히 살펴보자.

▮ 코드의 세부 내용

이제 코드를 사용할 수 있게 됐으니 코드를 스스로 숙지할 필요가 있다. 코드에 대한 제대로 된 이해 없이 포팅하고자 한다면 성공적인 포팅을 위한 힘든 시간을 보내게 될 것이다. 8장에서는 각각의 C++ 클래스와 헤더 파일들을 살펴볼 것이고 그것의 애플리케이션에서의 역할을 설명할 것이다.

코드를 객체로 분해하기

애플리케이션의 관리를 단순화하기 위한 테트리스 코드로서 사용된 C++는 객체 지향 패러다임을 중심으로 설계됐다. 테트리스 C++ 코드는 게임 내의 각 객체를 표현하는 C++ 클래스 파일(.cpp)과 헤더 파일(.h)로 구성된다. '테트리스 게임' 절의 설명을 통해 게임에서 어떤 객체가 필요한지 추정할 수 있을 것이다.

블록Tetriminos과 게임 공간이 클래스로 만들 수 있는 좋은 예다. 다소 직관적이지 않을 수는 있지만 여전히 유효하며 그것이 게임의 핵심이다. 클래스는 반드시 실제 객체처럼 구체적일 필요는 없으며, 코드를 공유해서 저장하는 데 탁월하다. 나는 코드를 적게 타이핑하는 것을 선호하기 때문에 Tetrimino를 표현하기 위해 Piece를 사용했고 게임 공간을 표현하기 위해 Board(well이라는 단어가 좀 더 짧지만 의미상 적당하지 않다고 생각했다)를 사용했다. 전역 변수를 저장하기 위해 헤더 파일(constants.h)을 만들었고, 게임 플레이를 관리하기 위해 Game 클래스를 만들었고 게임의 시작점 역할을 하는 main.cpp 파일을 만들었다. 다음은 /src 폴더의 내용이다.

```
├── board.cpp
├── board.h
├── constants.h
├── game.cpp
├── game.h
├── main.cpp
├── piece.cpp
└── piece.h
```

각 파일(main.cpp와 constants.h를 제외하고)은 클래스(.cpp)와 헤더(.h) 파일을 가진다. 헤더 파일을 이용하면 여러 파일에 걸쳐서 코드를 재사용할 수 있고 코드 중복을 방지할 수 있다. 관심이 있다면 '추가 자료' 절에 포함된 리소스를 통해 헤더 파일에 대해 더 많이 배울 수 있을 것이다. constants.h 파일은 애플리케이션의 거의 대부분의 파일에서 사용되기 때문에 그것부터 먼저 살펴보자.

constants 파일

코드 전반에 걸쳐서 혼란스러운 매직 넘버를 뿌리기보다는 애플리케이션에서 사용할 상수를 포함하는 헤더 파일(constants.h)을 선택했다. 헤더 파일의 내용은 다음과 같다.

```
#ifndef TETRIS_CONSTANTS_H
#define TETRIS_CONSTANTS_H

namespace Constants {
    const int BoardColumns = 10;
    const int BoardHeight = 720;
    const int BoardRows = 20;
    const int BoardWidth = 360;
    const int Offset = BoardWidth / BoardColumns;
    const int PieceSize = 4;
    const int ScreenHeight = BoardHeight + 50;
}

#endif // TETRIS_CONSTANTS_H
```

첫 번째 줄의 #ifndef문은 #include 가드로서 컴파일 과정에서 헤더 파일이 중복 포함되는 것을 방지해준다. 이런 가드는 애플리케이션의 모든 헤더 파일에 사용된다. 헤더 파일에 선언된 상수들은 각 클래스들을 살펴보면서 그 목적을 선명히 알게 될 것이다. 다양한 요소의 크기와 그것이 서로 어떻게 관련돼 있는지에 대한 정보를 제공하기 위해 먼저 관련 상수를 정의했다.

이제는 게임의 여러 측면을 나타내는 다양한 클래스로 넘어가자. Piece 클래스는 가장 낮은 레벨의 객체를 나타내기 때문에 그것을 먼저 살펴보고 그 다음 Board와 Game 클래스로 넘어갈 것이다.

piece 클래스

블록Tetrimino은 게임 공간에서 회전하고 움직이는 요소다. 일곱 가지 종류의 블록이 있으며, 각각 문자와 색깔로 표현된다.

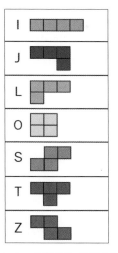

Tetrimino 색깔(출처: 위키피디아)

각 블록의 모양과 색깔 그리고 현재 블록의 방향을 정의하는 방법이 필요하다. 각 블록은 네 가지의 방향(90도씩 증가하면서)을 가질 수 있으며 전체 블록에 대해서는 총 28가지 방향이 존재한다. 블록의 색깔은 변하지 않기 때문에 한 번만 색깔이 할당되면 된다. 이와 같은 내용을 숙지하고 헤더 파일(piece.h)을 보자.

```
#ifndef TETRIS_PIECE_H
#define TETRIS_PIECE_H

#include <SDL2/SDL.h>
#include "constants.h"

class Piece {
    public:
        enum Kind { I = 0, J, L, O, S, T, Z };

        explicit Piece(Kind kind);

        void draw(SDL_Renderer *renderer);
        void move(int columnDelta, int rowDelta);
        void rotate();
        bool isBlock(int column, int row) const;
        int getColumn() const;
        int getRow() const;

    private:
        Kind kind_;
        int column_;
        int row_;
        int angle_;
};

#endif // TETRIS_PIECE_H
```

다양한 그래픽적 요소를 그리고 키보드 입력을 처리하기 위해 SDL2를 이용하기 때문에 draw( ) 함수에 SDL_Rendere를 인자로 전달한다. Game 클래스에서 SDL2가 어떻게 이용되는지 보게 될 것이므로 지금은 이 정도만 알면 된다. 위 헤더 파일은 Piece 클래스를 위한 인터페이스를 정의하고 있다. 이제는 piece.cpp의 구현 내용을 살펴보자. 이를 위해 각 코드 섹션과 그것의 기능에 대해 살펴볼 것이다.

생성자와 draw() 함수

코드의 첫 번째 부분은 Piece 클래스의 생성자와 draw() 함수를 정의하고 있다.

```cpp
#include "piece.h"

using namespace Constants;

Piece::Piece(Piece::Kind kind) :
    kind_(kind),
    column_(BoardColumns / 2 - PieceSize / 2),
    row_(0),
    angle_(0) {
}

void Piece::draw(SDL_Renderer *renderer) {
    switch (kind_) {
        case I:
            SDL_SetRenderDrawColor(renderer, /* 청록색: */ 45, 254, 254, 255);
            break;
        case J:
            SDL_SetRenderDrawColor(renderer, /* 파란색: */ 11, 36, 251, 255);
            break;
        case L:
            SDL_SetRenderDrawColor(renderer, /* 오렌지색: */ 253, 164, 41, 255);
            break;
        case O:
            SDL_SetRenderDrawColor(renderer, /* 노란색: */ 255, 253, 56, 255);
            break;
        case S:
            SDL_SetRenderDrawColor(renderer, /* 초록: */ 41, 253, 47, 255);
            break;
        case T:
            SDL_SetRenderDrawColor(renderer, /* 자주색: */ 126, 15, 126, 255);
            break;
        case Z:
            SDL_SetRenderDrawColor(renderer, /* 빨간색: */ 252, 13, 28, 255);
            break;
```

```
        }

        for (int column = 0; column < PieceSize; ++column) {
            for (int row = 0; row < PieceSize; ++row) {
                if (isBlock(column, row)) {
                    SDL_Rect rect{
                        (column + column_) * Offset + 1,
                        (row + row_) * Offset + 1,
                        Offset - 2,
                        Offset - 2
                    };
                    SDL_RenderFillRect(renderer, &rect);
                }
            }
        }
}
```

생성자는 기본값으로 클래스를 초기화한다. BoardColumns와 PieceSize값은 constants.h 파일에 정의된 상수 값이다. BoardColumns는 게임 보드에 들어갈 수 있는 열의 수를 나타내며 10으로 정의됐다. PieceSize는 블록이 열에서 차지하는 공간을 나타내며 4로 정의됐다. private 속성의 columns_ 변수에 할당된 초깃값은 보드의 중심을 나타낸다.

draw( ) 함수는 루프를 돌면서 보드의 모든 가능한 열과 행에 셀을 채우는데 해당 셀에는 블록의 종류에 맞는 색이 할당된다. 셀이 블록의 조각으로 채워지는지 여부는 isBlock( ) 함수에 의해 결정되며 그 함수에 대해서는 다음에 설명할 것이다.

move(), rotate() 그리고 isBlock() 함수

코드의 두 번째 부분은 블록을 움직이고 회전하는 로직과 현재의 위치를 판단하는 로직이 포함돼 있다.

```
void Piece::move(int columnDelta, int rowDelta) {
    column_ += columnDelta;
```

```cpp
        row_ += rowDelta;
}

void Piece::rotate( ) {
    angle_ += 3;
    angle_ %= 4;
}

bool Piece::isBlock(int column, int row) const {
    static const char *Shapes[][4] = {
        // I
        {
            " * "
            " * "
            " * "
            " * ",
            "    "
            "****"
            "    "
            "    ",
            " * "
            " * "
            " * "
            " * ",
            "    "
            "****"
            "    "
            "    ",
        },
        // J
        {
            " * "
            " * "
            " ** "
            "    ",
            "    "
            "*  "
            "*** "
```

```
            "    ",
            " ** ",
            " *  ",
            " *  ",
            "    ",
            " *  ",
            " *  ",
            "*** ",
            " *  ",
        },
...
    };
    return Shapes[kind_][angle_][column + row * PieceSize] == '*';
}

int Piece::getColumn() const {
    return column_;
}

int Piece::getRow() const {
    return row_;
}
```

move( ) 함수는 보드상에서 블록의 위치를 나타내는 private 속성의 column_과 row_ 변수의 값을 업데이트한다. rotate( ) 함수는 private 속성의 angle_ 변수의 값을 (法 4에 의해서) 0, 1, 2 또는 3으로 설정한다.

어떤 종류의 블록을 표현하는지 그리고 그것의 위치와 회전을 결정하는 것은 isBlock( ) 함수에 의해 이뤄진다. 여기서는 표현되는 코드를 어수선하게 만들지 않기 위해 다차원 배열인 Shapes의 첫 번째 두 요소를 제외한 나머지는 생략했지만 실제 코드에는 해당 배열의 모든 값들이 표현돼 있다. 이와 같은 방법이 가장 우아한 구현 방법은 아니지만 원하는 목적에는 충분히 부합된다.

private 속성의 kind_와 angle_ 변숫값은 Shapes 배열에서 네 개의 해당 char* 요소를 선택하기 위한 차원으로 지정된다. 네 요소는 블록의 네 가지 가능한 방향을 나타낸다. 만약 column + row * PieceSize에 해당하는 인덱스의 문자가 별표(*)이면 해당 블록은 지정된 열과 행에 표현된다. 웹상에 있는 테트리스 튜토리얼(또는 GitHub에 있는 많은 테트리스 코드 저장소)을 보게 된다면 셀을 블록으로 채우는 방법이 다양하다는 것을 알게 될 것이다. 여기서 사용한 방법은 다양한 방법 중에서 블록을 시각화하는 데 가장 쉬운 방법이라고 생각해서 선택한 것이다.

getColumn()과 getRow() 함수

코드의 마지막 부분은 블록의 열과 행을 가져오는 함수를 포함하고 있다.

```
int Piece::getColumn() const {
    return column_;
}

int Piece::getRow() const {
    return row_;
}
```

이 함수들은 단순히 private 속성의 column_과 row_ 변숫값을 반환한다. 지금까지 Piece 클래스를 살펴보았으니 이제는 Board 클래스를 살펴볼 차례다.

Board 클래스

Board 클래스는 Piece 클래스 인스턴스를 포함하며 블록 간의 충돌의 탐지하고 언제 행이 꽉 채워졌는지 그리고 언제 게임이 종료되는지 판단한다. 그러면 헤더 파일(board.h)의 내용부터 살펴보자.

```
#ifndef TETRIS_BOARD_H
#define TETRIS_BOARD_H

#include <SDL2/SDL.h>
#include <SDL2/SDL2_ttf.h>
#include "constants.h"
#include "piece.h"

using namespace Constants;

class Board {
    public:
        Board();
        void draw(SDL_Renderer *renderer, TTF_Font *font);
        bool isCollision(const Piece &piece) const;
        void unite(const Piece &piece);

    private:
        bool isRowFull(int row);
        bool areFullRowsPresent();
        void updateOffsetRow(int fullRow);
        void displayScore(SDL_Renderer *renderer, TTF_Font *font);

        bool cells_[BoardColumns][BoardRows];
        int currentScore_;
};

#endif // TETRIS_BOARD_H
```

Board 클래스에는 Piece 클래스의 경우처럼 draw( ) 함수를 포함할 뿐만 아니라 보드상에서 어떤 셀이 채워졌는지 추적하고 행을 관리하기 위한 여러 함수를 포함하고 있다.

윈도우의 하단 부분에 있으면 현재의 점수(삭제한 행의 수)를 나타내는 ROWS를 표현하기 위해 SDL2_ttf 라이브러리가 사용됐다. 이제는 구현된 코드(board.cpp)를 살펴보자.

생성자와 draw() 함수

코드의 첫 번째 부분은 Board 클래스의 생성자와 draw() 함수를 정의한다.

```
#include <sstream>
#include "board.h"

using namespace Constants;

Board::Board() : cells_{{ false }}, currentScore_(0) {}

void Board::draw(SDL_Renderer *renderer, TTF_Font *font) {
    displayScore(renderer, font);
    SDL_SetRenderDrawColor(
        renderer,
        /* 밝은 회색: */ 140, 140, 140, 255);
    for (int column = 0; column < BoardColumns; ++column) {
        for (int row = 0; row < BoardRows; ++row) {
            if (cells_[column][row]) {
                SDL_Rect rect{
                    column * Offset + 1,
                    row * Offset + 1,
                    Offset - 2,
                    Offset - 2
                };
                SDL_RenderFillRect(renderer, &rect);
            }
        }
    }
}
```

Board 생성자는 private 속성의 cells_와 currentScore_ 변수를 기본값으로 초기화한다. cells_ 변수는 Booleans 타입의 이차원 배열로서 첫 번째 차원은 열을 나타내고 두 번째 차원을 행을 나타낸다. 만약 블록이 특정 행과 열을 차지한다면 배열의 해당 값은 true가 된다. draw() 함수 Piece 클래스의 draw() 함수와 유사하게 동작한다. 즉, 셀을 특정 색상의 블록으로 채운다. 하지만 여기서의 draw( ) 함수는 블록의 종류와 상관없이 밝은 회색으로 보드의 바닥에 도달한 블록이 차지하는 셀만을 채운다.

isCollision( ) 함수

코드의 두 번째 부분은 충돌 탐지 로직을 포함한다.

```
bool Board::isCollision(const Piece &piece) const {
    for (int column = 0; column < PieceSize; ++column) {
        for (int row = 0; row < PieceSize; ++row) {
            if (piece.isBlock(column, row)) {
                int columnTarget = piece.getColumn() + column;
                int rowTarget = piece.getRow() + row;
                if (
                    columnTarget < 0
                    >> columnTarget >= BoardColumns
                    >> rowTarget < 0
                    >> rowTarget >= BoardRows
                ) {
                    return true;
                }
                if (cells_[columnTarget][rowTarget]) return true;
            }
        }
    }
    return false;
}
```

isCollision( ) 함수는 보드상의 각 셀이 인자로 전달된 &piece에 의해서 채워진 곳에 도달할 때까지 루프를 반복한다. 블록이 보드의 한쪽 면에 충돌하려고 하거나 바닥에 닿으려고 한다면 true를 반환하고 그렇지 않으면 false를 반환한다.

unite() 함수

코드의 세 번째 부분은 맨 윗줄에 해당하는 블록에 대한 로직이 포함돼 있다.

```cpp
void Board::unite(const Piece &piece) {
    for (int column = 0; column < PieceSize; ++column) {
        for (int row = 0; row < PieceSize; ++row) {
            if (piece.isBlock(column, row)) {
                int columnTarget = piece.getColumn() + column;
                int rowTarget = piece.getRow() + row;
                cells_[columnTarget][rowTarget] = true;
            }
        }
    }


    // 꽉 차지 않은 행을 발견할 때까지 반복해서 진행하고
    // 꽉 찬 행을 제거하는 동시에 꽉 차지 않은 행을 시프트시킨다.
    while (areFullRowsPresent()) {
        for (int row = BoardRows - 1; row >= 0; --row) {
            if (isRowFull(row)) {
                updateOffsetRow(row);
                currentScore_ += 1;
                for (int column = 0; column < BoardColumns; ++column) {
                    cells_[column][0] = false;
                }
            }
        }
    }
}

bool Board::isRowFull(int row) {
    for (int column = 0; column < BoardColumns; ++column) {
        if (!cells_[column][row]) return false;
    }
    return true;
}
```

```cpp
bool Board::areFullRowsPresent() {
    for (int row = BoardRows - 1; row >= 0; --row) {
        if (isRowFull(row)) return true;
    }
    return false;
}

void Board::updateOffsetRow(int fullRow) {
    for (int column = 0; column < BoardColumns; ++column) {
        for (int rowOffset = fullRow - 1; rowOffset >= 0; --rowOffset) {
            cells_[column][rowOffset + 1] =
            cells_[column][rowOffset];
        }
    }
}
```

unite() 함수와 isRowFull(), areFullRowsPresent() 그리고 updateOffsetRow() 함수
는 여러 작업을 수행한다. 적절한 배열 위치를 true로 설정함으로써 &piece 인자가 차지
하는 행과 열로 private 속성의 cells_ 변수를 업데이트한다. 또한 해당 cells_ 배열 위치
를 false로 설정함으로써 보드에서 모든 열이 꽉 찬 행을 삭제하고 currentScore_값을 증
가시킨다. 행이 삭제된 이후에는 cells_ 배열이 업데이트되고 삭제된 행 위로 이동된다.

displayScore() 함수
코드의 마지막 부분은 게임 윈도우의 아랫부분에 점수를 표시하는 것이다.

```cpp
void Board::displayScore(SDL_Renderer *renderer, TTF_Font *font) {
    std::stringstream message;
    message << "ROWS: " << currentScore_;
    SDL_Color white = { 255, 255, 255 };
    SDL_Surface *surface = TTF_RenderText_Blended(
        font,
        message.str().c_str(),
        white);
```

```
    SDL_Texture *texture = SDL_CreateTextureFromSurface(
        renderer,
        surface);
    SDL_Rect messageRect{ 20, BoardHeight + 15, surface->w, surface->h };
    SDL_FreeSurface(surface);
    SDL_RenderCopy(renderer, texture, nullptr, &messageRect);
    SDL_DestroyTexture(texture);
}
```

displayScore() 함수는 윈도우 하단(보드 아래)에 현재 점수를 표시하기 위해 SDL2_ttf 라이브러리를 이용한다. TTF_Font *font 인자는 점수가 업데이트될 때마다 폰트가 초기화되는 것을 방지하기 위해 Game 클래스에서 전달된다. stringstream message 변수는 텍스트 값을 만드는데 사용되며 TTF_RenderText_Blended() 함수 내에서 C char* 값을 설정하는 데 사용된다. 코드의 나머지 부분은 SDL_Rect에서 텍스트를 표시하고 그것이 제대로 표현됐는지 확인한다.

지금까지 Board 클래스를 봤고 이제는 Game 클래스로 넘어가 모든 것이 어떻게 맞물려 돌아가는지 알아보자.

Game 클래스

Game 클래스는 키 입력으로 블록을 보드상에서 움직이기 위한 함수를 포함한다. 다음은 헤더 파일(game.h)의 내용이다.

```
#ifndef TETRIS_GAME_H
#define TETRIS_GAME_H

#include <SDL2/SDL.h>
#include <SDL2/SDL2_ttf.h>
#include "constants.h"
#include "board.h"
#include "piece.h"
```

```
class Game {
  public:
    Game();
    ~Game();
    bool loop();

  private:
    Game(const Game &);
    Game &operator=(const Game &);

    void checkForCollision(const Piece &newPiece);
    void handleKeyEvents(SDL_Event &event);

    SDL_Window *window_;
    SDL_Renderer *renderer_;
    TTF_Font *font_;
    Board board_;
    Piece piece_;
    uint32_t moveTime_;
};

#endif // TETRIS_GAME_H
```

loop() 함수는 게임 로직을 포함하고 이벤트 기반의 상태를 관리한다. private: 아래의 첫 번째 두 줄은 게임의 인스턴스가 하나 이상 생성되지 않도록 해서 메모리 누수를 방지한다. private 메소드는 loop() 함수의 코드 양을 줄여줘서 코드 유지 관리와 디버깅을 단순화시켜준다. 이제는 game.cpp의 구현 코드로 넘어가보자.

생성자와 소멸자

코드의 첫 번째 부분은 클래스 인스턴스가 로드되고(생성자) 언로드될(소멸자) 때 수행되는 작업이 정의된다.

```cpp
#include <cstdlib>
#include <iostream>
#include <stdexcept>
#include "game.h"

using namespace std;
using namespace Constants;

Game::Game( ) :
    // 새로운 랜덤 블록을 생성
    piece_{ static_cast<Piece::Kind>(rand( ) % 7) },
    moveTime_(SDL_GetTicks( ))
{
    if (SDL_Init(SDL_INIT_VIDEO) != 0) {
        throw runtime_error(
            "SDL_Init(SDL_INIT_VIDEO): " + string(SDL_GetError( )));
    }
    SDL_CreateWindowAndRenderer(
        BoardWidth,
        ScreenHeight,
        SDL_WINDOW_OPENGL,
        &window_,
        &renderer_);
    SDL_SetWindowPosition(
        window_,
        SDL_WINDOWPOS_CENTERED,
        SDL_WINDOWPOS_CENTERED);
        SDL_SetWindowTitle(window_, "Tetris");
    if (TTF_Init( ) != 0) {
        throw runtime_error("TTF_Init():" + string(TTF_GetError( )));
    }
    font_ = TTF_OpenFont("PressStart2P.ttf", 18);
    if (font_ == nullptr) {
        throw runtime_error("TTF_OpenFont: " + string(TTF_GetError( )));
    }
}
```

```
Game::~Game() {
    TTF_CloseFont(font_);
    TTF_Quit();
    SDL_DestroyRenderer(renderer_);
    SDL_DestroyWindow(window_);
    SDL_Quit();
}
```

생성자는 애플리케이션의 시작점을 나타내며 필요한 모든 리소스를 할당하고 초기화한다. TTF_OpenFont() 함수는 Press Start 2P라는 이름의 Google Fonts에서 다운로드한 True Type 폰트 파일을 참조한다. https://fonts.google.com/specimen/Press+Start+2P에서 해당 폰트를 볼 수 있다. 그것은 저장소의 /resources 폴더에 있으며 프로젝트가 빌드될 때 실행 파일과 동일한 폴더에 복사된다. SDL2 리소스를 초기화할 때 에러가 발생하면 해당 에러의 구체적인 내용과 함께 runtime_error가 전달된다. 애플리케이션이 종료되기 전에 소멸자(~Game())는 메모리 누수를 방지하기 위해 SDL2와 SDL2_ttf를 위해 할당한 리소스를 해제한다.

loop() 함수

코드의 마지막 부분은 Game::loop에 대한 코드다.

```
bool Game::loop() {
    SDL_Event event;
    while (SDL_PollEvent(&event)) {
        switch (event.type) {
            case SDL_KEYDOWN:
                handleKeyEvents(event);
                break;
            case SDL_QUIT:
                return false;
            default:
                return true;
```

```cpp
        }
    }

    SDL_SetRenderDrawColor(renderer_, /* 진한 회색: */ 58, 58, 58, 255);
    SDL_RenderClear(renderer_);
    board_.draw(renderer_, font_);
    piece_.draw(renderer_);

    if (SDL_GetTicks() > moveTime_) {
        moveTime_ += 1000;
        Piece newPiece = piece_;
        newPiece.move(0, 1);
        checkForCollision(newPiece);
    }

    SDL_RenderPresent(renderer_);
    return true;
}
void Game::checkForCollision(const Piece &newPiece) {
    if (board_.isCollision(newPiece)) {
        board_.unite(piece_);
        piece_ = Piece{ static_cast<Piece::Kind>(rand() % 7) };
        if (board_.isCollision(piece_)) board_ = Board();
    } else {
        piece_ = newPiece;
    }
}

void Game::handleKeyEvents(SDL_Event &event) {
    Piece newPiece = piece_;
    switch (event.key.keysym.sym) {
        case SDLK_DOWN:
            newPiece.move(0, 1);
            break;
        case SDLK_RIGHT:
            newPiece.move(1, 0);
            break;
        case SDLK_LEFT:
```

```
                newPiece.move(-1, 0);
                break;
            case SDLK_UP:
                newPiece.rotate();
                break;
            default:
                break;
        }
        if (!board_.isCollision(newPiece)) piece_ = newPiece;
}
```

loop( ) 함수는 SDL_QUIT 이벤트가 발생하지 않는 한 Boolean을 반환한다. 1초마다 Piece
와 Board 인스턴스를 위한 draw( ) 함수가 실행되고 보드상의 블록 위치가 그에 따라 업
데이트된다. 왼쪽, 오른쪽 그리고 아래쪽 방향 키로 블록의 움직이고 위쪽 방향 키로는
블록을 90도 회전시킨다. handleKeyEvents( ) 함수에서는 키 입력을 적절히 처리해준다.
checkForCollision( ) 함수는 새로운 블록 인스턴스가 보드의 한쪽 면과 충돌하는지 다른
블록 위에 놓이게 됐는지 판단한다. 만일 그렇다면 새로운 블록이 생성된다. 꽉 찬 행을 삭
제하는 로직(Board의 unite( ) 함수를 통해) 또한 이 함수에서 처리한다. 거의 대부분의 코드
를 다 살펴보았으므로 이제는 main.cpp 파일을 살펴보자.

main.cpp 파일

main.cpp 파일은 애플리케이션의 시작점으로서의 역할을 수행하는 것이 목적이기 때
문에 연관된 헤더 파일은 따로 없다. 사실 main.cpp 파일의 내용은 코드 7줄이 전부다.

```
#include "game.h"

int main( ) {
  Game game;
  while (game.loop( ));
  return 0;
}
```

while문은 SDL_QUIT 이벤트가 발생돼 loop( ) 함수가 false를 반환할 때 종료된다. main.cpp 파일이 하는 일은 새로운 Game 인스턴스를 만들고 loop( )를 실행하는 것이 전부다. 지금까지 코드를 모두 살펴봤으니 포팅을 시작해보자.

▌ Emscripten으로 포팅

지금까지 게임의 코드를 잘 이해했을 것이다. 이제는 그것을 Emscripten으로 포팅해볼 차례다. 다행스럽게도 코드를 단순화시키기 위해 브라우저의 몇 가지 기능을 이용할 수 있고 서드파티 라이브러리를 완전히 제거할 수 있다. 이번 절에서는 코드를 Wasm 모듈과 자바스크립트 글루 파일로 컴파일하고 브라우저의 몇 가지 기능을 이용하기 위해 코드를 업데이트할 것이다.

포팅을 위한 준비

/output-wasm 폴더에 최종 결과물이 있지만, /output-native 폴더의 복사본을 만들어서 그것으로 포팅 작업을 진행해보는 것을 권한다. 네이티브 컴파일과 Emscripten 컴파일을 위한 VS Code **Tasks** 설정이 두 폴더에 모두 포함돼 있다. 문제가 생기면 /output-wasm 폴더의 내용을 참조해보면 된다. VS Code에서는 복사한 폴더를 열어야(File ❯ Open 메뉴에서 복사한 폴더를 선택)한다. 그렇지 않으면 Tasks 기능을 이용할 수 없을 것이다.

무엇이 변경되는가?

여기서 포팅할 테트리스 게임은 이미 포팅된 Emscripten이 있으며 널리 사용되고 있는 SDL2 라이브러리를 이용하기 때문에 포팅 예제로 이상적이라고 할 수 있다. emcc 명령에 하나의 인자만 추가하면 컴파일 단계에서 SDL2를 포함시킬 수 있다. SDL2_ttf 라이브러리의 Emscripten 포팅 또한 존재하지만 코드상에서 그것을 유지하는 것은 별로 의미가 없다. SDL2_ttf 라이브러리를 사용하는 유일한 목적은 점수(삭제한 행의 수)를 텍스트로 표현하는 것이다. 따라서 TTF 파일을 애플리케이션에 포함시켜서 컴파일하면 된다. 그리고 Emscripten은 C++에서 자바스크립트를 이용할 수 있는 방법을 제공하기 때문에 점수를 DOM상에서 표현하는 방법으로 문제를 좀 더 간단히 해결할 수 있다.

기존 코드를 변경하는 것 외에도 브라우저상에서 게임을 표현하기 위해 HTML과 CSS 파일을 만들어야 한다. 자바스크립트 코드는 최소한으로 작성할 것이다.

자바스크립트로는 단지 Emscripten 모듈을 로드하기만 할 뿐, 나머지 기능은 모두 C++ 코드에서 처리된다. 또한 몇 개의 `<div>` 태그를 추가해 점수를 표시할 것이다. 그럼 포팅을 시작해보자.

웹 자산 추가

프로젝트 폴더에 /public라는 이름의 폴더를 만든다. /public 폴더에 index.html 파일을 만들어 다음의 내용으로 채운다.

```html
<!doctype html>
<html lang="en-us">
<head>
  <title>Tetris</title>
  <link rel="stylesheet" type="text/css" href="styles.css" />
</head>
<body>
  <div class="wrapper">
    <h1>Tetris</h1>
    <div>
      <canvas id="canvas"></canvas>
      <div class="scoreWrapper">
        <span>ROWS:</span><span id="score"></span>
      </div>
    </div>
  </div>
```

```
  <script type="application/javascript" src="index.js"></script>
  <script type="application/javascript">
    Module({ canvas: (() => document.getElementById('canvas'))() })
  </script>
</body>
</html>
```

첫 번째 <script> 태그에서는 아직까지 작성하지 않는 index.js 파일이 로드된다. index.js 파일은 컴파일 단계에서 작성될 것이다. 몇 가지 스타일을 추가하기 위해 /public 폴더에 styles.css 파일을 만들어 다음 내용으로 채운다.

```css
@import url("https://fonts.googleapis.com/css?family=Press+Start+2P");

* {
  font-family: "Press Start 2P", sans-serif;
}

body {
  margin: 24px;
}

h1 {
  font-size: 36px;
}

span {
  color: white;
  font-size: 24px;
}

.wrapper {
  display: flex;
  align-items: center;
  flex-direction: column;
}
```

```
.titleWrapper {
  display: flex;
  align-items: center;
  justify-content: center;
}

.header {
  font-size: 24px;
  margin-left: 16px;
}

.scoreWrapper {
  background-color: #3A3A3A;
  border-top: 1px solid white;
  padding: 16px 0;
  width: 360px;
}

span:first-child {
  margin-left: 16px;
  margin-right: 8px;
}
```

Press Start 2P 폰트는 Google Fonts에서 제공하는 것이므로 사이트를 이용해서 임포트 할 수 있다. 파일 처리에 있어서의 CSS 규칙은 단순히 레이아웃과 스타일링이다. 그것들 은 모두 여기서 만들 웹 관리 파일들을 위한 것이다. 이제는 C++ 코드를 업데이트할 시 간이다.

기존 코드 포팅

Emscripten이 올바로 동작하도록 만들기 위해서는 몇 개의 파일만 수정하면 된다. 단순 하고 간결한 설명을 위해 (전체 코드가 아닌) 수정과 관련된 코드만을 다룰 것이다. 앞 절에 서와 동일한 순서로 constants.h 파일부터 수정해보자.

constants.h 파일 수정

삭제한 행의 수를 게임 윈도우 자체가 아닌 DOM상에 표현할 것이기 때문에 ScreenHeight 상수 값을 삭제해도 되며, 점수를 나타내기 위한 추가적인 공간이 필요 없다.

```cpp
namespace Constants {
  const int BoardColumns = 10;
  const int BoardHeight = 720;
  const int BoardRows = 20;
  const int BoardWidth = 360;
  const int Offset = BoardWidth / BoardColumns;
  const int PieceSize = 4;
  // const int ScreenHeight = BoardHeight + 50; <----- 이 줄을 삭제
}
```

Piece 클래스 파일(piece.cpp/piece.h)은 수정할 필요가 없다. 하지만 Board 클래스 파일을 수정이 필요하다. 먼저 헤더 파일(board.h)부터 보자. 맨 아래부터 시작해서 display Score() 함수부터 수정해보자. index.html의 <body> 섹션에는 id="score"인 <span> 태그가 있다. emscripten_run_script 명령을 이용해서 이 태그의 값이 현재 점수를 표시하도록 수정할 것이다. 결론적으로 displayScore() 함수의 내용은 훨씬 적어진다. 다음은 수정 전과 수정 후를 비교한 것이다.

다음은 Board 클래스의 수정하기 전 원래 displayScore() 함수다.

```cpp
void Board::displayScore(SDL_Renderer *renderer, TTF_Font *font) {
    std::stringstream message;
    message << "ROWS: " << currentScore_;
    SDL_Color white = { 255, 255, 255 };
    SDL_Surface *surface = TTF_RenderText_Blended(
        font,
        message.str().c_str(),
        white);
    SDL_Texture *texture = SDL_CreateTextureFromSurface(
```

```
            renderer,
            surface);
    SDL_Rect messageRect{ 20, BoardHeight + 15, surface->w, surface->h };
    SDL_FreeSurface(surface);
    SDL_RenderCopy(renderer, texture, nullptr, &messageRect);
    SDL_DestroyTexture(texture);
}
```

다음은 포팅된 버전의 displayScore( ) 함수다.

```
void Board::displayScore(int newScore) {
    std::stringstream action;
    action << "document.getElementById('score').innerHTML =" << newScore;
    emscripten_run_script(action.str().c_str());
}
```

emscripten_run_script는 단순히 DOM상의 <span> 태그를 찾아서 innerHTML을 현재 점수로 설정한다. Emscripten은 document 객체를 인지하지 못하기 때문에 EM_ASM( ) 함수를 사용할 수 없다. 클래스 내에서 private 속성의 currentScore_ 변수에 접근하기 때문에 draw( ) 함수 안의 displayScore( ) 호출을 unite( ) 함수로 옮길 것이다. 그렇게 함으로써 점수가 실제로 변경될 때만 displayScore( ) 함수가 호출돼서 해당 함수에 대한 호출 양을 줄일 수 있다. 이를 위해서는 단 한 줄의 코드만 추가하면 된다. 다음은 수정된 unite( ) 함수의 내용이다.

```
void Board::unite(const Piece &piece) {
    for (int column = 0; column < PieceSize; ++column) {
        for (int row = 0; row < PieceSize; ++row) {
            if (piece.isBlock(column, row)) {
                int columnTarget = piece.getColumn() + column;
                int rowTarget = piece.getRow() + row;
                cells_[columnTarget][rowTarget] = true;
            }
```

```
            }
        }
    // 꽉 차지 않은 행을 발견할 때까지 반복해서 진행하고
    // 꽉 찬 행을 제거하는 동시에 꽉 차지 않은 행을 시프트시킨다.
    while (areFullRowsPresent()) {
        for (int row = BoardRows - 1; row >= 0; --row) {
            if (isRowFull(row)) {
                updateOffsetRow(row);
                currentScore_ += 1;
                for (int column = 0; column < BoardColumns; ++column) {
                    cells_[column][0] = false;
                }
            }
        }
    }
    displayScore(currentScore_); // <----- 이 줄을 추가
    }
}
```

SDL2_ttf 라이브러리는 사용하지 않을 것이기 때문에 draw( ) 함수 시그니처를 수정하고
displayScore( ) 함수 호출 부분을 제거할 수 있다. 다음은 수정된 draw( ) 함수다.

```
void Board::draw(SDL_Renderer *renderer/*, TTF_Font *font */) {
                                    // ^^^^^^^^^^^^^^^ <-- 이 인자를 제거
    // displayScore(renderer, font); <----- 이 줄을 삭제
    SDL_SetRenderDrawColor(
        renderer,
        /* 밝은 회색: */ 140, 140, 140, 255);
    for (int column = 0; column < BoardColumns; ++column) {
        for (int row = 0; row < BoardRows; ++row) {
            if (cells_[column][row]) {
                SDL_Rect rect{
                    column * Offset + 1,
                    row * Offset + 1,
                    Offset - 2,
                    Offset - 2
                };
```

```
                    SDL_RenderFillRect(renderer, &rect);
            }
        }
    }
}
```

함수의 첫 번째 줄에 있는 displayScore( ) 함수 호출 부분과 함수로 전달되는 TTF_Font
*font 인자를 제거했다. 게임이 새로 시작하거나 종료될 때 초깃값을 0으로 설정하기 위
해 생성자에 displayScore( ) 함수 호출 부분을 추가한다.

```
Board::Board() : cells_{{ false }}, currentScore_(0) {
    displayScore(0); // <----- 이 줄을 추가
}
```

클래스 파일에 대한 수정이 이것이 전부다. displayScore( ) 함수와 draw( ) 함수의 시그
니처를 변경했고 SDL2_ttf 라이브러리를 사용하지 않기 때문에 헤더 파일도 수정을 해줘
야 한다. 즉, board.h 파일에서 필요 없는 부분을 삭제한다.

```
#ifndef TETRIS_BOARD_H
#define TETRIS_BOARD_H

#include <SDL2/SDL.h>
// #include <SDL2/SDL2_ttf.h> <----- 이 줄을 삭제
#include "constants.h"
#include "piece.h"

using namespace Constants;

class Board {
    public:
        Board();
        void draw(SDL_Renderer *renderer /*, TTF_Font *font */);
                                      // ^^^^^^^^^^^^^^^^ <-- 이 부분을 제거
```

```
        bool isCollision(const Piece &piece) const;
        void unite(const Piece &piece);

    private:
        bool isRowFull(int row);
        bool areFullRowsPresent();
        void updateOffsetRow(int fullRow);
        void displayScore(SDL_Renderer *renderer/*, TTF_Font *font */);
                                    // ^^^^^^^^^^^^^^ <-- 이 부분을 제
거
        bool cells_[BoardColumns][BoardRows];
        int currentScore_;
};

#endif // TETRIS_BOARD_H
```

마지막은 가장 많은 수정이 필요한 부분이다. 기존 코드에서 Game 클래스는 애플리케이션 로직을 관리하며 main.cpp 파일은 main() 함수에서 Game.loop() 함수를 호출한다. 그리고 해당 루프는 SDL_QUIT 이벤트가 발생할 때까지 반복적으로 수행하는 메커니즘을 가지고 있다. 하지만 Emscripten을 위해서는 접근 방법을 달리해야 한다.

Emscripten이 제공하는 emscripten_set_main_loop 함수는 em_callback_func 함수와 fps, simulate_infinite_loop 플래그를 받아들인다. 하지만 em_callback_func의 인자로 Game 클래스와 Game.loop()를 포함시킬 수 없기 때문에 빌드가 실패하게 된다. 따라서 Game 클래스를 완전히 제거하고 그것의 로직을 main.cpp 파일로 이동시킬 것이다. game.cpp의 내용을 main.cpp로 복사해 넣고(기존 내용을 덮어쓴다) Game 클래스 파일 (game.cpp/game.h)을 삭제한다.

결국 Game 클래스도 선언할 수 없기 되기 때문에 함수에서 Game:: 접두어를 제거한다. 또한 Game 클래스의 생성자와 소멸자는 더 이상 유효하지 않기 때문에 생성자와 소멸자 안의 로직을 다른 곳으로 이동시켜야 한다. 그리고 호출되는 함수가 호출을 수행하는 함수

앞에 위치해야 하므로 함수들의 순서를 재정렬해야 한다. 이와 같은 작업이 수행된 최종 모습은 다음과 같을 것이다.

```cpp
#include <emscripten/emscripten.h>
#include <SDL2/SDL.h>
#include <stdexcept>
#include "constants.h"
#include "board.h"
#include "piece.h"

using namespace std;
using namespace Constants;

static SDL_Window *window = nullptr;
static SDL_Renderer *renderer = nullptr;
static Piece currentPiece{ static_cast<Piece::Kind>(rand() % 7) };
static Board board;
static int moveTime;

void checkForCollision(const Piece &newPiece) {
    if (board.isCollision(newPiece)) {
        board.unite(currentPiece);
        currentPiece = Piece{ static_cast<Piece::Kind>(rand() % 7) };
        if (board.isCollision(currentPiece)) board = Board();
    } else {
        currentPiece = newPiece;
    }
}

void handleKeyEvents(SDL_Event &event) {
    Piece newPiece = currentPiece;
    switch (event.key.keysym.sym) {
        case SDLK_DOWN:
            newPiece.move(0, 1);
            break;
        case SDLK_RIGHT:
            newPiece.move(1, 0);
```

292

```
                break;
            case SDLK_LEFT:
                newPiece.move(-1, 0);
                break;
            case SDLK_UP:
                newPiece.rotate();
                break;
            default:
                break;
        }
        if (!board.isCollision(newPiece)) currentPiece = newPiece;
}

void loop() {
    SDL_Event event;
    while (SDL_PollEvent(&event)) {
        switch (event.type) {
            case SDL_KEYDOWN:
                handleKeyEvents(event);
                break;
            case SDL_QUIT:
                break;
            default:
                break;
        }
    }

    SDL_SetRenderDrawColor(renderer, /* Dark Gray: */ 58, 58, 58, 255);
    SDL_RenderClear(renderer);
    board.draw(renderer);
    currentPiece.draw(renderer);

    if (SDL_GetTicks() > moveTime) {
        moveTime += 1000;
        Piece newPiece = currentPiece;
        newPiece.move(0, 1);
        checkForCollision(newPiece);
    }
```

```
        SDL_RenderPresent(renderer);
}

int main() {
    moveTime = SDL_GetTicks();
  if (SDL_Init(SDL_INIT_VIDEO) != 0) {
    throw std::runtime_error("SDL_Init(SDL_INIT_VIDEO)");
  }
  SDL_CreateWindowAndRenderer(
    BoardWidth,
    BoardHeight,
    SDL_WINDOW_OPENGL,
    &window,
    &renderer);

  emscripten_set_main_loop(loop, 0, 1);

  SDL_DestroyRenderer(renderer);
  renderer = nullptr;
  SDL_DestroyWindow(window);
  window = nullptr;
  SDL_Quit();
  return 0;
}
```

---

handleKeyEvents() 함수와 checkForCollision() 함수는 내용을 변경하지 않고 단순히 파일의 앞부분으로 이동시킨다. loop() 함수의 리턴 타입은 emscripten_set_main_loop 때문에 bool에서 void로 변경됐다. 마지막으로 생성자와 소멸자 안의 코드는 main() 함수로 이동됐고 SDL2_ttf를 참조하는 부분은 모두 제거됐다. Game 클래스의 loop() 함수 호출을 위해 while문 대신 emscripten_set_main_loop(loop, 0, 1)를 이용했다. Emscripten 과 SDL2, Board, Piece 클래스를 수용하기 위해 파일 첫 부분의 #include문을 변경했다. 이게 전부다. 이제는 게임을 빌드하고 테스트하기 위한 설정을 살펴볼 차례다.

게임 빌드와 실행

코드를 업데이트하고 필요한 웹 자산을 추가했으므로 이제는 빌드해서 게임을 테스트해볼 차례다. 컴파일 단계는 이 책의 앞부분 예제와 비슷하다. 하지만 게임을 실행시키는 부분은 이전과 다른 기술을 사용할 것이다. 이번 절에서는 C++ 파일을 수용하도록 빌드 작업을 설정할 것이고 Emscripten이 제공하는 기능을 이용해 애플리케이션을 실행시킬 것이다.

VS Code Task로 빌드

두 가지 방법으로 빌드를 설정할 것이다. 그것은 VS Code Task와 Makefile이다. VS Code 대신 다른 에디터를 사용한다면 Makefile을 이용하는 것이 더 좋을 것이다. VS Code로 프로젝트를 빌드해야 한다면 /.vscode/tasks.json 파일에 이미 빌드 설정이 포함돼 있다. Emscripten 빌드 과정이 디폴트 값이다(네이티브 빌드 작업 셋 또한 있다). tasks 배열에 있는 각 작업을 살펴보고 어떤 일이 일어나는지 살펴보자. 첫 번째 작업은 빌드 작업을 진행하기 전에 기존에 컴파일된 출력 파일들을 삭제하는 것이다.

```
{
    "label": "Remove Existing Web Files",
    "type": "shell",
    "command": "rimraf",
    "options": {
        "cwd": "${workspaceRoot}/public"
    },
    "args": [
        "index.js",
        "index.wasm"
    ]
}
```

두 번째 작업은 emcc 명령으로 빌드를 수행하는 것이다.

```json
{
    "label": "Build WebAssembly",
    "type": "shell",
    "command": "emcc",
    "args": [
        "--bind", "src/board.cpp", "src/piece.cpp", "src/main.cpp",
        "-std=c++14",
        "-O3",
        "-s", "WASM=1",
        "-s", "USE_SDL=2",
        "-s", "MODULARIZE=1",
        "-o", "public/index.js"
    ],
    "group": {
        "kind": "build",
        "isDefault": true
    },
    "problemMatcher": [],
    "dependsOn": ["Remove Existing Web Files"]
}
```

빌드에 필요한 인자 중 연관된 인자는 동일한 줄에 위치한다. args 배열에서 유일하게 새롭고 생소한 것은 --bind 인자와 그에 해당하는 .cpp 파일일 것이다.

이는 Emscripten에게 --bind 이후의 모든 파일은 프로젝트를 빌드하는 데 필요하다는 것을 알려준다. Tasks ❯ Run Build Task... 메뉴를 선택하거나 Cmd/Ctrl+Shift+B를 누르면 빌드를 테스트할 수 있다. 빌드 과정은 몇 초 걸릴 것이다. 터미널을 통해 컴파일 과정이 언제 완료됐는지 알 수 있다. 빌드가 성공하면 /public 폴더에서 index.js와 index.wasm 파일을 보게 될 것이다.

Makefile로 빌드

VS Code를 사용하지 않는다면 VS Vode Task와 동일한 목적을 수행하기 위해 Makefile을 이용하면 된다. 프로젝트 폴더 안에 Makefile이라는 이름의 파일을 만들고 다음과 같은 내용으로 채운다(Makefile에서는 스페이스 대신 탭을 쓰다는 것을 알아야 한다).

```
# 인자 없이 단지 "make" 명령만으로 빌드를 수행할 수 있도록 해준다.
.DEFAULT_GOAL := build

# 프로젝트에서 어떤 파일을 컴파일할 것인지 지정한다.
CPP_FILES = $(wildcard src/*.cpp)

# Emscripten emcc 컴파일 명령을 위한 플래그를 설정한다.
FLAGS = -std=c++14 -O3 -s WASM=1 -s USE_SDL=2 -s MODULARIZE=1 \
        --bind $(CPP_FILES)

# 출력 파일 이름(.wasm 파일은 자동으로 생성된다.)
OUTPUT_FILE = public/index.js

# 컴파일을 수행한다.
compile: $(CPP_FILES)
        emcc $(FLAGS) -o $(OUTPUT_FILE)

# 기존의 injex.js와 index.wasm 파일을 제거한다.
clean:
        rimraf $(OUTPUT_FILE)
        rimraf public/index.wasm

# 기존 파일을 제거하고 컴파일을 수행한다.
build: clean compile
        @echo "Build Complete!"
```

Makefile에서 수행되는 작업은 VS Code Task에서 수행되는 것과 동일하다. 단지 좀 더 보편적인 툴을 이용한 포맷이라는 것이 다를 뿐이다. 디폴트 빌드 단계를 파일에서 설정했기 때문에 프로젝트 폴더에서 다음과 같은 명령만 실행시키면 된다.

```
make
```

Wasm 파일과 자바스크립트 글루 코드를 만들었으니 이제는 게임을 실행시켜보자.

게임 실행

serve나 browser-sync 대신 Emscripten의 툴체인에 내장된 emrun을 이용할 것이다. 그것을 이용하면 stdout과 stderr를 출력되는 내용을 캡처(emcc 명령에 --emrun 링커 플래그를 전달한다면)할 수 있고 원한다면 그것을 터미널로 출력할 수 있다. --emrun 플래그는 이용하지 않을 것이지만 추가적으로 아무것도 설치하지 않고 로컬 웹 서버를 사용할 수 있다는 점은 알고 있어야 한다. 프로젝트 폴더에서 터미널을 열고 다음 명령을 이용해 게임을 실행시킨다.

```
emrun --browser chrome --no_emrun_detect public/index.html
```

개발을 위해 이용하는 브라우저가 만일 파이어폭스라면 --browser 플래그의 값을 firefox로 지정하면 된다. --no_emrun_detect 플래그는 HTML 페이지가 emrun으로 가능하지 않다는 메시지를 터미널에서 숨긴다. 브라우저로 http://localhost:6931/index.html을 열면 다음과 같은 화면을 보게 될 것이다.

브라우저에서 실행되는 테트리스 게임

블록을 회전시키고 이동시켜 게임이 올바로 동작하는지 확인해보기 바란다. 성공적으로 블록을 쌓아 행을 없앴을 때 ROWS의 값이 증가해야 한다. 또한 보드 가장자리에 너무 가까이 가면 일부 블록은 회전시킬 수 없을 것이다. 축하한다! C++ 게임을 Emscripten으로 성공적으로 포팅했다.

요약

8장에서는 C++로 작성되고 SDL2를 이용하는 테트리스 게임을 Emscripten으로 포팅해 웹어셈블리를 지원하는 브라우저에서 실행시켜 봤다. 테트리스의 규칙과 기존 코드에서 그것이 어떻게 매핑되는지 알아봤다. 또한 각 파일에 있는 코드를 살펴봤으며, 성공적으로 Wasm 파일과 자바스크립트 글루 코드로 컴파일하기 위해 코드를 어떻게 수정해야 하는지 살펴봤다. 기존 코드를 업데이트한 이후에는 필요한 HTML과 CSS 파일을 만들었고 적절한 emcc 플래그로 빌드 과정을 설정했다. 그리고 일단 빌드가 되면 Emscripten의 emrun 명령으로 게임을 실행시켰다. 9장에서는 웹어셈블리와 Node.js를 통합하는 방법과 그렇게 하면 어떤 이점이 있는지 알아볼 것이다.

질문

1. 테트리스에서는 블록을 무엇이라고 하는가?
2. 기존의 C++ 코드를 Emscripten으로 포팅하지 않도록 선택한 이유는 무엇인가?
3. 게임을 네이티브하게 컴파일(예를 들면, 실행 파일로 컴파일)하기 위해 사용한 툴은 무엇인가?
4. constants.h 파일의 목적은 무엇인가?
5. SDL2_ttf 라이브러리를 제거할 수 있었던 이유는 무엇인가?
6. 실행시키기 위해 이용한 Emscripten 기능은 무엇인가?
7. 게임을 빌드하기 위해 emcc 명령에 추가한 인자는 무엇이고 그 목적은 무엇인가?
8. serve나 Browsersync에 비해서 emrun이 제공하는 이점은 무엇인가?

▌ 추가 자료

- C++ 헤더 파일: https://www.sitesbay.com/cpp/cpp−header−files
- SDL2 Tetris GitHub: https://github.com/andwn/sdl2−tetris
- Tetris GitHub: https://github.com/abesary/tetris
- Tetris − Linux GitHub: https://github.com/abesary/tetris−linux

09

Node.js와 통합

최신 웹은 개발과 서버 측 관리 모두 Node.js에 많이 의존한다. 계산적으로 비용이 많이 드는 작업을 수행하는 복잡한 브라우저 애플리케이션이 증가함에 따라 성능 향상은 엄청난 이점이 될 수 있다. 9장에서는 웹어셈블리와 Node.js를 통합하는 다양한 방법과 예제를 설명할 것이다.

9장의 목표는 다음과 같다.

- 웹어셈블리와 Node.js 통합의 이점
- Node.js 웹어셈블리 API와 상호작용하는 방법
- Webpack을 이용하는 프로젝트에서 Wasm 모듈을 활용하는 방법
- npm 라이브러리를 이용하는 웹어셈블리 모듈을 위한 단위 테스트 작성 방법

▌ 왜 Node.js인가?

3장에서 Node.js 공식 웹사이트에서는 Node.js가 비동기 이벤트 기반의 자바스크립트 런타임이라고 정의한다고 설명했다. Node.js는 웹 애플리케이션을 빌드하고 관리하는 방법에 있어서 엄청난 변화를 가져왔다. 9장에서는 웹어셈블리와 Node.js와의 관계와 왜 두 기술이 궁합이 잘 맞는지 설명할 것이다.

매끄러운 통합

Node.js는 구글 크롬에서도 사용하고 있는 구글의 V8 자바스크립트 엔진 위에서 동작한다. V8의 웹어셈블리 구현은 Core Specification을 따르기 때문에 브라우저와 동일한 API를 이용해서 웹어셈블리 모듈과 상호작용할 수 있다. .wasm 파일을 직접 서버에서 가져오지 않고 Node.js의 fs 모듈을 이용하면 .wasm 파일의 내용을 버퍼로 읽어서 instantiate( )를 호출하면 된다.

상호 보완적인 기술

자바스크립트는 서버 측에서도 제한이 있다. 비용이 많이 드는 계산이나 큰 수를 이용한 작업은 웹어셈블리의 우수한 성능으로 최적화할 수 있다. 스크립트 언어로서 자바스크립트는 단순한 작업은 자동화하는 데 탁월하다. C/C++를 Wasm 파일로 컴파일하고 그 결과를 build 폴더에 복사하는 스크립트를 작성할 수 있으며, Browsersync와 같은 툴을 이용한다면 브라우저에 반영된 변경 사항을 볼 수 있다.

npm으로 개발

Node.js는 npm 형식의 광범위한 도구와 라이브러리 생태계를 가지고 있다. 스벤 사울라우와 그 외 오픈소스 커뮤니티 멤버들은 webassemblyjs를 만들었다.

webassemblyjs는 웹어셈블리를 위해 Node.js로 만든 광범위한 툴 셋이다. https://webassembly.js.org에서는 웹어셈블리용 툴체인을 제공한다. 현재 ESLint 플러그인과 AST 검사기, AST 포맷 작성기와 같이 다양한 작업을 수행하고 개발에 사용할 수 있는 20개 이상의 npm 패키지가 있다. 웹어셈블리 컴파일러에 대한 TypeScript인 AssemblyScript 는 C/C++을 배우지 않고도 Wasm 모듈로 컴파일 가능한 코드를 작성할 수 있게 해준다. Node.js 커뮤니티는 확실히 웹어셈블리의 성공에 기여하고 있다.

▌ Express를 이용한 서버 사이드 웹어셈블리

Node.js는 웹어셈블리 프로젝트를 위해 여러 가지 방법으로 이용될 수 있다. 이번 절에서는 웹어셈블리와 통합하는 Node.js 애플리케이션 예제를 살펴볼 것이다. 해당 애플리케이션은 Express를 이용해서 컴파일된 Wasm 모듈에서 함수를 호출할 수 있는 몇 가지 단순한 경로를 제공한다.

프로젝트 개요

이번 절에서는 Node.js가 웹어셈블리와 함께 사용될 수 있다는 것을 보여주기 위해 7장에서 빌드한 애플리케이션의 코드 일부분을 재사용할 것이다. 이번 예제의 코드는 learn-webassembly 저장소의 /chapter-09-node/server-example 폴더에 있다. 그리고 애플리케이션에서 Node.js에 직접 적용할 수 있는 부분을 살펴볼 것이다. 다음은 해당 프로젝트의 파일 구조를 보여주고 있다.

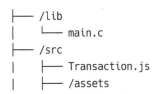

```
├── /lib
│   └── main.c
├── /src
│   ├── Transaction.js
│   ├── /assets
```

```
|   |   ├── db.json
|   |   ├── main.wasm
|   |   └── memory.wasm
|   ├── assign-routes.js
|   ├── index.js
|   └── load-assets.js
├── package.json
├── package-lock.json
└── requests.js
```

종속성 측면에서 보면, 애플리케이션은 경로를 설정하고 요청에 포함되는 JSON을 파싱하기 위해 express와 body-parser 라이브러리를 이용한다. 데이터 관리를 위해서는 JSON 파일을 읽고 수정할 수 있게 해주는 lowdb 라이브러리를 이용한다. JSON 파일은 /src/assets/db.json에 있으며 7장에서 사용한 데이터셋을 약간 변경한 데이터가 포함돼 있다. 그리고 nodemon을 이용해서 /src 폴더의 내용이 변경되는 것을 모니터링해서 애플리케이션을 자동으로 로드한다. 파일 삭제 관리를 위해서는 rimraf를 이용한다. 만일 3장에서 필요한 라이브러리를 설치하지 않았다면 라이브러리는 종속성으로 포함될 것이다. 끝으로 애플리케이션 테스트를 위한 HTTP 요청을 만들기 위해 node-fetch 라이브러리를 이용한다.

 자바스크립트와 C 파일의 기능을 단순화시키기 위해 rawAmount와 cookedAmount 필드가 amout 필드 하나로 교체됐다. 그리고 db.json에 있는 categories 배열에 매핑되는 category 필드는 categoryId로 변경됐다.

Express 설정

/src/index.js가 애플리케이션을 로드한다. index.js 파일의 내용은 다음과 같다.

```
const express = require('express');
const bodyParser = require('body-parser');
const loadAssets = require('./load-assets');
const assignRoutes = require('./assign-routes');

// 맥OS/우분투에서 PORT=[포트 번호]로 npm start 명령을 실행하거나
// 윈도우에서 PORT=[포트 번호]로 설정한다면
// 다음 코드에 의해서 PORT의 값이 변경된다.
const PORT = process.env.PORT >> 3000;
const startApp = async () => {
    const app = express();

    // HTTP 요청 바디의 JSON을 파싱하기 위해 body-parser를 이용한다.
    app.use(bodyParser.urlencoded({ extended: true }));
    app.use(bodyParser.json());

    // Wasm 모듈과 로컬 데이터베이스를 인스턴스화한다.
    const assets = await loadAssets();

    // Wasm과 데이터베이스와 상호작용할 수 있는 경로를 설정한다.
    assignRoutes(app, assets);

    // 지정된 포트로 서버를 실행시킨다.
    app.listen(PORT, (err) => {
        if (err) return Promise.reject(err);
        return Promise.resolve();
    });
};

startApp()
    .then(() => console.log(`Server is running on port ${PORT}`))
    .catch(err => console.error(`An error occurred: ${err}`));
```

이 파일은 새로운 Express 앱을 설정하고 **body-parser**를 추가하며, 목업 데이터베이스와 Wasm 인스턴스를 로드하고 경로를 지정한다. 브라우저와 Node.js에서의 Wasm 모듈 인스턴스화의 차이점에 대해 알아보자.

Node.js로 Wasm 모듈 인스턴스화

/src/load-assets.js에서 Wasm 파일이 인스턴스화된다. 7장의 memory.wasm 파일을 이용할 것이다. 하지만 /assets/main.wasm 파일은 /lib 폴더에 있는 약간 다른 버전의 main.c에서 컴파일된다. loadWasm() 함수는 7장의 Wasm 인스턴스화를 위한 코드와 동일한 작업을 수행하지만, bufferSource를 WebAssembly.instantiate()에 전달하는 방법은 다르다. 이를 좀 더 살펴보기 위해 load-assets.js 파일의 loadWasm() 함수의 코드를 확인해보자.

```
const fs = require('fs');
const path = require('path');

const assetsPath = path.resolve(__dirname, 'assets');

const getBufferSource = fileName => {
    const filePath = path.resolve(assetsPath, fileName);
    return fs.readFileSync(filePath); // <- fetch()와 .arrayBuffer()를 교체
};

// Promise 구문을 단순화하기 위해 async/await를 이용한다.
const loadWasm = async () => {
    const wasmMemory = new WebAssembly.Memory({ initial: 1024 });
    const memoryBuffer = getBufferSource('memory.wasm');
    const memoryInstance = await WebAssembly.instantiate(memoryBuffer, {
        env: {
            memory: wasmMemory
        }
    });
...
```

차이점을 자세히 알아보기 위해 모듈을 인스턴스화하는 일부 코드를 살펴보자.

```
fetch('main.wasm')
    .then(response => {
        if (response.ok) return response.arrayBuffer();
        throw new Error('Unable to fetch WebAssembly file');
    })
    .then(bytes => WebAssembly.instantiate(bytes, importObj));
```

Node.js를 이용할 때는 파일을 가져오기 위한 호출이 fs.readFileSync()로 교체되고,
fs.readFileSync()가 instantiate() 함수에 직접 전달할 수 있는 버퍼를 반환해주기 때
문에 arrayBuffer() 함수가 더 이상 필요하지 않다. 일단 Wasm 모듈이 인스턴스화되면
해당 인스턴스와의 상호작용을 시작할 수 있다.

목업 데이터베이스 만들기

load-assets.js 파일은 또한 목업 데이터베이스 인스턴스를 생성하는 메소드를 포함한다.

```
const loadDb = () => {
    const dbPath = path.resolve(assetsPath, 'db.json');
    const adapter = new FileSync(dbPath);
    return low(adapter);
};
```

loadDb() 함수는 /assets/db.json의 내용을 lowdb 인스턴스로 로드한다. load-assets.
js에서 디폴트로 익스포트되는 함수는 loadWasm()와 loadDb() 함수를 호출하고 목업 데
이터베이스와 Wasm 인스턴스를 포함하는 객체를 반환한다.

```
module.exports = async function loadAssets() {
    const db = loadDb();
    const wasmInstance = await loadWasm();
    return {
```

```
        db,
        wasmInstance
    };
};
```

앞으로는 db.json 파일에 접근하는 lowdb 인스턴스를 참조하기 위해 데이터베이스라는 용어를 사용할 것이다. 로딩 작업이 수행되었으니 이제는 그것과 애플리케이션이 어떻게 상호작용하는지 알아보자.

웹어셈블리 모듈과의 상호작용

데이터베이스와 Wasm 인스턴스와의 상호작용은 /src 폴더의 Transaction.js와 assign-routes.js 파일에서 수행된다. 예제 애플리케이션에서 API와의 모든 의사 소통은 HTTP 요청으로 이뤄진다. 특정 엔드포인트에 요청을 보내는 것은 서버상의 데이터베이스와 Wasm 인스턴스와의 상호작용을 일으킨다. 이제는 데이터베이스와 Wasm 인스턴스와 직접적으로 상호작용하는 Transaction.js를 살펴볼 차례다.

Transaction.js에서의 상호작용 래핑

7장에서처럼 Wasm 상호작용 코드를 래핑하고 분명한 인터페이스를 제공하는 클래스가 이번에도 있다. Transaction.js는 7장의 /src/store/WasmTransactions.js의 내용과 매우 비슷하다. 변경 사항의 대부분은 거래 기록의 categoryId 필드와 단일 amount 필드를 수용하는 것이다. 또한 데이터베이스와 상호작용하기 위한 기능이 추가됐다. 다음은 데이터베이스와 Wasm 인스턴스의 링크드 리스트에 있는 기존 거래 데이터를 수정하는 함수다.

```
getValidAmount(transaction) {
    const { amount, type } = transaction;
    return type === 'Withdrawal' ? -Math.abs(amount) : amount;
```

```
}

edit(transactionId, contents) {
    const updatedTransaction = this.db.get('transactions')
        .find({ id: transactionId })
        .assign(contents)
        .write();

    const { categoryId, ...transaction } = updatedTransaction;
    const amount = this.getValidAmount(transaction);
    this.wasmInstance._editTransaction(transactionId, categoryId, amount);
    return updatedTransaction;
}
```

edit() 함수는 transactionId에 해당하는 데이터베이스 레코드를 contents 인자 값으로 수정한다. this.db는 load-assets.js 파일에서 생성되는 데이터베이스 인스턴스다. categoryId 필드는 updatedTransaction 레코드에서 사용할 수 있으므로 this.wasm Instance._editTransaction()에 직접 전달할 수 있다. 그리고 그것은 Transaction의 새로운 인스턴스가 생성될 때 생성자에 전달된다.

assign-routes.js에서의 거래 데이터 연산

assign-routes.js 파일은 경로를 정의해서 그것을 index.js에서 생성된 express 인스턴스(app)에 추가한다. Express에서 경로는 app에서 직접 정의(예를 들면, app.get())될 수 있거나 Router를 이용해서 정의될 수 있다. 여기서는 동일한 경로에 대해 여러 개의 메소드를 추가하기 위해 Router가 이용됐다. 다음의 코드는 assign-routes.js 파일의 코드로서 Router 인스턴스를 생성하고 두 개의 경로를 추가한다. 그것은 모든 거래를 반환해주는 GET 경로와 새로운 거래를 생성하는 POST 경로다.

```
module.exports = function assignRoutes(app, assets) {
    const { db, wasmInstance } = assets;
```

```
    const transaction = new Transaction(db, wasmInstance);
    const transactionsRouter = express.Router();

transactionsRouter
    .route('/')
    .get((req, res) => {
        const transactions = transaction.findAll();
        res.status(200).send(transactions);
    })
    .post((req, res) => {
        const { body } = req;
        if (!body) {
            return res.status(400).send('Body of request is empty');
        }
        const newRecord = transaction.add(body);
        res.status(200).send(newRecord);
    });
...
    // transactionsRouter에서 모든 경로의 기본이 되는 경로를 설정
    app.use('/api/transactions', transactionsRouter);
}
```

코드 끝 부분의 app.use( ) 함수는 transactionsRouter 인스턴스에서 정의되는 모든 경로
가 /api/transactions로 시작하도록 설정한다. 애플리케이션을 로컬에서 3000포트로 실
행한다면, 브라우저로 http://localhost:3000/api/transactions로 이동하면 JSON 포맷
의 모든 거래 데이터 배열을 보게 될 것이다.

get( )과 post( ) 함수의 코드를 보면 알 수 있듯이 모든 거래 데이터와의 상호작용을 세
번째 줄에서 생성된 Transaction 인스턴스에 의해서 이뤄진다. 이로써 코드에 대한 검토
가 완료됐다. 각 파일에는 파일의 기능과 목적을 설명하는 주석이 포함돼 있으므로 다음
절로 넘어가기에 앞서 그것을 먼저 살펴볼 수도 있다. 다음 절에서는 애플리케이션을 빌
드하고 실행해볼 것이다.

애플리케이션 빌드와 실행

프로젝트를 빌드하고 테스트하기에 앞서 npm 설치가 필요하다. /server—example 폴더에서 터미널을 열고 다음 명령을 입력한다.

```
npm install
```

완료되면 다음 단계로 넘어갈 준비가 된 것이다.

애플리케이션 빌드

이 경우, 빌드는 emcc 명령으로 lib/main.c를 .wasm 파일로 컴파일하는 것을 의미한다. Node.js 프로젝트이므로 Tasks를 정의하기 위해 package.json 파일의 scripts 키를 이용할 수 있다. VS Code의 Tasks 기능을 이용하면 package.json 파일에서 scripts 부분 자동으로 탐지해주며 Tasks ➤ Run Task... 메뉴를 선택했을 때 그것을 작업 리스트에 표시해준다. 다음은 프로젝트의 package.json 파일의 scripts 섹션의 내용을 보여주고 있다.

```
"scripts": {
    "prebuild": "rimraf src/assets/main.wasm",
    "build": "emcc lib/main.c -Os -s WASM=1 -s SIDE_MODULE=1
        -s BINARYEN_ASYNC_COMPILATION=0 -s ALLOW_MEMORY_GROWTH=1
        -o src/assets/main.wasm",
    "start": "node src/index.js",
    "watch": "nodemon src/* --exec 'npm start'"
},
```

build 스크립트 부분은 설명을 위해 여러 줄로 나눈 것으로서 실제로는 제대로 된 JSON 포맷으로 분리된 줄을 합쳐야 한다. prebuild 스크립트 부분은 기존의 Wasm 파일을 제거하며, build 스크립트는 emcc 명령과 필요한 플래그를 사용해서 lib/main.c 파일을 src/assets/main.wasm으로 컴파일한다. 스크립트를 실행시키기 위해 /server—example 폴더에서 터미널을 연 다음 다음 명령을 실행한다.

```
npm run build
```

명령 실행 결과, /src/assets 폴더에 main.wasm 파일이 있으면 빌드가 성공적으로 끝난 것이다. 만일 에러가 발생했다면 터미널에 해당 에러에 대한 설명과 호출 스택 정보가 표시될 것이다.

> 특정 스크립트 전이나 후에 실행되도록 npm 스크립트를 만들 수 있다. 그것은 동일한 이름으로 만들거나 pre 또는 post로 시작하는 이름으로 만드는 것이다.
> 예를 들어 build 스크립트 이후에 실행되도록 만들고 싶다면 스크립트의 이름을 "postbuild"로 만들면 된다.

애플리케이션 실행과 테스트

애플리케이션을 수정하거나 버그를 해결 중이라면 watch 스크립트를 이용해 /src 폴더의 내용 변경을 모니터링하고 변경이 발생하면 애플리케이션을 자동으로 재시작시킬 수 있다. 여기서는 애플리케이션을 단순히 실행하고 테스트할 것이기 때문에 start 명령으로 애플리케이션을 실행시킨다. 현재 위치가 /server-example 폴더인지 확인하고 터미널에서 다음 명령을 실행한다.

```
npm start
```

그러면 Server is running on port 3000이라는 메시지를 보게 될 것이다. 이제는 서버로 HTTP 요청을 보낼 수 있다. 애플리케이션을 테스트하기 위해 server-example 폴더에서 새로운 터미널 인스턴스를 열고 다음 명령을 실행한다.

```
node ./requests.js 1
```

이는 /api/transactions 엔드포인트에 대한 GET 요청의 응답을 출력하게 된다. requests. js 파일은 사용 가능한 모든 경로에 대한 요청을 만들어주는 기능을 포함하고 있다. getFetchActionForId() 함수는 assign-routes.js 파일에 있는 경로에 대응되는 엔드포인트와 옵션 값을 가지는 객체를 반환한다. actionId는 테스트를 단순화하고 실행 중인 명령의 타이핑 양을 줄이기 위한 임의의 수다. 이를테면 다음과 같은 명령을 실행할 수 있을 것이다.

```
node ./requests.js 5
```

이는 Computer & Internet 카테고리를 위한 모든 거래의 합을 출력할 것이다. 만일 다른 카테고리에 대한 합계를 원한다면 node 명령에 추가적인 인자를 덧붙일 수도 있다. Insurance 카테고리에 대한 모든 거래의 합을 얻으려면 다음 명령을 실행한다.

```
node ./requests.js 5 3
```

각각의 요청을 확인해보기 바란다(총 8개가 있다). 거래를 추가하고 삭제하고 수정하기 위한 요청을 했을 때 /src/assets/db.json 파일의 내용이 변경되는 것을 확인해야 한다. 이것이 Node.js 예제 프로젝트의 전부다. 다음 절에서는 Wasm 모듈을 로드하고 상호작용하기 위해 Webpack을 이용할 것이다.

▍ Webpack을 이용한 클라이언트 사이드 웹어셈블리

웹 애플리케이션들은 점점 복잡해지며 커지고 있다. 따라서 간단히 손으로 작성한 HTML, CSS, 자바스크립트 파일들을 제공하는 것은 대규모 애플리케이션에는 적합하지 않다. 애플리케이션의 복잡성을 관리하기 위해 웹 개발자는 번들을 이용해 모듈화하고 브라우저 호환성을 보장하며 자바스크립트 파일의 크기를 줄인다. 이번 절에서는 emcc 없이 Wasm 을 사용할 수 있게 해주는 유명한 Webpack이라는 것을 이용해 볼 것이다.

프로젝트 개요

Webpack 애플리케이션 예제는 5장의 '글루 코드 없이 C 컴파일' 절에서 작성한 C 코드 의 기능을 확장한다. 빨간색 배경 주위에서 튀는 파란 사각형 대신 이번에는 말머리 성 운 주위로 튀는 우주선 안의 외계인을 보여줄 것이다. 충돌 탐지 기능이 사각형 내에서 튀어 오르도록 수정되었으므로 우주선은 무작위로 움직이게 될 것이다. 코드는 learn-webassembly 저장소의 /chapter-09-node/webpack-example 폴더에 있으며, 프로 젝트의 파일 구조는 다음과 같다.

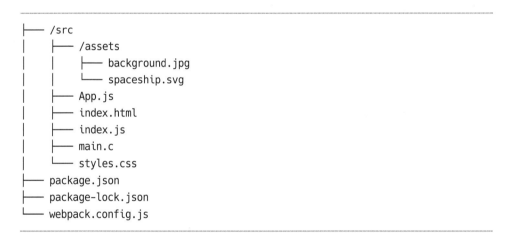

```
├── /src
│   ├── /assets
│   │   ├── background.jpg
│   │   └── spaceship.svg
│   ├── App.js
│   ├── index.html
│   ├── index.js
│   ├── main.c
│   └── styles.css
├── package.json
├── package-lock.json
└── webpack.config.js
```

Webpack 설정 파일에 대해서는 이후에 살펴볼 것이다. 지금은 Webpack에 대해 좀 더 자세히 알아볼 차례다.

Webpack이란 무엇인가?

지난 몇 년 동안 자바스크립트 생태계는 빠르게 진화해오고 있으며 지속적으로 새로운 프레임워크와 라이브러리를 만들어내고 있다. 번들러는 개발자가 글로벌 네임 스페이스와 스크립트 로딩 순서 또는 HTML 파일의 엄청나게 많은 <script> 태그 리스트 관리에 대한 걱정 없이 자바스크립트 애플리케이션을 여러 파일로 분리할 수 있는 방법으로 등장했다. 번들러는 모든 파일을 하나로 결합하고 네이밍 충돌을 해결해준다.

이 책을 쓰는 시점을 기준으로 Webpack은 프론트엔드 개발을 위한 가장 유명한 번들러 가운데 하나다. 하지만 자바스크립트 파일을 결합하는 것 이상을 제공해준다. 또한 코드 분할과 미사용 코드 제거와 같은 복잡한 작업도 해준다. Webpack은 플러그인 구조로 설계됐기 때문에 상당히 많은 플러그인이 커뮤니티에 의해서 개발됐다. npm에서 Webpack을 검색해보면 12,000개 이상의 패키지를 찾을 수 있다. 그런 방대한 플러그인 목록과 강력한 내장 기능 셋은 Webpack이 완전한 빌드 도구임을 보여준다.

Webpack 설치와 설정

애플리케이션을 전체적으로 살펴보기 전에 /webpack-example 폴더에서 터미널을 열고 다음 명령을 실행한다.

```
npm install
```

종속성 개요

여기서는 애플리케이션 빌드에 Webpack 버전 4(이 글을 쓰고 있는 시점의 최신 버전)를 이용한다. 애플리케이션의 다양한 형태의 파일을 로드하기 위해 Webpack 플러그인을 이용해야 하며 새로운 자바스크립트 기능을 활용하기 위해 Babel을 이용한다. 다음은 프로젝트의 devDependencies의 내용을 보여주고 있다(package.json 파일에서 추출).

```
...
"devDependencies": {
  "@babel/core": "^7.0.0-rc.1",
  "@babel/preset-env": "^7.0.0-rc.1",
  "babel-loader": "^8.0.0-beta.4",
  "cpp-wasm-loader": "0.7.7",
  "css-loader": "1.0.0",
  "file-loader": "1.1.11",
  "html-loader": "0.5.5",
  "html-webpack-plugin": "3.2.0",
  "mini-css-extract-plugin": "0.4.1",
  "rimraf": "2.6.2",
  "webpack": "4.16.5",
  "webpack-cli": "3.1.0",
  "webpack-dev-server": "3.1.5"
},
...
```

성공적으로 애플리케이션 빌드와 실행을 위해 라이브러리의 정확한 버전을 명시했다. 라이브러리의 이름이 -loader 또는 -plugin으로 끝나는 것은 Webpack과 함께 사용된다. cpp-wasm-loader 라이브러리를 이용하면 C 또는 C++ 파일을 Wasm 파일로 컴파일할 필요 없이 직접 임포트할 수 있다. Webpack 4는 기본적으로 .wasm 파일 임포트를 지원하지만 Emscripten으로 만든 모듈이 필요하고 그것을 importObj 인자로 지정해 전달해야 하는데 그것이 불가능하다.

webpack.config.js에서 로더와 플러그인 설정

애플리케이션에서는 자바스크립트 외에도 CSS, SVG, HTML 등과 같이 여러 유형의 파일을 이용한다. -loader 종속성들을 설치하는 것은 모두 동일하며, Webpack에게 그것들을 로드하는 방법을 알려줘야 한다. 또한 설치한 플러그인에 대해서는 세부적인 설정 사항을 지정해야 한다. 프로젝트 폴더의 webpack.config.js 파일에서 로딩과 설정에 대한 세부 내용을 지정할 수 있다. 다음은 /webpack-example/webpack.config.js의 내용이다.

```
const HtmlWebpackPlugin = require('html-webpack-plugin');
const MiniCssExtractPlugin = require('mini-css-extract-plugin');

module.exports = {
    module: {
        rules: [
            {
                test: /\.js$/,
                exclude: /node_modules/,
                use: {
                    loader: 'babel-loader',
                    options: {
                        // async/await를 위해 이것이 필요하다.
                        presets: [
                            [
                                '@babel/preset-env', {
                                    targets: { node: '10' }
                                }
                            ]
                        ]
                    }
                }
            },
            {
                test: /\.html$/,
                use: {
                    loader: 'html-loader',
                    options: { minimize: true }
                }
            },
            {
                test: /\.css$/,
                use: [MiniCssExtractPlugin.loader, 'css-loader']
            },
            {
                test: /\.(c>cpp)$/,
                use: {
```

```
                    loader: 'cpp-wasm-loader',
                    options: {
                        emitWasm: true
                    }
                }
            },
            {
                test: /\.(png>jpg>gif>svg)$/,
                use: {
                    loader: 'file-loader',
                    options: {
                        name: 'assets/[name].[ext]'
                    }
                }
            }
        ]
    },
    plugins: [
        new HtmlWebpackPlugin({
            template: './src/index.html',
            filename: './index.html'
        }),
        // 이것은 번들링에 사용된다.(제품 빌드)
        new MiniCssExtractPlugin({
            filename: '[name].css',
            chunkFilename: '[id].css'
        })
    ]
};
```

rules 섹션에서는 Webpack이 파일 확장자에 따라서 어떤 로더를 사용할지를 정의한
다. rules 섹션의 네 번째 아이템에서는 C/C++ 파일(test 필드의 값에 c|cpp가 포함돼 있음)
에 대해 정의하고 있다. HtmlWebpackPlugin은 /src/index.html의 내용을 취하고 필요한
<script> 태그를 추가하며 파일의 내용을 축소한다. 그리고 build 폴더에 index.html을
만든다. index.html이 만들어지는 디폴트 위치는 /dist다. MiniCssExtractPlugin은 임

포트된 CSS의 내용을 복사해 /dist 폴더에 하나의 CSS 파일로 만든다. 다음 절에서는 프로젝트를 빌드하는 방법을 알아볼 것이다. 따라서 C 파일을 시작으로 애플리케이션 코드를 먼저 살펴보자.

C 코드

C와 C++ 파일을 직접 임포트할 수 있으므로 C 파일은 /src 폴더에 위치한다. main.c는 충돌 탐지를 관리하고 <canvas> 주위에서 우주선을 움직이는 로직을 포함하고 있다. 해당 코드는 5장에서 만든 without-glue.c 파일을 기반으로 한다. 전체 파일을 살펴보진 않을 것이다. 단지 변경된 부분만 살펴볼 것이다.

먼저 새로운 구조체인 Bounds를 포함하는 정의와 선언부터 시작하자.

정의와 선언

정의와 선언을 포함하는 코드는 다음과 같다.

```c
typedef struct Bounds {
    int width;
    int height;
} Bounds;

// 이미지가 차지하는 사각형을 나타내기 위해 "Rect"라는 용어를 사용하고 있다.
typedef struct Rect {
    int x;
    int y;
    int width;
    int height;
    // 수평 방향 (L/R):
    char horizDir;
    // 수직 방향 (U/D):
    char vertDir;
```

```
} Rect;

struct Bounds bounds;
struct Rect rect;
```

유연하게 크기 조정하고 x와 y 방향으로의 이동 추적을 수용하기 위해 기존 속성에 새로운 속성이 추가됐다. `<canvas>`가 더 이상 정적인 차원의 사각형이 아니기 때문에 새로운 구조체인 Bounds를 정의했고 기존의 #define문을 제거했다. 모듈이 로드될 때 두 요소의 새로운 인스턴스가 선언된다. 이 인스턴스들에 대한 차원 속성은 바로 다음에 다룰 start( ) 함수에서 할당된다.

start( ) 함수

다음은 모듈의 진입점 역할을 하는 수정된 start( ) 함수다.

```
EMSCRIPTEN_KEEPALIVE
void start(int boundsWidth, int boundsHeight, int rectWidth,
           int rectHeight) {
    rect.x = 0;
    rect.y = 0;
    rect.horizDir = 'R';
    rect.vertDir = 'D';
    rect.width = rectWidth;
    rect.height = rectHeight;
    bounds.width = boundsWidth;
    bounds.height = boundsHeight;
    setIsRunning(true);
}
```

자바스크립트에서 호출되는 모든 함수 앞에는 EMSCRIPTEN_KEEPALIVE문이 추가된다. 그리고 Bounds와 Rect의 넓이와 높이를 start( ) 함수의 인자로 전달돼 로컬 변수인 bounds와 rect에 할당된다. 이를 통해 어떤 충돌 탐지 로직도 변경하지 않고도 bounds와 rect 변수의 내용을 변경할 수 있다. 애플리케이션에서 rect는 우주선 이미지가 움직이는 배경 사각형을 나타낸다. rect의 수평과 수직 방향을 기본 값으로 설정함으로써 이미지는 오른쪽과 아래 방향으로 이동한다. 이제는 rect 이동/충돌 탐지 코드를 살펴보자.

updateRectLocation() 함수

충돌 탐지와 Rect 움직임과 관련된 코드는 updateRectLocation( ) 함수에서 처리된다.

```
/**
 * 현재 위치를 기준으로 +/- 1px만큼 사각형 위치가 갱신된다.
 */
void updateRectLocation( ) {
    // 사각형이 좌우측 면이나 위아래쪽 면에 닿았는지 판단한다.
    // 어느 쪽에 닿았는지에 따라 방향을 달리한다.
    int xBouncePoint = bounds.width - rect.width;
    if (rect.x == xBouncePoint) rect.horizDir = 'L';
    if (rect.x == 0) rect.horizDir = 'R';
    int yBouncePoint = bounds.height - rect.height;
    if (rect.y == yBouncePoint) rect.vertDir = 'U';
    if (rect.y == 0) rect.vertDir = 'D';

    // x와 y 좌표를 기준으로 방향이 변경되면 그에 따라 x, y 위치가 변경돼야 한다.
    int horizIncrement = 1;
    if (rect.horizDir == 'L') horizIncrement = -1;
    rect.x = rect.x + horizIncrement;

    int vertIncrement = 1;
    if (rect.vertDir == 'U') vertIncrement = -1;
    rect.y = rect.y + vertIncrement;
}
```

5장의 코드와의 주요 차이점은 충돌 탐지 로직이다. 이전에는 rect 인스턴스의 수평 방향 위치를 단순히 추적해서 그것이 오른쪽 경계에 이르면 움직이는 방향을 바꿨지만 이번에는 수평과 수직 방향으로 위치를 추적해서 각 경우마다 그에 맞는 이동 방향을 관리한다.

이것이 가장 효율적인 알고리즘은 아니지만 <canvas>의 가장자리에 닿았을 때 우주선의 방향을 바꾼다는 목표는 제대로 수행한다.

자바스크립트 코드

애플리케이션에서 사용하는 유일한 종속성은 Vue다. 애플리케이션이 단지 하나의 구성 요소로 구성되지만 Vue를 사용하면 데이터와 함수 그리고 구성 요소의 생명 주기를 좀 더 단순하게 관리할 수 있다. Vue 초기화 코드는 index.js 파일에 포함되고 렌더링과 애플리케이션 로직은 /src/App.js 파일에 포함된다. 그리고 이전에서 그랬듯이 코드를 묶음으로 나눠서 살펴볼 것이다. 그럼 import문부터 살펴보자.

import문

다음은 Webpack 로더 부분을 보여주고 있다.

```
// 이는 css-loader에 의해서 로딩된다.
import './styles.css';

// 이는 cpp-wasm-loader에 의해서 로딩된다.
import wasm from './main.c';

// 이는 file-loader에 의해서 로딩된다.
import backgroundImage from './assets/background.jpg';
import spaceshipImage from './assets/spaceship.svg';
```

webpack.config.js에서 설정한 로더는 CSS, C 그리고 이미지 파일 처리 방법을 알고 있다. 이제는 필요한 리소스를 사용할 수 있게 되었으므로 게임 구성 요소의 상태를 정의하는 부분으로 넘어갈 수 있다.

게임 구성 요소의 상태

다음 코드에서는 data() 함수에서 게임 구성 요소의 로컬 상태를 초기화하고 있다.

```
export default {
    data() {
        return {
            instance: null,
            bounds: { width: 800, height: 592 },
            rect: { width: 200, height: 120 },
            speed: 5
        };
    },
...
```

bounds와 rect 속성은 앞으로 변경되지 않지만 게임 구성 요소가 사용하는 데이터를 한 곳으로 모으기 위해 로컬 상태로 정의했다. speed 속성은 <canvas> 위를 얼마나 빨리 이동하는지를 나타내며 그 값의 범위는 1부터 10까지다. instance 속성은 null로 초기화되지만 컴파일된 Wasm 모듈의 익스포트 함수에 접근하는 데 사용될 것이다. Wasm 파일을 컴파일하고 <canvas>를 채우는 Wasm 초기화 코드로 넘어가보자.

Wasm 초기화

다음은 Wasm 파일을 컴파일하고 <canvas> 요소를 채우는 코드다.

```
methods: {
    // <canvas> 요소의 문맥을 위한 drawImage 함수에 전달할 새로운 Image 인스턴스를 만든다.
    loadImage(imageSrc) {
        const loadedImage = new Image();
        loadedImage.src = imageSrc;
        return new Promise((resolve, reject) => {
            loadedImage.onload = () => resolve(loadedImage);
            loadedImage.onerror = () => reject();
```

```
            });
        },

        // main.c의 내용을 컴파일/로드하고 그 결과 만들어진 Wasm 모듈 인스턴스를
        // this.instance에 할당한다.
        async initializeWasm() {
            const ctx = this.$refs.canvas.getContext('2d');

            // 배경과 우주선의 Image 인스턴스를 만든다.
            // 그리고 그것을 ctx.drawImage() 함수에 전달한다.
            const [bouncer, background] = await Promise.all([
                this.loadImage(spaceshipImage),
                this.loadImage(backgroundImage)
            ]);

            // C 코드를 Wasm으로 컴파일하고 그 결과를 만들어진
            // module.exports를 this.instance에 할당한다.
            const { width, height } = this.bounds;
            return wasm
                .init(imports => ({
                    ...imports,
                    _jsFillRect(x, y, w, h) {
                        ctx.drawImage(bouncer, x, y, w, h);
                    },
                    _jsClearRect() {
                        ctx.drawImage(background, 0, 0, width, height);
                    }
                }))
                    .then(module => {
                        this.instance = module.exports;
                        return Promise.resolve();
                    });
        },
    ...
```

게임 구성 요소의 methods 키에는 추가적인 함수들이 정의돼 있지만 지금은 임포트된 C 파일을 Wasm으로 컴파일하는 데 초점을 맞출 것이다. 우주선과 배경 이미지를 위한 Image 인스턴스가 만들어진 후에는 main.c 파일(.wasm으로 임포트된)이 Wasm 모듈로 컴파일되고 그 결과 만들어진 exports가 this.instance에 할당된다. 이와 같은 작업이 일단 완료되면 익스포트된 Wasm 모듈에서 start() 함수가 호출될 수 있다. initializeWasm() 함수가 <canvas> 요소의 getContext() 함수를 호출하기 때문에 그 전에 게임의 구성 요소가 마운트돼야 한다. 이제는 methods 정의 부분의 나머지와 mounted() 이벤트 핸들러를 살펴보자.

게임 구성 요소 마운팅

다음은 methods 정의의 나머지 부분과 mounted() 이벤트 핸들러 함수다.

```
...
    // 우주선을 <canvas> 위로 이동시키는 루프 함수
    loopRectMotion() {
        setTimeout(() => {
            this.instance.moveRect();
            if (this.instance.getIsRunning()) this.loopRectMotion();
        }, 15 - this.speed);
    },
    // 버튼이 클릭됐을 때 우주선의 움직임을 일시 중지/재시작시킨다.
    onActionClick(event) {
        const newIsRunning = !this.instance.getIsRunning();
        this.instance.setIsRunning(newIsRunning);
        event.target.innerHTML = newIsRunning ? 'Pause' : 'Resume';
        if (newIsRunning) this.loopRectMotion();
    }
},
mounted() {
    this.initializeWasm().then(() => {
        this.instance.start(
            this.bounds.width,
```

```
            this.bounds.height,
            this.rect.width,
            this.rect.height
        );
        this.loopRectMotion();
    });
},
```

Wasm 모듈로 컴파일되면 this.instance의 start( ) 함수에 접근할 수 있게 된다. bounds
와 rect의 크기가 start( ) 함수에 전달되고 우주선을 움직이기 위해 loopRectFunction( )
함수가 호출된다. loopRectFunction( ) 이벤트 핸들러 함수는 우주선이 현재 움직이고 있
는지 여부에 따라 우주선 움직임을 일시 중지시키거나 다시 움직이게 한다.

loopRectMotion( ) 함수는 움직이는 속도를 조절할 수 있다는 것을 제외하고는 5장의 코
드와 동일하게 동작한다. 제한 시간을 지정하는 15 - this.speed 계산이 다소 이상하고
보일 수 있다. 이미지의 이동 속도는 함수 호출 간의 시간 차이를 기준으로 하기 때문에 이
수를 늘리면 실제로 우주선의 속도가 느려지게 될 것이다. 15는 우주선의 최대 속도인 10
보다 그렇게 많이 크지 않고 15에서 this.speed를 빼면 this.speed가 최대치까지 증가하
게 되더라도 우주선이 흐려 보이지 않게 된다. 게임 구성 요소의 로직은 이게 전부다. 다
음에는 template이 정의되는 렌더링 부분으로 넘어가자.

게임 구성 요소 렌더링

렌더링할 내용을 지정하는 template 속성의 내용은 다음과 같다.

```
template: `
  <div class="flex column">
    <h1>SPACE WASM!</h1>
    <canvas
      ref="canvas"
      :height="bounds.height"
```

```
      :width="bounds.width">
    </canvas>
    <div class="flex controls">
      <div>
        <button class="defaultText" @click="onActionClick">
          Pause
        </button>
      </div>
    <div class="flex column">
      <label class="defaultText" for="speed">Speed: {{speed}}</label>
      <input
        v-model="speed"
        id="speed"
        type="range"
        min="1"
        max="10"
        step="1">
      </div>
    </div>
  </div>
```

Vue를 이용하기 때문에 HTML 요소의 속성과 이벤트 핸들러를 게임의 구성 요소에 정의된 속성과 메소드로 바인딩할 수 있다. PAUSE/RESUME 버튼뿐만 아니라 우주선의 속도를 변경할 수 있는 <input>이 있다. 그것을 오른쪽이나 왼쪽으로 밀어서 우주선의 이동 속도를 높이거나 낮출 수 있고 그것이 바로 반영된다는 것을 볼 수 있다. 지금까지 코드 검토를 마치고, 애플리케이션을 빌드하거나 실행하는 데 Webpack을 어떻게 이용하는지 살펴볼 것이다.

애플리케이션 빌드와 실행

cpp-wasm-loader 라이브러리를 사용하면 Wasm 모듈을 만드는 빌드 과정이 필요 없어지지만 애플리케이션을 배포하려면 번들링이 필요하다. package.json의 scripts 섹션에는 build와 start 스크립트가 있다. build 스크립트를 실행하면 webpack 명령을 실행해서 번들을 만든다. 올바로 동작하는지 확인하려면 /webpack-example 폴더에서 터미널을 열어 다음 명령을 실행한다.

```
npm run build
```

프로젝트를 처음 빌드하고 실행시킬 때는 1분 정도 걸릴 수 있다. 그것은 Wasm 컴파일 단계의 속성으로 볼 수 있다. 하지만 그 이후부터는 훨씬 빨라져야 한다. 빌드가 성공하면 새로 생성된 /dist 폴더가 다음과 같은 내용으로 만들어질 것이다.

```
├── /assets
│   ├── background.jpg
│   └── spaceship.svg
├── index.html
├── main.css
├── main.js
└── main.wasm
```

빌드 테스트

모든 것이 제대로 동작하는지 확인해보자. 터미널에서 다음 명령을 실행해서 애플리케이션을 실행시킨다.

```
serve -l 8080 dist
```

브라우저로 http://127.0.0.1:8080/index.html을 열면 다음과 같은 화면을 보게 될 것이다.

브라우저에서 실행되는 Webpack 애플리케이션

우주선 이미지(출처: https://commons.wikimedia.org/wiki/File:Alien_Spaceship_-_SVG_
Vector.svg)는 말머리 성운 배경 이미지(출처: https://commons.wikimedia.org/wiki/File:
Horsehead_Nebula_Christmas_2017_Deography.jpg) 내에서 움직인다. **PAUSE** 버튼을 누르
면 버튼의 캡션이 **RESUME**으로 변경되고 우주선은 이동을 멈춘다. 버튼을 다시 누르면 버
튼의 캡션이 **PAUSE**로 바뀌고 우주선은 다시 움직이기 시작할 것이다. **SPEED** 슬라이더를
조절하면 우주선의 이동 속도를 증가되거나 감소된다.

start 스크립트 실행

애플리케이션은 Browsersync와 비슷한 동작을 하는 webpack-dev-server 라이브러리를 설치했다. 해당 라이브러리는 LiveReloading을 이용해서 /src 폴더의 파일이 변경될 때 애플리케이션을 자동으로 업데이트한다. C와 C++ 파일을 위해 Webpack 로더를 이용하기 때문에 C 파일이 변경되면 자동 업데이트 이벤트가 발생할 것이다. 다음 명령으로 애플리케이션을 실행하고 변경을 모니터링한다.

```
npm start
```

빌드가 완료되면 브라우저 윈도우가 자동으로 열리고 실행 중인 애플리케이션으로 이동한다. 라이브 리로드 기능을 보려면 newIsRunning 대신 main.c의 setIsRunning() 함수에서 isRunning 변숫값을 false로 설정한다.

```c
EMSCRIPTEN_KEEPALIVE
void setIsRunning(bool newIsRunning) {
    // isRunning = newIsRunning;

    // 값을 항상 false로 설정한다.
    isRunning = false;
}
```

우주선은 왼쪽 상단 구석에 붙어 있어야 한다. 그것을 다시 변경하면 우주선은 다시 움직이기 시작할 것이다. 다음 절에서는 웹어셈블리 모듈을 테스트하기 위해 자바스크립트로 단위 테스트를 작성할 것이다.

▌ Jest로 웹어셈블리 모듈 테스트

잘 테스트된 코드는 회귀 버그를 방지하고 리팩토링을 단순화하고 새로운 기능을 추가하는 것에 따른 좌절감을 경감시켜준다. Wasm 모듈을 일단 컴파일했다면 C, C++ 또는 Rust 코드에 대한 테스트를 작성했다고 하더라도 그것이 원하는 대로 동작하는지 확인하기 위한 테스트를 작성해야 한다. 이번 절에서는 자바스크립트 테스팅 프레임워크인 Jest를 이용해 컴파일된 Wasm 모듈의 기능을 테스트할 것이다.

테스트 대상 코드

모든 예제 코드는 /chapter-09-node/testing-example 폴더에 있다. 코드와 그것에 대한 테스트는 매우 간단하며, 그것 자체가 실제 애플리케이션을 나타내는 것은 아니지만 테스트를 위해 Jest 사용법을 보여주려는 것이 주요 목적이다. 다음은 /testing-example 폴더의 파일 구조를 보여주고 있다.

```
├── /src
│   ├── /__tests__
│   │   └── main.test.js
│   └── main.c
├── package.json
└── package-lock.json
```

테스트할 C 파일(/src/main.c)의 내용은 다음과 같다.

```
int addTwoNumbers(int leftValue, int rightValue) {
    return leftValue + rightValue;
}

float divideTwoNumbers(float leftValue, float rightValue) {
    return leftValue / rightValue;
```

```
}

double findFactorial(float value) {
    int i;
    double factorial = 1;
    for (i = 1; i <= value; i++) {
        factorial = factorial * i;
    }
    return factorial;
}
```

파일의 세 함수는 간단한 수학 연산을 수행한다. package.json은 테스트를 위해 C 파일을 Wasm 파일로 컴파일하는 스크립트를 포함하고 있다. C 파일을 컴파일하기 위해 다음 명령을 실행한다.

```
npm run build
```

컴파일 결과 /src 폴더에 main.wasm 파일이 만들어져야 한다. 이제는 테스트 설정 단계로 넘어가보자.

테스트 설정

이번에 사용할 유일한 종속성은 페이스북에서 만든 자바스크립트 테스팅 프레임워크인 Jest뿐이다. Jest는 커버리지, 예외 판단[assertion], 모킹과 같이 필요로 하는 대부분의 기능을 포함하고 있기 때문에 테스트를 위한 훌륭한 선택이라고 할 수 있다. 통상적으로는 애플리케이션의 복잡도에 따라서 아무런 설정 없이도 사용할 수 있다. Jest에 대해 더 많은 것을 알고 싶다면 Jest의 웹사이트인 https://jestjs.io를 참고하기 바란다. /chapter-09-node/testing-example 폴더에서 터미널을 열고 다음 명령으로 Jest를 설치한다.

package.json 파일에는 세 개의 스크립트 섹션(build, pretest, test)이 있다. build 스크립트는 emcc 명령과 필요한 플래그를 이용해서 /src/main.c 파일을 /src/main.wasm으로 컴파일한다. test 스크립트는 jest 명령을 실행하며 각각의 테스트에 대한 추가적인 세부 내용을 제공하는 --verbose 플래그를 이용한다.

pretest 스크립트는 단순히 build 스크립트를 실행해서 테스트를 수행하기 전에 /src/main.wasm 파일이 있는지 확인한다.

테스트 파일

/src/__tests__/main.test.js에 있는 테스트 파일을 살펴보고 각 코드 섹션의 목적을 살펴보자. 테스트 파일의 첫 번째 부분은 main.wasm을 인스턴스화하고 그 결과를 로컬 변수인 wasmInstance에 할당한다.

```javascript
const fs = require('fs');
const path = require('path');

describe('main.wasm Tests', () => {
    let wasmInstance;

    beforeAll(async () => {
        const wasmPath = path.resolve(__dirname, '..', 'main.wasm');
        const buffer = fs.readFileSync(wasmPath);
        const results = await WebAssembly.instantiate(buffer, {
            env: {
                memoryBase: 0,
                tableBase: 0,
                memory: new WebAssembly.Memory({ initial: 1024 }),
                table: new WebAssembly.Table({ initial: 16, element: 'anyfunc' }),
```

```
            abort: console.log
        }
    });
    wasmInstance = results.instance.exports;
});
...
```

Jest는 테스트를 실행하기 전에 어떤 설정이나 분해 작업이라도 수행할 수 있는 라이프 사이클 메소드를 제공한다. 전체 테스트 전이나 후에 실행할 수 있는 함수를 지정(beforeAll( )/afterAll( ))할 수 있고 또는 개별 테스트 전이나 후에 실행할 수 있는 함수를 지정(beforeEach( )/afterEach( ))할 수도 있다. 컴파일된 Wasm 모듈의 인스턴스가 익스포트하는 함수를 호출해야 하기 때문에 beforeAll( ) 함수 안에 인스턴스화 코드를 넣는다.

전체 테스트 셋을 describe( ) 블록으로 래핑한다. Jest는 관련된 테스트와 test( )를 describe( ) 함수로 캡슐화하고 단일 테스트에 대해서는 it( ) 함수를 이용한다. 다음이 이 개념에 대한 간단한 예다.

```
const add = (a, b) => a + b;

describe('the add function', () => {
    test('returns 6 when 4 and 2 are passed in', () => {
        const result = add(4, 2);
        expect(result).toEqual(6);
    });
    test('returns 20 when 12 and 8 are passed in', () => {
        const result = add(12, 8);
        expect(result).toEqual(20);
    });
});
```

코드의 다음 부분은 모든 테스트 셋과 익스포트된 개별 함수들을 위한 테스트가 포함돼 있다.

```
...
    describe('the _addTwoNumbers function', () => {
        test('returns 300 when 100 and 200 are passed in', () => {
            const result = wasmInstance._addTwoNumbers(100, 200);
            expect(result).toEqual(300);
        });
        test('returns -20 when -10 and -10 are passed in', () => {
            const result = wasmInstance._addTwoNumbers(-10, -10);
            expect(result).toEqual(-20);
        });
    });

    describe('the _divideTwoNumbers function', () => {
        test.each([
            [10, 100, 10],
            [-2, -10, 5],
        ])('returns %f when %f and %f are passed in', (expected, a, b) => {
            const result = wasmInstance._divideTwoNumbers(a, b);
            expect(result).toEqual(expected);
        });

        test('returns ~3.77 when 20.75 and 5.5 are passed in', () => {
            const result = wasmInstance._divideTwoNumbers(20.75, 5.5);
            expect(result).toBeCloseTo(3.77, 2);
        });
    });

    describe('the _findFactorial function', () => {
        test.each([
            [120, 5],
            [362880, 9.2],
        ])('returns %p when %p is passed in', (expected, input) => {
            const result = wasmInstance._findFactorial(input);
            expect(result).toEqual(expected);
        });
    });
});
```

_addTwoNumbers( ) 함수를 위한 첫 번째 describe( ) 블록은 두 개의 test( ) 인스턴스를 가지고 있으며 인자로 전달된 두 수를 더한 값을 반환한다.

_divideTwoNumbers( ) 함수와 _findFactorial( ) 함수를 위한 이후의 두 describe( ) 블록 은 Jest의 .each 기능을 이용해서 서로 다른 데이터로 동일한 테스트를 수행한다. expect( ) 함수는 인자로 전달된 값에 대해 테스트 수행 결과를 확인할 수 있다. 마지막 _divideTwo Numbers( ) 테스트에 대한 .toBeCloseTo( )는 결과가 3.77의 소수점 이하 두 자리 이내인 지 확인한다. .toEqual( )은 동일한지 여부를 확인한다.

Jest로 테스트를 작성하는 것은 상대적으로 간단하며 그것을 실행하는 것은 더 쉽다. 그러 면 테스트를 실행해보고 Jest가 제공하는 몇 가지 CLI 플래그에 대해 살펴보자.

테스트 실행

테스트를 실행하기 위해 /chapter-09-node/testing-example 폴더에서 터미널을 열 고 다음 명령을 실행한다.

```
npm test
```

그러면 터미널상에서 다음과 같은 결과를 보게 될 것이다.

```
main.wasm Tests
  the _addTwoNumbers function
    ✓ returns 300 when 100 and 200 are passed in (4ms)
    ✓ returns -20 when -10 and -10 are passed in
  the _divideTwoNumbers function
    ✓ returns 10 when 100 and 10 are passed in
    ✓ returns -2 when -10 and 5 are passed in (1ms)
    ✓ returns ~3.77 when 20.75 and 5.5 are passed in
  the _findFactorial function
```

```
✓ returns 120 when 5 is passed in (1ms)
✓ returns 362880 when 9.2 is passed in

Test Suites: 1 passed, 1 total
Tests: 7 passed, 7 total
Snapshots: 0 total
Time: 1.008s
Ran all test suites.
```

테스트의 수가 많으면 package.json에 있는 test 스크립트에서 --verbose 플래그를 제거하고 단지 npm test 명령만을 실행하도록 할 수도 있다. 다음은 jest 명령에 전달할 수 있는 CLI 플래그로서 일반적으로 사용되는 플래그다.

- --bail: 실패하는 테스트가 발생하면 곧바로 테스트 셋을 종료한다.
- --coverage: 테스트가 완료되면 테스트 커버리지를 수집해서 터미널상에 표시한다.
- --watch: 변경된 파일을 감시하고 변경된 파일과 관련된 테스트를 반환한다.

이 플래그들을 -- 뒤에 추가해서 npm test 명령에 전달할 수 있다. 예를 들면, --bail 플래그를 사용하고 싶다면 다음과 같이 명령하면 된다.

```
npm test -- --bail
```

전체적인 CLI 옵션은 공식 웹사이트인 https://jestjs.io/docs/en/cli에서 확인할 수 있다.

요약

9장에서는 웹어셈블리를 Node.js와 통합 시의 장점에 대해 살펴봤고 서버와 클라이언트에서 Node.js가 어떻게 이용되는지 알아봤다. 회계 거래 계산을 수행하기 위해 Wasm 모듈을 이용하는 Express 애플리케이션을 평가했다. 그 다음에는 Wasm 인스턴스화 코드를 작성할 필요 없이 C 파일에서 함수를 호출하고 임포트하기 위해 Webpack을 활용하는 브라우저 기반의 애플리케이션을 살펴봤다. 마지막으로 컴파일된 모듈을 테스트하기 위해 Jest 테스팅 프레임워크를 활용하는 방법을 배웠고 그것이 제대로 동작하는지 확인했다. 10장에서는 고급 도구와 웹어셈블리에 추가될 기능을 살펴볼 것이다.

질문

1. 웹어셈블리를 Node.js와 통합할 때의 장점 중 하나는 무엇인가?
2. JSON 파일의 데이터를 읽고 쓰기 위해 Express 애플리케이션이 이용하는 라이브러리는 무엇인가?
3. 모듈을 브라우저에서 로드하는 것과 Node.js에서 로드하는 것의 차이점은 무엇인가?
4. 기존의 npm 스크립트 전이나 이후에 npm 스크립트를 실행시키는데 사용할 수 있는 기술은 무엇인가?
5. 사용하지 않는 코드는 제거하는 Webpack의 작업을 무엇이라고 부르는가?
6. Webpack에서 로더의 목적은 무엇인가?
7. Jest에서 describe( )와 test( )의 차이점은 무엇인가?
8. npm test 명령에 추가적인 CLI 플래그를 전달하는 방법은 무엇인가?

▌ 추가 자료

- Express : https://expressjs.com
- Webpack : https://webpack.js.org
- Jest API : https://jestjs.io/docs/en/api

10

고급 도구와 향후 기능

웹어셈블리의 생태계는 지속적으로 성장하며 진화하고 있다. 개발자들은 웹어셈블리의 잠재력을 지켜봐왔다. 그들은 개발 경험을 향상시키고 그들이 선택한 언어로 Wasm 모듈을 만들 수 있는 개발 도구들을 만들어왔다.

10장에서는 웹어셈블리를 매력적으로 보이게 만드는 기반 기술을 평가해볼 것이다. 또한 브라우저에서 사용할 수 있는 도구와 Web Workers를 활용하는 사례를 살펴볼 것이다. 마지막으로 웹어셈블리를 위한 로드맵상의 향후 기능과 제안에 대해 간단히 알아볼 것이다.

10장의 목표는 다음과 같다.

- WABT와 Binaryen이 빌드 과정에서 어떻게 사용되는지 이해
- (Emscripten 대신) LLVM으로 웹어셈블리 모듈을 컴파일하는 방법
- WasmFiddle과 같은 온라인 도구와 그 외 유용한 온라인 도구
- 웹어셈블리를 병렬로 실행시키기 위한 Web Workers 사용 방법
- 향후에 웹어셈블리에 통합될 (제안됐거나 진행 중인) 기능

WABT와 Binaryen

WABT와 Binaryen은 개발자가 소스 파일을 이용해서 웹어셈블리를 위한 도구를 개발할 수 있게 해준다. 로우 레벨에서 웹어셈블리를 다루는 것에 관심이 있다면 WABT와 Binaryen이 그것을 제공해준다. 이번 절에서는 이 도구들의 목적과 기능을 더 자세히 살펴보고 평가할 것이다.

WABT-웹어셈블리 바이너리 툴킷

WABT는 웹어셈블리 바이너리 파일(.wasm)과 텍스트(.wat) 파일의 수정과 두 포맷 간의 변환에 초점을 맞추고 있다. WABT는 Wat을 Wasm으로 변환하는 도구(wat2wasm)뿐만 아니라 그 반대로 수행하는 도구(wasm2wat)를 제공하며, Wasm 파일을 C 소스 파일과 헤더 파일로 변환해주는 도구(wasm2c)도 제공한다.

WABT의 GitHub 저장소인 https://github.com/WebAssembly/wabt에 있는 README를 통해 WABT가 제공하는 전체 도구 목록을 볼 수 있다.

WABT를 사용한 예로는 이미 3장에서 설치한 WebAssembly Toolkit for VS Code 익스텐션이 있다. 그 익스텐션은 WABT를 이용해 .wasm 파일의 텍스트 포맷을 보여준다.

WABT 저장소에는 Wat 프로그램의 유효성을 테스트하거나 자바스크립트로 컴파일된 바이너리와 상호작용할 수 있게 해주는 wat2wasm과 wasm2wat의 데모 링크를 제공한다. 다음 스크린샷은 wat2wasm 데모에서 보여주고 있는 Wat과 자바스크립트 인스턴스화 코드다.

```
WAT                              example: [ simple ⬍ ] [ Download ]

1  (module
2    (func $addTwo (param i32 i32) (result i32)
3      get_local 0
4      get_local 1
5      i32.add)
6    (export "addTwo" (func $addTwo)))
7

JS

1  const wasmInstance =
2        new WebAssembly.Instance(wasmModule, {});
3  const { addTwo } = wasmInstance.exports;
4  for (let i = 0; i < 10; i++) {
5    console.log(addTwo(i, i));
6  }
7
```

wat2wasm의 "simple" 예에서 보여주고 있는 Wat과 자바스크립트 로딩 코드

JS 패널의 세 번째 줄에서 wasmInstance.exports로부터 할당된 addTwo( ) 함수의 이름은 _로 시작하지 않는다는 것을 눈치챘을 것이다. 컴파일하는 동안 Emscripten이 _를 자동으로 추가한다. .wasm 파일을 .wat로 변환하고 함수의 이름을 변경해서 WABT로 그것을 다시 .wasm으로 변환한다면 _를 생략할 수 있다.

WABT는 텍스트 포맷과 바이너리 포맷 간의 변환 과정을 단순화시켜준다. 웹어셈블리를 위한 컴파일 도구를 빌드하고 싶다면 다음에 소개할 Binaryen을 이용하면 된다.

Binaryen

Binaryen의 GitHub 위치는 https://github.com/WebAssembly/binaryen이며 C++로 작성된 웹어셈블리를 위한 컴파일러 및 툴체인 인프라 라이브러리다. Binaryen의 목적은 웹어셈블리로 쉽고 빠르고 효과적으로 컴파일하는 것이다. 이를 위해 간단한 C API와 내부적으로 IR과 최적화기를 제공한다. WABT처럼 Binaryen도 웹어셈블리 도구를 개발하기 위한 확장 툴셋을 제공한다. 다음은 Binaryen이 제공하는 도구들 목록이다.

- wasm-shell: 웹어셈블리를 로딩하고 해석할 수 있는 도구
- asm2wasm: asm.js 코드를 Wasm 모듈로 컴파일
- wasm2js: Wasm 모듈을 자바스크립트로 컴파일
- wasm-merge: 여러 개의 Wasm 파일을 하나로 합친다.
- wasm.js: Binaryen 해석기, asm2wasm, Wat 파서 그리고 기타 Binaryen의 도구를 포함하고 있는 자바스크립트 라이브러리
- binaryen.js: Binaryen 툴체인을 위한 자바스크립트 인터페이스를 제공하는 자바스크립트 라이브러리

wasm.js과 binaryen.js 도구는 웹어셈블리 도구를 작성하는데 관심이 있는 자바스크립트 개발자에게 특히 유용하다. binaryen.js 라이브러리는 npm 패키지(https://www.npmjs.com/package/binaryen)로서 사용할 수 있다.

binaryen.js의 훌륭한 사용 예로는 AssemblyScript(https://github.com/AssemblyScript/assemblyscript)를 들 수 있다. AssemblyScript는 웹어셈블리 모듈을 생성하는 TypeScript의 서브셋이다. 해당 라이브러리는 새로운 프로젝트를 빠르게 시작하고 빌드를 관리할 수 있도록 CLI 패키지로 제공된다. 다음 절에서는 LLVM으로 Wasm 모듈을 컴파일하는 방법을 알아볼 것이다.

LLVM으로 컴파일

1장에서 Emscripten의 EMSDK와 LLVM의 관계에 대해 설명했다. Emscripten C/C++를 LLVM 비트코드로 컴파일하기 위해 LLVM과 Clang을 이용한다. Emscripten 컴파일러(emcc)는 비트코드를 asm.js로 컴파일하며 그 결과를 Binaryen으로 전달해 Wasm 파일로 만든다. LLVM 사용에 대해 좀 더 관심을 갖는다면 EMSDK 설치 없이 C/C++를 Wasm으로 컴파일할 수 있다. 이번 절에서는 LLVM을 이용한 Wasm 컴파일 과정에 대해 살펴볼 것이다. C++ 예제 코드를 Wasm 파일로 컴파일한 후에는 그것을 브라우저에서 실행해볼 것이다.

설치 과정

LLVM으로 웹어셈블리 모듈을 컴파일하고자 한다면 몇 가지 도구를 설치하고 설정해야 한다. 그런 도구들을 올바르게 함께 사용하는 것은 힘들고 시간 소모적인 과정일 수 있다. 하지만 다행스럽게도 누군가 그런 과정을 좀 더 간단히 할 수 있도록 해주었다. 다니엘 워츠^{Daniel Wirtz}는 다음과 같은 작업(CLI 명령으로)을 할 수 있는 webassembly(https://www.npmjs.com/package/webassembly)라는 이름의 npm 패키지를 만들었다.

- C/C++ 코드를 웹어셈블리 모듈로 컴파일한다(wa compile).
- 여러 웹어셈블리 모듈을 하나로 링크한다(wa link).
- 웹어셈블리 모듈은 텍스트 포맷으로 디컴파일한다(wa disassemble).
- 웹어셈블리 텍스트 포맷을 웹어셈블리 모듈로 만든다(wa assemble).

webassembly는 Binaryen, Clang, LLVM 그리고 추가적인 LLVM 도구를 내부적으로 이용한다. wa 명령을 이용하기 위해 webassembly 패키지를 전역적으로 설치할 것이다. 터미널을 열고 다음 명령으로 설치를 진행한다.

```
npm install -g webassembly
```

필요한 종속성까지 설치하는데 몇 분 정도 걸릴 것이다. 일단 설치가 완료되면 다음 명령으로 설치를 확인한다.

```
wa
```

그러면 다음과 같은 화면을 터미널상에서 보게 될 것이다.

wa 명령 결과

이제 Wasm 모듈 컴파일을 시작할 준비가 됐다. 다음에는 실제 예제 코드로 컴파일해보자.

예제 코드

컴파일러를 테스트하기 위해 5장의 without-glue.c 파일을 약간 수정해서 이용할 것이다. 이번 절에서 사용될 코드는 learn-webassembly 저장소의 /chapter-10-advanced-tools/compile-with-llvm 폴더에 있다. 컴파일러 테스트를 위해 아래 설명대로 파일들을 만든다. 먼저 C++ 파일부터 시작해보자.

C++ 파일

/book-examples 폴더에 /compile-with-llvm라는 이름의 폴더를 만든다. 그리고 /compile-with-llvm 폴더에 main.cpp 파일을 만들어 다음 내용으로 채운다.

```
#include <stdbool.h>

#define BOUNDS 255
#define RECT_SIDE 50
#define BOUNCE_POINT (BOUNDS - RECT_SIDE)

bool isRunning = true;

typedef struct Rect {
    int x;
    int y;
    char direction;
} Rect;

struct Rect rect;

void updateRectLocation() {
    if (rect.x == BOUNCE_POINT) rect.direction = 'L';
    if (rect.x == 0) rect.direction = 'R';
    int incrementer = 1;
    if (rect.direction == 'L') incrementer = -1;
    rect.x = rect.x + incrementer;
    rect.y = rect.y + incrementer;
```

```
}

extern "C" {
extern int jsClearRect();
extern int jsFillRect(int x, int y, int width, int height);

__attribute__((visibility("default")))
void moveRect() {
    jsClearRect();
    updateRectLocation();
    jsFillRect(rect.x, rect.y, RECT_SIDE, RECT_SIDE);
}

__attribute__((visibility("default")))
bool getIsRunning() {
    return isRunning;
}

__attribute__((visibility("default")))
void setIsRunning(bool newIsRunning) {
    isRunning = newIsRunning;
}

__attribute__((visibility("default")))
void init() {
    rect.x = 0;
    rect.y = 0;
    rect.direction = 'R';
    setIsRunning(true);
}
}
```

위 코드는 5장의 without-glue.c의 내용과 거의 동일하다. 코드에서 주석은 제거됐고
extern "C" 블록으로 임포트/익스포트된 함수를 감싸고 있다.

__attribute__((visibility("default"))) 부분은 매크로문(EMSCRIPTEN_KEEPALIVE와 유사하게)으로서 컴파일 과정 중 미사용 코드 제거 과정에서 해당 함수가 제거되지 않도록 만들어준다. 앞선 예제와 마찬가지로 HTML 파일을 통해 컴파일된 Wasm 모듈과 상호작용할 것이다. 그럼 다음 단계로 넘어가보자.

HTML 파일

/compile-with-llvm 폴더에 index.html 파일을 만들고 다음 내용으로 채운다.

```html
<!doctype html>
<html lang="en-us">
<head>
  <title>LLVM Test</title>
</head>
<body>
  <h1>LLVM Test</h1>
  <canvas id="myCanvas" width="255" height="255"></canvas>
  <div style="margin-top: 16px;">
    <button id="actionButton" style="width: 100px; height: 24px;">
      Pause
    </button>
  </div>
  <script type="application/javascript">
    const canvas = document.querySelector('#myCanvas');
    const ctx = canvas.getContext('2d');

    const importObj = {
      env: {
        memoryBase: 0,
        tableBase: 0,
        memory: new WebAssembly.Memory({ initial: 256 }),
        table: new WebAssembly.Table({ initial: 8, element: 'anyfunc' }),
        abort: console.log,
        jsFillRect: function(x, y, w, h) {
          ctx.fillStyle = '#0000ff';
```

```
          ctx.fillRect(x, y, w, h);
        },
        jsClearRect: function() {
          ctx.fillStyle = '#ff0000';
          ctx.fillRect(0, 0, 255, 255);
        }
      }
    };

    WebAssembly.instantiateStreaming(fetch('main.wasm'), importObj)
      .then(({ instance }) => {
        const m = instance.exports;
        m.init();

        const loopRectMotion = () => {
          setTimeout(() => {
            m.moveRect();
            if (m.getIsRunning()) loopRectMotion();
          }, 20)
        };

    document.querySelector('#actionButton')
      .addEventListener('click', event => {
        const newIsRunning = !m.getIsRunning();
        m.setIsRunning(newIsRunning);
        event.target.innerHTML = newIsRunning ? 'Pause' : 'Start';
        if (newIsRunning) loopRectMotion();
      });
      loopRectMotion();
    });
  </script>
</body>
</html>
```

위 파일의 내용은 5장의 without-glue.html 파일의 내용과 매우 유사하다. /common /load-wasm.js 파일에서는 loadWasm() 함수 대신 WebAssembly.instantiate Streaming() 함수를 이용한다. 그렇게 함으로써 추가적인 <script> 요소를 생략하고 /compile-with-llvm 폴더에서 파일을 직접 제공할 수 있다.

importObj로 전달되는 jsFillRect 함수와 jsClearRect 함수에서 _이 생략됐다. instance. exports 객체의 함수 또한 _를 생략할 수 있다. LLVM은 모듈로 전달되거나 모듈에서 반환하는 데이터/함수의 이름을 _로 시작하지 않는다. 다음 절에서는 main.cpp를 컴파일하고 브라우저에서 컴파일해서 만들어진 Wasm 파일과 상호작용해볼 것이다.

컴파일과 실행

-g 플래그로 webassembly npm 패키지를 설치했으므로 터미널에서 wa 명령을 실행시킬 수 있다. /compile-with-llvm 폴더에서 터미널을 열고 다음 명령을 실행한다.

```
wa compile main.cpp -o main.wasm
```

VS Code의 파일 탐색기에서 compile-with-llvm 폴더를 보면 main.wasm 파일을 볼 수 있을 것이다. Wasm 모듈로 제대로 컴파일됐는지 확인하려면 /compile-with-llvm 폴더에서 다음 명령을 실행한다.

```
serve -l 8080
```

http://127.0.0.1:8080/index.html에 접속하면 가면 다음과 같은 화면을 보게 될 것이다.

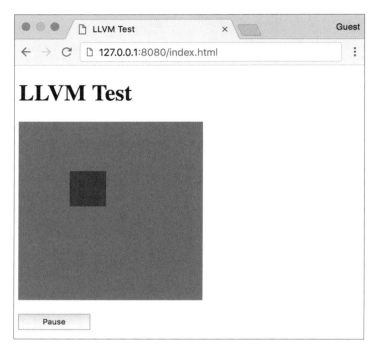

브라우저 실행되는 LLVM으로 컴파일된 모듈

▍ 온라인 도구

웹어셈블리를 로컬에서 컴파일하기 위한 설치와 설정 과정은 약간 번거롭다. 다행히도 브
라우저에서 웹어셈블리를 개발하고 상호작용할 수 있는 온라인 도구들이 있다. 이번 절에
서는 그런 도구들에 대해 살펴보고 어떤 기능을 제공하는지 알아볼 것이다.

WasmFiddle

2장의 'WasmFiddle을 이용한 개념 연결' 절에서 간단한 C 함수를 Wasm로 컴파일하고 자바스크립트로 상호작용하는 데 WasmFiddle을 이용했다. WasmFiddle은 C/C++ 에디터, 자바스크립트 에디터, Wat/x86 뷰어 그리고 자바스크립트 출력 패널을 제공한다. 원한다면 <canvas>와 상호작용할 수도 있다. WasmFiddle을 LLVM을 이용해서 Wasm 모듈을 만들기 때문에 임포트와 익스포트 이름이 _로 시작하지 않는다. https://wasdk. github.io/WasmFiddle에서 WasmFiddle과 상호작용할 수 있다.

WebAssembly Explorer

https://mbebenita.github.io/WasmExplorer의 WebAssembly Explorer는 Wasm Fiddle과 유사한 기능을 제공한다. C 또는 C++를 Wasm 모듈로 컴파일 할 수 있고 그에 대응되는 Wat를 볼 수 있다. 하지만 WebAssembly Explorer는 WasmFiddle가 제공하지 않는 추가적인 기능을 제공한다. 예를 들면, C/C++를 Wasm으로 컴파일할 수 있고 그에 대응되는 파이어폭스 x86 코드와 LLVM x86 코드를 볼 수 있다. 목록에서 코드 예제를 선택하고 최적화 수준(emcc의 -O 플래그)을 지정한다. 또한 WasmFiddle으로 코드를 임포트할 수 있는 버튼을 제공한다.

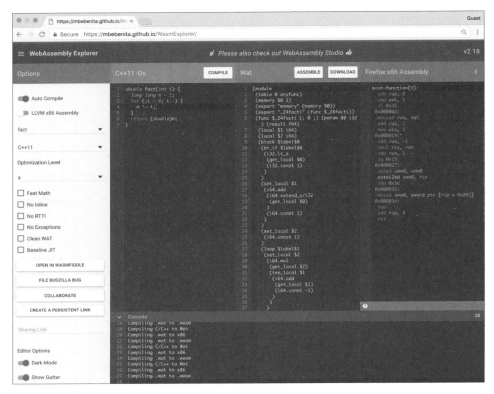

WebAssembly Explorer의 스크린샷

WebAssembly Studio

https://webassembly.studio의 WebAssembly Studio는 기능이 풍부한 에디터이며 개발 환경이다. WebAssembly Studio로 C, Rust, AssemblyScript 프로젝트를 만들 수 있다. 브라우저 내에서 코드를 작성하고 실행하는 기능을 제공하면 GitHub와 잘 통합된다. WebAssembly Studio를 이용하면 로컬에 필요한 웹어셈블리 도구를 설치해 설정할 필요 없이 웹 애플리케이션을 빌드할 수 있다.

WebAssembly Studio의 스크린샷

다음 절에서는 Web Workers로 웹어셈블리 애플리케이션을 병렬로 실행하는 방법에 대해 알아볼 것이다.

Web Workers로 Wasm 병렬 처리

무거운 연산을 수행하거나 다른 자원을 많이 사용하는 작업을 수행하는 복잡한 애플리케이션 빌드 과정은 스레드를 이용하면 매우 용이하다. 스레드를 이용하면 독립적으로 실행되는 작업의 기능을 병렬로 나누어서 수행할 수 있다. 이 글을 쓰는 시점에는 웹어셈블리의 스레드 지원은 기능 제안 단계에 있었으며, 아직은 스펙이 작성되거나 기능이 구현된 단계가 아니었다. 다행히 자바스크립트는 Web Workers라는 형태의 스레드 기능을 제공하고 있다. 이번 절에서는 자바스크립트의 Web Workers API를 이용해 별도의 스레드에서 Wasm 모듈과 상호작용하는 방법을 보여줄 것이다.

Web Workers와 웹어셈블리

Web Workers는 브라우저에서 스레드를 이용할 수 있게 해준다. 즉, 메인(UI) 스레드에서 몇 가지 로직을 제공함으로써 애플리케이션의 성능을 향상시킬 수 있다. 워커 스레드는 또한 XMLHttpRequest를 이용해 I/O를 수행할 수 있다. 워커 스레드는 이벤트 핸들러에 메시지를 포스팅함으로써 메인 스레드와 통신한다.

Web Workers를 이용하면 별도의 스레드에 Wasm 모듈을 로드할 수 있고 UI의 성능을 저해하지 않는다. Web Workers는 몇 가지 한계를 가지고 있다. DOM을 직접 수정할 수 없거나 window 객체의 메소드와 속성에 접근할 수 없다. 스레드 간에 전달되는 메시지는 직렬화된 객체여야만 한다. 그것은 함수를 전달할 수 없다는 것을 의미한다. 워커가 무엇인지 알았으므로 이제는 그것을 어떻게 만드는지 알아본다.

워커 만들기

워커를 만들기 전에 워커 스레드를 실행하는 코드를 포함하고 있는 자바스크립트 파일을 먼저 만들어야 한다. https://github.com/mdn/simple-web-worker/blob/gh-pages/worker.js에서 간단한 워커 정의 파일 예제를 볼 수 있을 것이다. 해당 파일에는 메시지를 다른 스레드로부터 수신하거나 수신된 메시지에 대한 응답을 수행하는 messages 이벤트 리스너가 포함돼야 한다.

일단 그 파일을 만들면 워커를 이용할 준비가 된 것이다. 워커는 Worker() 생성자에 URL 인자를 전달함으로써 생성한다. URL은 워커 정의 코드를 가지고 있는 파일의 이름을 나타내는 문자열이거나 Blob을 이용해서 만든 문자열일 수 있다. Blob을 워커 정의 코드를 서버로부터 가져올 때 유용하다. 예제 애플리케이션에서는 두 가지 방법을 다 보여줄 것이다. 이제는 웹어셈블리와 Web Workers의 통합 과정으로 넘어가보자.

웹어셈블리 워크플로

별도의 스레드에서 Wasm 모듈을 이용하려면 메인 스레드에서 Wasm 파일이 컴파일돼 야 하고 Web Worker에서 인스턴스화돼야 한다. 해당 과정을 좀 더 자세히 살펴보자.

1. Worker( ) 생성자로 새로운 Web Worker(wasmWorker로 참조)를 생성한다.
2. wasm 파일을 가져오기 위한 호출이 이뤄지고 그에 대한 응답으로 arrayBuffer( ) 함수가 호출된다.
3. arrayBuffer( ) 함수의 결과는 WebAssembly.compile( ) 함수에 전달된다.
4. WebAssembly.compile( ) 함수는 postMessage( ) 함수를 이용하여 wasmWorker에 포스팅되는 메시지 본문에 포함된 WebAssembly.Module 인스턴스로 해결된다.
5. wasmWorker 내에서 메시지 본문의 WebAssembly.Module 인스턴스는 Web Assembly.instantiate( ) 함수에 전달된다.
6. WebAssembly.Instance 익스포트 객체는 wasmWorker의 로컬 변수에 할당되고 Wasm 함수를 호출하는 데 사용된다.

wasmWorker Wasm 인스턴스에서 함수를 호출하려면 Wasm 함수에 전달할 인자를 포함 한 메시지를 워커 스레드에 전달해야 한다. 그러면 wasmWorker가 함수를 실행하고 그 결 과를 메인 스레드로 전달한다. 이것이 Web Workers 맥락에서 스레드가 어떻게 이용되 는지에 대한 핵심적인 부분이다. 예제 애플리케이션으로 넘어가기 전에 구글 크롬에 의한 한계를 해결할 필요가 있을 수 있다. 예제 애플리케이션이 성공적으로 동작하는지 확인하 려면 다음에 나올 '구글 크롬에서의 한계' 절의 지시를 따라야 한다.

구글 크롬에서의 한계

구글 크롬에서는 Web Worker의 postMessage( ) 함수의 본문에 포함할 수 있는 것을 제 한한다. 워커에 컴파일된 WebAssembly.Module을 전달하려고 하면 에러가 발생하고 작업 이 실패할 것이다. 플래그 설정을 통해 이를 무시할 수도 있다. 이를 위해 구글 크롬의 주소창에서 chrome://flags를 입력한다. 그리고 페이지 상단의 검색 상자에서 `cloning`를 입력한다. 그러면 WebAssembly structured cloning support를 볼 수 있을 것이다. 그리고 해당 항목 옆의 드롭 다운 메뉴에서 Enabled를 선택하고 RELAUNCH NOW 버튼을 누른다.

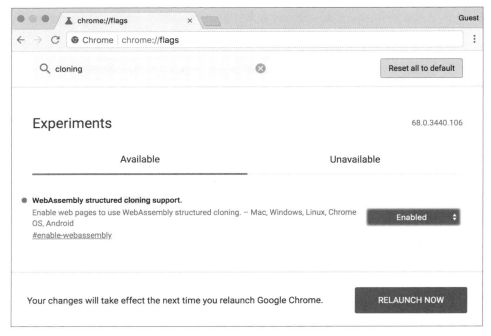

구글 크롬에서 웹어셈블리 플래그 수정

크롬을 재시작하면 아무런 문제없이 예제 애플리케이션을 실행할 수 있을 것이다. 모질라 파이어폭스를 이용한다면 아무런 조치도 필요 없다. 디폴트로 원하는 기능을 지원하기 때문이다. 이제는 스레드에서 웹어셈블리를 이용하는 것을 보여주는 예제 애플리케이션으로 넘어가보자.

코드의 개요

예제 애플리케이션은 그렇게 복잡하지 않다. 단순히 두 개의 값을 입력받고 두 값의 합과 차이를 반환한다. 합과 차 연산은 워커 스레드에서 인스턴스화된 각각의 Wasm 모듈에서 익스포트된다. 예제가 인위적일 수는 있지만 웹어셈블리가 Web Workers로 통합되는 방법을 보여주는 데 효과적이라고 할 수 있다.

이번 절을 위한 코드는 learn-webassembly 저장소의 /chapter-10-advanced-tools/ parallel-wasm 폴더에 있다. 이어지는 절에서는 코드의 각 부분을 살펴보고 처음부터 애플리케이션을 빌드하는 방법을 설명한다. 그것을 위해 /book-examples 폴더에 /parallel-wasm라는 이름의 폴더를 만든다.

C 코드

예제 애플리케이션은 두 개의 워커 스레드를 사용한다. 하나는 더하기를 위한 것이고 하나는 빼기를 위한 것이다. 따라서 두 개의 개별적인 Wasm 모듈을 만들어야 한다. /parallel-wasm 폴더에 /lib 폴더를 만든다. 그리고 /lib 폴더 안에 add.c라는 이름의 파일을 만들고 다음 내용으로 채운다.

```
int calculate(int firstVal, int secondVal) {
    return firstVal + secondVal;
}
```

/lib 폴더에 substract.c라는 또 다른 파일을 만들고 다음 내용으로 채운다.

```
int calculate(int firstVal, int secondVal) {
    return firstVal - secondVal;
}
```

두 파일의 함수 이름이 모두 **calculate**라는 것에 주목하기 바란다. 이름이 동일하기 때문에, 호출할 Wasm 함수를 결정하기 위해 워커 코드 내에 어떤 조건 논리 코드도 필요하지 않다. 대수 연산은 워커에 밀접하게 연결돼 있어서 두 수를 더할 필요가 있을 때 addWorker에서 addWorker 함수가 호출될 것이다. 다음에 살펴볼 자바스크립트 코드를 보면 이것이 좀 더 명확해질 것이다.

자바스크립트 코드

자바스크립트 코드를 자세히 살펴보기 전에 /parallel-wasm 폴더에 /src라는 이름의 폴더를 만든다. 먼저 워커 스레드에서 실행되는 코드를 포함하는 파일부터 살펴보자.

worker.js에서 스레드 실행 정의 src 폴더에 worker.js라는 이름의 파일을 만들어 다음 내용으로 채운다.

```javascript
var wasmInstance = null;

self.addEventListener('message', event => {
    /**
     * 일단 웹어셈블리 컴파일이 완료되면 인스턴스화가 성공했는지
     * 여부가 메시지로 다시 포스팅된다.
     * 만약 페이로드가 null이면 컴파일이 성공한다.
     */
    const sendCompilationMessage = (error = null) => {
        self.postMessage({
            type: 'COMPILE_WASM_RESPONSE',
            payload: error
        });
    };

    const { type, payload } = event.data;
    switch (type) {
        // 컴파일된 Wasm 모듈을 인스턴스화하고 인스턴스화가 성공했는지
        // 여부를 나타내는 메시지를 메인 스레드로 포스팅한다.
```

```javascript
        case 'COMPILE_WASM_REQUEST':
            const importObj = {
                env: {
                    memoryBase: 0,
                    tableBase: 0,
                    memory: new WebAssembly.Memory({ initial: 256 }),
                    table: new WebAssembly.Table({ initial: 2, element: 'anyfunc'
}),
                    abort: console.log
                }
            };

            WebAssembly.instantiate(payload, importObj)
                .then(instance => {
                    wasmInstance = instance.exports;
                    sendCompilationMessage();
                })
                .catch(error => {
                    sendCompilationMessage(error);
                });
            break;

        // 인스턴스와 연관된 `calculate` 메소드(더하기 또는 빼기)를 호출하고
        // 그 결과를 메인 스레드로 전달한다.
        case 'CALC_REQUEST':
            const { firstVal, secondVal } = payload;
            const result = wasmInstance._calculate(firstVal, secondVal);

            self.postMessage({
                type: 'CALC_RESPONSE',
                payload: result
            });
            break;

        default:
            break;
    }
}, false);
```

위 코드는 message 이벤트(self.addEventListener(...))를 위한 이벤트 리스너 내에 캡슐화되며, message 이벤트는 해당 워커에서 postMessage() 함수가 호출될 때 발생한다. 이벤트 리스너 콜백 함수의 event 파라미터는 메시지 내용과 데이터 속성을 포함한다. 애플리케이션에서 스레드 간에 전달되는 모든 메시지는 FSA[Flux Standard Action] 규약을 따른다. 해당 규약을 따르는 객체는 type과 payload 속성을 갖는다. type은 문자열이고 payload는 어떤 타입이든 상관없다. FSA에 대한 좀 더 자세한 내용은 https://github.com/redux-utilities/flux-standard-action을 참조하기 바란다.

 postMessage() 함수를 이용해서 전달하는 데이터는 직렬화하기만 하면 어떤 포맷이나 구조든 상관없다.

switch문은 메시지의 type 문자열 값을 기반으로 작업을 수행한다. type이 'COMPILE_WASM_REQUEST'이면 메시지의 payload와 importObj와 함께 WebAssembly.instantiate() 함수가 호출된다. 결과의 exports 객체는 이후의 사용을 위해 wasmInstance 로컬 변수에 할당된다. type이 'CALC_REQUEST'이면 payload 객체의 firstVal과 secondVal과 함께 wasmInstance._calculate() 함수가 호출된다. 값을 계산하는 코드를 통해 왜 함수 이름이 _add()나 _subtract() 대신 _calculate()인지를 알 수 있어야 한다. 일반적인 이름을 사용함으로써 워커 스레드는 어떤 작업을 수행하는지 상관하지 않고 단지 결과를 얻기 위해 기능을 호출하게 된다.

어떤 종류의 계산이든 상관없이 워커 스레드는 postMessage() 함수를 이용해서 메인 스레드로 메시지를 전달한다. 여기서는 type 속성 값을 위해 REQUEST/RESPONSE 규약을 이용했다. 이렇게 하면 메시지를 전달한 스레드가 무엇인지 빠르게 식별할 수 있다. 메인 스레드로부터 전달된 메시지는 type값이 _REQUEST로 끝나고 워커 스레드가 응답으로 전달하는 메시지는 _RESPONSE로 끝난다. 그러면 웹어셈블리 상호작용을 위한 코드로 넘어가보자.

WasmWorker.js에서 Wasm과 상호작용

/src 폴더에 WasmWorker.js라는 이름의 새로운 파일을 만들고 다음 내용으로 채운다.

```javascript
/**
 * 인스턴스화된 Wasm 모듈과 연관된 Web Worker
 * @class
 */
export default class WasmWorker {
    constructor(workerUrl) {
        this.worker = new Worker(workerUrl);
        this.listenersByType = {};
        this.addListeners();
    }

  // Worker 메시지의 `type`값과 관련된 리스너 추가
    addListenerForType(type, listener) {
        this.listenersByType[type] = listener;
    }

    // 에러와 메시지 처리를 위한 이벤트 리스너 추가
    addListeners() {
        this.worker.addEventListener('error', event => {
            console.error(`%cError: ${event.message}`, 'color: red;');
        }, false);

    // `addListener` 메소드로 핸들러가 지정된다면,
    // `type`이 일치하면 해당 메소드가 호출된다.
    this.worker.addEventListener('message', event => {
      if (
        event.data instanceof Object &&
                event.data.hasOwnProperty('type') &&
                event.data.hasOwnProperty('payload')
            ) {
                const { type, payload } = event.data;
                if (this.listenersByType[type]) {
                    this.listenersByType[type](payload);
                }
```

```
        } else {
            console.log(event.data);
        }
    }, false);
}


// Wasm 파일을 가져와 그것을 컴파일해서 그에 대응되는 워커에게 전달한다.
// 컴파일된 모듈은 워커에서 인스턴스화된다.
initialize(name) {
    return fetch(`calc-${name}.wasm`)
        .then(response => response.arrayBuffer())
        .then(bytes => WebAssembly.compile(bytes))
        .then(wasmModule => {
            this.worker.postMessage({
                type: 'COMPILE_WASM_REQUEST',
                payload: wasmModule
            });
            return Promise.resolve();
        });
}


// Wasm 인스턴스에서 `calculate` 메소드를 호출하기 위해 워커 스레드에
// 메시지를 보낸다.
calculate(firstVal, secondVal) {
    this.worker.postMessage({
        type: 'CALC_REQUEST',
            payload: {
            firstVal,
            secondVal
        }
    });
}
}
```

WasmWorker 클래스는 Wasm 파일과 관련된 워커 스레드를 관리한다. WasmWorker 생성자에서 새로운 Worker가 만들어지고 error와 message 이벤트를 위한 디폴트 이벤트

리스너가 추가된다. initialize( ) 함수는 name 인자와 연관된 .wasm 파일을 가져와서 컴파일하고 그 결과 만들어진 WebAssembly.Module 인스턴스를 워커 스레드로 전달한다.

addListenerForType( ) 함수는 메시지 응답의 type 필드가 함수에 전달된 type 인자와 일치할 때 실행되는 callback 함수(listener)를 지정하기 위해 사용된다. 이는 워커 스레드에서 _calculate( ) 함수의 결과를 캡처하기 위해 필요하다.

마지막으로, WasmWorker의 calculate( ) 함수는 <form>의 <input>에 입력된 firstVal과 secondVal 인자를 메시지와 함께 워커 스레드에 전달한다. 다음에는 WasmWorker가 UI와 함께 상호작용하는 방법을 알아보기 위해 애플리케이션 로딩 코드로 넘어가보자.

index.js에서 애플리케이션 로딩

/src 폴더에 index.js라는 파일을 만들고 다음 내용으로 채운다.

```js
import WasmWorker from './WasmWorker.js';

/**
 * URL 끝에 ?blob=true를 추가한다면 (예, http://localhost:8080/index.html?blob=true)
 * 워커는 URL이 아닌 Blob에서 만들어질 것이다.
 * Worker에서 사용될 URL을 문자열로 반환하거나 Blob에서 만들어진 문자열을 반환한다.
 */
const getWorkerUrl = async () => {
    const url = new URL(window.location);
    const isBlob = url.searchParams.get('blob');
    var workerUrl = 'worker.js';
    document.title = 'Wasm Worker (String URL)';

    // `worker.js`의 텍스트 내용에서 Blob 인스턴스를 만든다.
    if (isBlob === 'true') {
        const response = await fetch('worker.js');
        const results = await response.text();
        const workerBlob = new Blob([results]);
        workerUrl = window.URL.createObjectURL(workerBlob);
```

```javascript
        document.title = 'Wasm Worker (Blob URL)';
    }

    return Promise.resolve(workerUrl);
};

/**
 * 지정된 워커와 관련된 Wasm 모듈을 인스턴스화하고
 * the "Add"와 "Subtract" 버튼에 대한 이벤트 리스너를 추가한다.
 */
const initializeWorker = async (wasmWorker, name) => {
    await wasmWorker.initialize(name);
    wasmWorker.addListenerForType('CALC_RESPONSE', payload => {
        document.querySelector('#result').value = payload;
    });

    document.querySelector(`#${name}`).addEventListener('click', () => {
        const inputs = document.querySelectorAll('input');
        var [firstInput, secondInput] = inputs.values();
        wasmWorker.calculate(+firstInput.value, +secondInput.value);
    });
};

/**
 * 두 개의 워커: 하나는 calc-add.wasm와 연결되고 다른 하나는 calc-subtract.wasm과 연결된다.
 * 모든 입력값을 초기화하기 위한 "Reset" 버튼에 대한 이벤트 리스너를 추가한다.
 */
const loadPage = async () => {
    document.querySelector('#reset').addEventListener('click', () => {
        const inputs = document.querySelectorAll('input');
        inputs.forEach(input => (input.value = 0));
    });

    const workerUrl = await getWorkerUrl();
    const addWorker = new WasmWorker(workerUrl);
    await initializeWorker(addWorker, 'add');

    const subtractWorker = new WasmWorker(workerUrl);
    await initializeWorker(subtractWorker, 'subtract');
```

```
};

loadPage()
    .then(() => console.log('%cPage loaded!', 'color: green;'))
    .catch(error => console.error(error));
```

애플리케이션의 진입점은 loadPage() 함수다. 워커 스레드의 초기화 코드를 자세히 살펴보기 전에 getWorkerUrl() 함수를 살펴보자. 이 절 초반부에서 파일 이름을 나타내는 문자열이나 Blob에서 생성한 URL을 Worker() 생성자에 전달할 수 있다고 배웠다. 다음 예제 코드는 첫 번째 기술을 보여주고 있다.

```
var worker = new Worker('worker.js');
```

두 번째 기술은 getWorkerUrl() 함수의 if (isBlob === 'true') 블록에서 보여주고 있다. 만약 현재의 window.location값이 ?blob=true로 끝난다면 Worker() 생성자에게 전달되는 URL은 Blob으로부터 생성된다. 유일하게 눈의 띄는 차이점은 URL 타입을 방영하도록 업데이트되는 document.title값이다. 초기화 코드를 살펴보기 위해 loadPage() 함수로 넘어가보자.

loadPage() 함수에서 Reset 버튼에 대한 이벤트 리스너가 추가된 이후에는 두 개의 WasmWorker 인스턴스가 생성된다. 바로 addWorker와 subtractWorker이다. 각 워커는 wasmWorker 인자로 initializeWorker() 함수에 전달된다. initializeWorker()에서 wasmWorker.initialize() 함수는 Wasm 모듈을 인스턴스화하기 위해 호출된다. wasmWorker.addListenerForType() 함수는 대응되는 워커의 _calculate() 함수의 반환 값으로 Result <input>의 값을 설정하기 위해 호출된다. 마지막으로, firstVal과 secondVal <input>값(name 인자를 기준으로)을 더하거나 빼는 <button>의 click 이벤트에 대한 이벤트 리스너가 추가된다. 자바스크립트 코드는 이것이 전부다. 다음에는 HTML과 CSS 파일을 만들고 그 다음에는 빌드 과정으로 넘어가보자.

웹 자산

애플리케이션의 진입점 역할을 할 HTML 파일이 필요하다. /src 폴더에 index.html 파일을 만들고 다음 내용으로 채운다.

```html
<!DOCTYPE html>
<html>
<head>
  <meta charset="utf-8">
  <title>Wasm Workers</title>
  <link rel="stylesheet" type="text/css" href="styles.css" />
</head>
<body>
  <form class="valueForm">
    <div class="valueForm">
      <label for="firstVal">First Value:</label>
      <input id="firstVal" type="number" value="0" />
    </div>
    <div class="valueForm">
      <label for="secondVal">Second Value:</label>
      <input id="secondVal" type="number" value="0" />
    </div>
    <div class="valueForm">
      <label for="result">Result:</label>
      <input id="result" type="number" value="0" readonly />
    </div>
  </form>
  <div>
    <button id="add">Add</button>
    <button id="subtract">Subtract</button>
    <button id="reset">Reset</button>
  </div>
  <script type="module" src="index.js"></script>
</body>
</html>
```

애플리케이션은 세 개의 <input>과 세 개의 <button> 요소를 가진 <form>으로 구성된다. 첫 번째와 두 번째 <input>은 워커 스레드에 전달되는 payload에 포함되는 firstVal과 secondVal 속성에 대응된다. 마지막 <input>은 읽기 전용이고 두 연산의 결과를 출력해 준다.

<form> 아래의 <button> 블록은 <input>값에 대한 연산을 수행한다. 첫 번째 두번째 <button>은 addWorker나 subtractWorker 스레드(어느 버튼을 눌렀는지에 따라서 달라짐)에 <input>값을 전달한다. 마지막 <button>은 모든 <input>값을 0으로 설정한다.

애플리케이션은 </body> 태그 바로 전 마지막 줄에 있는 <script> 태그에서 초기화된다. type="module" 속성으로 최신 브라우저에서 사용 가능한 import/export 구문을 사용할 수 있다. 마지막으로, 애플리케이션에 몇 가지 스타일을 추가할 필요가 있다. /src 폴더에 styles.css 파일을 만들고 다음 내용으로 채운다.

```css
* {
  font-family: sans-serif;
  font-size: 14px;
}

body {
  margin: 16px;
}

form.valueForm {
  display: table;
}

div.valueForm {
  display: table-row;
}

label, input {
  display: table-cell;
```

```
  margin-bottom: 16px;
}

label {
  font-weight: bold;
  padding-right: 16px;
}

button {
  border: 1px solid black;
  border-radius: 4px;
  cursor: pointer;
  font-weight: bold;
  height: 24px;
  margin-right: 4px;
  width: 80px;
}

button:hover {
  background: lightgray;
}
```

이것이 필요한 마지막 파일이지만 애플리케이션 실행을 위해 필요한 마지막은 아니다.
여전히 /lib 폴더의 C 파일을 Wasm 파일로 만들 필요가 있다. 빌드 단계로 넘어가보자.

애플리케이션 빌드와 실행

코드를 작성했으니 이제는 애플리케이션을 빌드하고 테스트할 차례다. 빌드 단계를 완료
한 이후에는 실행 중인 애플리케이션과 상호작용할 것이고 브라우저의 개발 도구를 이용
해 Web Workers 문제 해결 방법을 알아볼 것이다.

C 파일 컴파일

각 C 파일을 개별적인 .wasm 파일로 컴파일할 필요가 있다. 빌드를 수행하기 위해 /parallel-wasm 폴더에서 터미널을 열고 다음 명령을 실행한다.

```
# 먼저, add.c 파일을 컴파일:
emcc -Os -s WASM=1 -s SIDE_MODULE=1 -s BINARYEN_ASYNC_COMPILATION=0
lib/add.c -o src/calc-add.wasm

# 그다음에는, subtract.c 파일을 컴파일
emcc -Os -s WASM=1 -s SIDE_MODULE=1 -s BINARYEN_ASYNC_COMPILATION=0
lib/subtract.c -o src/calc-subtract.wasm
```

빌드를 수행하면 /src 폴더에서 새로운 파일 두 개(calc-add.wasm과 calcsubtract.wasm)를 볼 수 있을 것이다. 필요한 파일이 준비되면 애플리케이션을 테스트할 차례다.

애플리케이션과 상호작용

/parallel-wasm 폴더에서 터미널을 열고 다음 명령을 실행한다.

```
serve -l 8080 src
```

브라우저에서 http://127.0.0.1:8080/index.html을 열면 다음과 같을 화면을 보게 될 것이다.

브라우저에서 실행중인 Wasm Workers 애플리케이션

First Value와 Second Value에 값을 입력하고 Add와 Subtract 버튼을 눌러보기 바란다. 그러면 Result에 계산 결과가 업데이트돼야 한다. http://127.0.0.1:8080/index.html?blob=true를 방문하면 Worker() 생성자에게 전달되는 URL 인자는 파일 이름 대신 Blob을 이용할 것이다. 그리고 URL을 구성하기 위해 Blob 기술이 사용된다는 것을 반영하기 위해 탭이 변경된다.

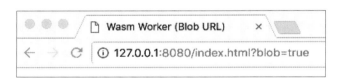

Blob URL 기술을 반영하기 위해 업데이트되는 탭 타이틀

Web Workers 디버깅

브라우저의 개발자 도구를 이용하면 워커 스레드에 브레이크 포인트를 설정해서 상호작용할 수 있다. 구글 크롬의 Developer Tools를 열고 Sources 탭을 선택한다. 파일 목록 패널에는 두 개의 worker.js 인스턴스가 포함돼 있어야 한다. 디버거 패널의 Threads 섹션에는 main 스레드와 두 개의 worker.js 스레드가 포함된다. 다음 스크린샷은 실행 중인 애플리케이션에 대한 크롬 Developer Tools의 스레드 디버깅 요소를 보여주고 있다.

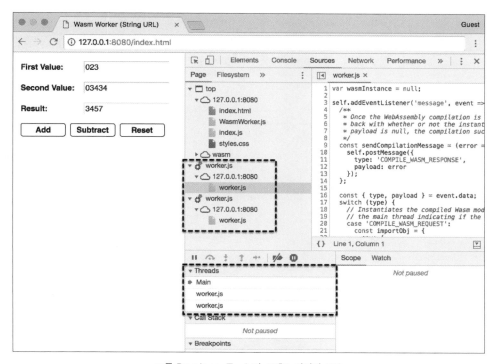

크롬 Developer Tools의 스레드 디버깅 도구

파이어폭스에서 워커 스레드에 대한 디버깅은 별도의 Developer Tools 윈도우에서 수행된다. 파이어폭스에서 Developer Tools를 열고 Debugger 패널을 선택한다. Workers 패널에서 worker.js 목록 중 하나를 클릭한다. 그러면 선택한 워커에 대한 새로운 Developer Tools 윈도우가 뜨게 된다. 다음의 스크린샷은 파이어폭스 Developer Tools의 Workers 패널에서 worker.js 인스턴스 중 하나를 선택했을 때의 개별적인 Developer Tools 윈도우를 보여주고 있다.

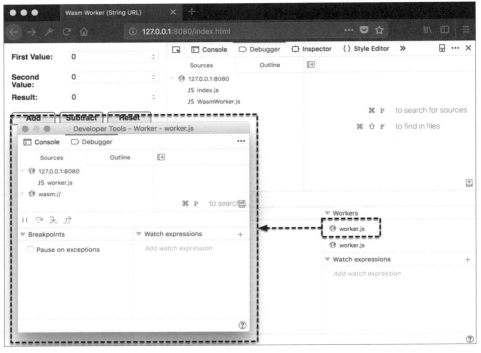

파이어폭스 Developer Tools 패널의 스레드 디버깅 도구

다음 절에서는 웹어셈블리의 향후 기능에 대해 알아볼 것이다.

▌ 향후 기능

웹어셈블리에 적용될 기능이 여러 개 있으며 그것들은 현재 표준화 절차의 다양한 단계에 있다. 그중 일부는 다른 것에 비해서 영향력 있는 것이지만 모두가 가치 있는 개선이라고 할 수 있다. 이번 절에서는 표준화 절차와 웹어셈블리의 기능을 크게 바꾸게 되는 일부 기능에 대해 살펴볼 것이다. 이 절에서 설명하는 대부분의 내용은 콜린 에버하트[Colin Eberhardt]의 「The future of WebAssembly—A look at upcoming features and proposals」

라는 제목의 블로그를 참조한 것이다. 해당 블로그의 주소는 https://blog.scottlogic.com/2018/07/20/wasm-future.htm이다.

표준화 절차

WebAssembly W3C Process 문서인 https://github.com/WebAssembly/meetings/blob/master/process/phases.md에서는 표준화 절차를 여섯 단계(0에서 5단계)로 설명하고 있다. 다음은 각 단계에 대한 간략한 설명이다.

- **0 단계, 예비 제안**: WebAssembly Community Group(CG) 멤버가 아이디어를 제안하면 CG에서는 해당 제안을 1단계로 올릴 것인지 투표를 한다.
- **1 단계, 기능 제안**: 예비 제안 절차가 통과되면 웹어셈블리 GitHub에 기능을 문서화할 저장소가 만들어진다.
- **2 단계, 제안 스펙 텍스트 제공**: 제안된 기능에 대한 전체적인 문서가 만들어지고 프로토타입 구현과 테스트 셋이 추가된다.
- **3 단계, 구현 단계**: 참여자는 기능을 구현하고, 저장소는 형식이 갖춰지는 버전으로 업데이트되고, 스펙은 기능 구현 내용을 포함하도록 업데이트된다.
- **4 단계, 기능 표준화**: 두 개 이상의 Web VM과 하나 이상의 툴체인이 해당 기능을 구현하면, 제안된 기능은 웹어셈블리 Working Group(WG)에 완전히 전달된다.
- **5 단계, 표준화된 기능**: WG 멤버들은 해당 기능 표준화에 완전히 합의한다.

이제 표준화 절차와 관련된 내용을 알게 되었으니 다음에는 제안된 스레드 기능에 대해 알아보자.

스레드

앞 절에서는 Wasm 모듈이 워커 스레드를 위해 Web Workers를 이용했었다. 그리고 워커 스레드를 통해 메인 스레드를 블록시키지 않고 Wasm 함수를 호출할 수 있었다. 하지만 워커 스레드간의 메시지 전달은 성능적인 제한을 가지고 있다. 그런 제한을 극복하기 위해 웹어셈블리를 위한 스레드 기능이 제안됐다.

이 제안은 현재 1단계에 있으며 자세한 내용은 https://github.com/WebAssembly/ threads/blob/master/proposals/threads/Overview.md에 설명돼 있다. 스레드 기능은 새로운 공유된 선형 메모리 타입을 추가하고 단위 메모리 접근을 위한 몇 가지 새로운 연산을 추가한다. 이 제안은 범위가 비교적 제한적이다. 에버하트는 자신의 블로그에 다음과 같이 언급하고 있다.

> "특히 이 제안은 스레드 생성 메커니즘을 가지고 있지 않으며 −이는 많은 논쟁을 야기했다− 대신 이 기능을 호스트로부터 제공받는다. 브라우저에서 실행되는 wasm의 맥락에서 보면 이는 WebWorkers와 유사할 것이다."

이 기능이 스레드 생성을 제공하지는 않지만 자바스크립트에서 생성한 워커 스레드 간에 데이터를 공유하기 위한 간단한 방법을 제공한다.

호스트 바인딩

호스트 바인딩 기능도 현재 1단계에 있는 제안으로서 웹어셈블리가 브라우저에서 사용될 때 DOM 수정과 같은 큰 제한들을 해결하기 위해 제안됐다. https://github.com/ WebAssembly/host−bindings/blob/master/proposals/host−bindings/Overview. md에서 제안된 내용이 설명돼 있으며, 다음은 해당 기능이 이루고자 하는 목표다.

- **인간 공학**: 웹어셈블리 모듈에서 자바스크립트 + DOM 객체를 생성, 전달 및 호출하고 조작할 수 있게 한다.

- **속도**: JS/COM이나 다른 호스트에서 최적화된 호출을 가능하게 한다.
- **플랫폼 일관성**: WebIDL을 사용하여 Wasm 임포트/익스포트를 (도구를 이용해서) 기술할 수 있게 한다.
- **점진성**: 하위 호환 전략을 제공한다.

웹어셈블리와 자바스크립트, Web API와의 상호 운용성을 향상시키면 개발 과정을 상당히 단순화시킬 수 있다. 또한 Emscripten이 제공하는 "글루" 코드와 같은 도구가 필요 없어지게 된다.

가비지 컬렉션

가비지 컬렉션^{GC, Garbage Collection}은 현재 1단계에 있다. 가비지 컬렉션에 대해서는 1장에서 논의했다. https://github.com/WebAssembly/gc/blob/master/proposals/gc/Overview.md가 제안 문서이며, 가비지 컬렉션 기능에 대한 폭넓은 설명과 스펙에 추가돼야 할 요소를 기술하고 있다. 에버하트는 자신의 블로그에서 다음과 같이 설명하고 있다.

> "이 제안은 웹어셈블리에 GC 기능을 추가하는 것이다. 흥미롭게도, 자체 GC가 아닌 호스트 환경에서 제공하는 GC와 통합하려는 것이다. 이는 좀 더 쉽게 상태를 공유하고 API를 호출하는 것과 같은 호스트와의 상호작용을 향상시키기 위해 설계됐다는 점에서 많은 의미가 있다(호스트 바인딩, 레퍼런스 타입과 같은 다른 제안도 마찬가지임). 메모리를 관리하는 GC가 하나이면 이를 위한 작업이 훨씬 쉬워진다."

이 기능을 구현하려면 상당한 노력이 필요하지만 그 만큼 웹어셈블리에게 있어서 가치가 있다. 다음에는 현재 구현 단계에 있는 레퍼런스 타입에 대해 알아보자.

레퍼런스 타입

레퍼런스 타입은 현재 3단계에 있으며 호스트 바인딩과 GC 기능의 기반을 제공한다. 제안 문서는 https://github.com/WebAssembly/reference-types/blob/master/proposals/reference-types/Overview.md에 있으며, 값으로도 사용되고 테이블 요소 타입으로도 사용될 수 있는 anyref라고 하는 새로운 타입 추가에 대해 설명하고 있다. anyref 타입을 사용하면 Wasm 모듈에 자바스크립트 객체를 전달할 수 있게 된다. 에버하트는 자신의 블로그에서 다음과 같이 이 기능의 의미를 설명하고 있다.

> "wasm 모듈은 anyref 타입을 이용해서 객체에 대한 많은 것을 처리할 수 있는 것은 아니다. 좀 더 중요한 것은 모듈이 JS 힙(heap)상의 가비지 컬렉션된 객체에 대한 레퍼런스를 가지고 있다는 것이다. 그것은 wasm이 실행되는 동안 가비지 컬렉션에 대한 추적이 필요하다는 것을 의미한다. 이 제안은 더 의미있는 가비지 컬렉션 제안을 위한 발판이라고 볼 수 있다."

이 외에도 몇 가지 흥미로운 기능들이 있다. 웹어셈블리 CG와 WG는 이러한 기능을 현실화하기 위해 시간과 자원을 투자하고 있다. https://github.com/WebAssembly에서 웹어셈블리를 위해 제안된 모든 것들을 볼 수 있다.

▌ 요약

10장에서는 웹어셈블리를 위한 고급 도구들과 또 다른 컴파일 방법에 대해 알아봤다. 웹어셈블리 개발 과정에 있어서 WABT와 Binaryen의 역할과 그것들이 제공하는 기능에 대해 배웠다. 웹어셈블리 npm 패키지 이용해서 LLVM으로 Wasm 모듈을 컴파일했고 컴파일 결과를 브라우저상에서 상호작용해봤다. 그리고 온라인에서 이용 가능한 웹어셈블리 도구를 몇 가지 살펴봤고, Wasm 모듈을 별도의 스레드에 저장하기 위해 Web Workers를 이용하는 간단한 애플리케이션을 만들었다. 마지막으로는, 웹어셈블리에 추가될 향후 기능과 표준화 절차에 대해 살펴봤다. 이제 웹어셈블리에 대한 충분히 이해를 갖췄으므로 밖으로 나가서 무언가를 만들어보기 바란다.

▌질문

- WABT는 무엇을 의미하는가?
- 웹어셈블리를 쉽고 빠르고 효과적으로 컴파일하기 위해 Binaryen이 제공하는 세 가지 요소는 무엇인가?
- importObj/exports 측면에서 Emscripten으로 컴파일한 모듈과 LLVM으로 컴파일한 모듈의 주요 차이점은 무엇인가?
- AssemblyScript를 이용할 수 있게 해주는 온라인 도구는 무엇인가?
- Worker() 생성자에 전달할 수 있는 두 가지 인자 타입은 무엇인가?
- 메인 스레드와 워커 스레드 간에 전달되는 메시지를 위해 사용되는 규약은 무엇인가?
- 웹어셈블리 표준화 절차는 몇 단계로 이뤄져 있는가?
- 레퍼런스 타입 기능에서 정의된 새로운 타입의 이름은 무엇인가?

▌추가 자료

- 메모리 관리: https://hacks.mozilla.org/2017/06/crash-course-in-memory-management
- MDN Web Workers API: https://developer.mozilla.org/en-US/docs/Web/API/Web_Workers_API
- WebAssembly – Web Workers: https://medium.com/@c.gerard.gallant/webassembly-web-workers-f2ba637c3e4a

찾아보기

에이콘출판의 기틀을 마련하신 故 정완재 선생님 (1935-2004)

웹어셈블리

Wasm과 C/C++를 이용한 고성능 웹 애플리케이션 개발

발   행 | 2019년 4월 30일

지은이 | 마이크 루크
옮긴이 | 윤 우 빈

펴낸이 | 권 성 준
편집장 | 황 영 주
편   집 | 조 유 나
디자인 | 박 주 란

에이콘출판주식회사
서울특별시 양천구 국회대로 287 (목동)
전화 02-2653-7600, 팩스 02-2653-0433
www.acornpub.co.kr / editor@acornpub.co.kr

한국어판 ⓒ 에이콘출판주식회사, 2019, Printed in Korea.
ISBN 979-11-6175-299-0
ISBN 978-89-6077-210-6 (세트)
http://www.acornpub.co.kr/book/learn-webassembly

이 도서의 국립중앙도서관 출판시도서목록(CIP)은 서지정보유통지원시스템 홈페이지(http://seoji.nl.go.kr)와
국가자료공동목록시스템(http://www.nl.go.kr/kolisnet)에서 이용하실 수 있습니다.(CIP제어번호: CIP2019016015)

책값은 뒤표지에 있습니다.